城市的未来

流动儿童教育的上海模式

冯帅章 陈媛媛 金嘉捷 ◎ 著

本书由上海文化发展基金会图书出版专项基金资助出版

图书在版编目(CIP)数据

城市的未来：流动儿童教育的上海模式／冯帅章，陈媛媛，金嘉捷著．—上海：上海财经大学出版社，2017.4
　　ISBN 978-7-5642-2671-8/F·2671

　　Ⅰ.①城… Ⅱ.①冯… ②陈… ③金… Ⅲ.①流动人口-儿童教育-研究-上海 Ⅳ.①G527.51

中国版本图书馆 CIP 数据核字(2017)第 033659 号

责任编辑　朱静怡
封面设计　张克瑶

CHENGSHI DE WEILAI
城市的未来
流动儿童教育的上海模式

作　　者：	冯帅章　陈媛媛　金嘉捷　著
出版发行：	上海财经大学出版社有限公司
地　　址：	上海市中山北一路 369 号(邮编 200083)
网　　址：	http://www.sufep.com
电子邮箱：	webmaster @ sufep.com
经　　销：	全国新华书店
印刷装订：	上海雅昌艺术印刷有限公司
开　　本：	787mm×1092mm　1/16
印　　张：	16.5
字　　数：	236 千字
版　　次：	2017 年 4 月第 1 版
印　　次：	2017 年 4 月第 1 次印刷
定　　价：	58.00 元

▲ 第一届"城市的未来：外来儿童教育政策研讨会暨校长论坛"

▲ 第一届"城市的未来：外来儿童教育政策研讨会暨校长论坛"会议现场

▲ 第二届"城市的未来：外来儿童教育政策研讨会暨校长论坛"

▲ 第二届"城市的未来：外来儿童教育政策研讨会暨校长论坛"会议现场

▲ 第三届"城市的未来：外来儿童教育政策研讨会暨校长论坛"

▲ 第四届"城市的未来：外来儿童教育政策研讨会暨校长论坛"

▲ 第四届"城市的未来：外来儿童教育政策研讨会暨校长论坛"会议现场

▲ 第五届"城市的未来：外来儿童教育政策研讨会暨校长论坛"

▲ 第五届"城市的未来:外来儿童教育政策研讨会暨校长论坛"会议现场

▲ ▶ 实地调研：学生们认真地考试

▲ 实地调研：学生们认真地考试

▲ 部分学生访员在调研学校的合影

▲ 部分学生访员在调研学校的合影

▲ 实地调研结束，访员团队现场进行数据核查

▲ 数据核查团队进行严格的数据核对

序一
Preface

我很高兴为冯帅章和陈媛媛的《城市的未来——流动儿童教育的上海模式》作序。两位老师2006年同年回国,一起加入了上海财经大学经济学院和高等研究院,后来又一起开展了关于流动儿童教育问题的研究。我很荣幸见证了他们从2008年开始,在这一研究领域长期不间断的耕耘过程。本书就是他们八年来的研究总结。从我2004年担任上海财经大学经济学院院长并筹划创办专门研究中国问题的高等研究院开始,就一直鼓励并支持在海外取得博士学位后回国工作的青年学者关注中国现实,将国外学到的理论和方法用于中国实际问题的分析。现在看到他们多年的研究成果终于汇成这本专著,我感到非常欣慰,也为他们感到骄傲。

十多年来,上海财经大学经济学院秉持"求实创新、打造一流"的发展战略,全面开启了具有历史性意义的体制内经济学教育科研改革,参照国际一流研究型大学先进的办学理念和成熟的管理规范,实践教育科研改革,系统地建立一整套长效机制,培养厚德博学的具有深厚文化素养、扎实经济学理论功底、高效生产力、开放国际视野的高层次创新型杰出人才。经过对于国际化十年磨一剑的坚持,我们的经济学教育改革已取得了显著的成效。2016年6月,荷兰蒂尔堡大学"全球经济学研究机构排名"显示,上海财经大学经济学科进入世界前60。2012~2015年,上海财经大学经济学科在该排名默认的35本国际权威经济学期刊的高质量论文发表数在大中华地区连续保持第一。

与此同时,上海财经大学高等研究院的使命在于以准确的数据为依据、先进的理论为指导、科学的研究方法为手段,理论结合实际,定性与定量分析并举,以项目的形式凝聚海内外研究力量,发挥群体作战的规模优势,联合攻关,研究中国改革和发展中出现的长远重大战略性问题和当前难点、热点经济问题。目前,高等研究院设有十多个研究中心。冯帅章和陈媛媛对于流动儿童教育问题的研究是高等研究院人口流动与劳动力市场研究中心的重要研究成果。

流动儿童的教育问题是我国当前面临的一个重大社会问题。一方面,中国的转型和发展产生了大量的进城农民工及他们的随迁配偶子女,这本是城镇化过程的应有之义。另一方面,传统的义务教育体制基于户籍制度,无法满足不断涌入城市的流动儿童的教育需求。在这种条件下,探讨流动儿童教育问题的因应之道,不仅重要,而且迫切。

冯帅章和陈媛媛的研究,基于在上海地区对20所学校,近3 000名学生进行的问卷调查和标准化考试的长期跟踪调研的结果,详细考察了流动儿童入学的影响机制、学校对于学生的不同影响、流动儿童的融入、家长期望与家庭教育等问题,得出了一系列重要的实证结论。这些研究无疑为政府制定相关的政策提供了坚实的经验基础。

对于中国问题的研究,特别是进行经济分析或给出政策建议时,我一贯主张从理论、历史和实证三个角度着手,三者缺一不可。冯帅章和陈媛媛关于流动儿童教育的研究,既有基于大量的调查和数据之上的严谨的实证计量分析,又有基于经济学、社会学等多学科的理论视角。书中有关流动儿童教育问题的源起、演变及政策方面的详细阐述,无疑为我们提供了丰富的历史大视野。

中国的发展日新月异,不断向研究者提出新的机遇和挑战。从长远来看,人口流动背景条件下儿童的受教育问题,始终将是中国发展的重大问题。而流动儿童教育问题又与我国的高考制度、户籍制度、地方与中央的财政关系、区域发展与城镇化等问题密切相关。流动儿童教育问题在目前的条件下远远没有解决，仍然是我国转型和发展过程中的一个重点和难点问题。本书的出版，为我们理解流动儿童教育问题提供了非常丰富的基础，极大地推动了相关研究。在恭喜作者完成本书的同时，我更希望他们能继续在这一领域不断作出新的研究，百尺竿头，更进一步！

田国强

上海财经大学经济学院院长、高等研究院院长、教授，

博士生导师、长江学者讲席教授

2016年10月于上海

序二

Preface

中国的改革发展已经进入历史性的关键时期,以人的城镇化为核心的新型城镇化,既是我国经济社会健康持续发展的强大动力,又是我国现代化发展的重要引擎。在新型城镇化进程中,流动人口的快速增加已成为一种发展趋势。随着城镇化进程的不断加快,流动人口的大幅增加,跟随父母流动至城镇的流动儿童的数量也与日俱增。据2010年第六次全国人口普查数据显示,我国0~17周岁的流动儿童规模为3581万,其中0~14周岁的流动儿童规模为2291万。[①] 流动儿童的教育问题已然成为社会发展变迁中的重大问题,它既影响着我国教育整体水平的提高及教育公平的实现,也影响着我国城镇化发展与和谐社会建设的整体进程。

党和政府高度重视流动儿童的教育问题,相继出台了多项政策,从不同层面推动流动儿童教育问题的有效解决。一系列政策制定的背后,活跃着众多的学者和研究团队。他们围绕流动人口子女教育问题,开展了多种形式与不同层面的研究。我所在的中国教育科学研究院教育发展与改革研究所(原教育政策研究中心)就是长期致力于流动儿童教育问题的研究团队之一。在十多年的持续研究过程中,我们通过大量的研究成果为国家决策服务,不同

---

① 段成荣,吕利丹等.我国流动儿童生存和发展问题与对策[J].南方人口,2013(4).

程度地促进了该问题的解决。例如,我本人就是2012年国务院办公厅转发教育部等四部委《关于做好进城务工人员随迁子女接受义务教育后在当地参加升学考试工作意见的通知》文件的主笔者。在相同的研究志趣和研究工作中,我们结识了国内一些顶尖研究团队,并开展研究上的互相联通乃至合作,冯帅章教授带领的研究团队就是其中之一。他从美国康奈尔大学博士毕业到上海财经大学工作后,我曾应邀率团队到上海参加他们主办的流动儿童教育问题研讨会,并受益良多。他到暨南大学工作后,我也邀请他和他的团队到北京参加我们主办的流动儿童教育研讨会。从一系列的互动交往中,我们彼此都获得了非常丰富的研究信息和经验,这有力地促进了团队的健康成长。

现在呈现在我们面前的,就是由冯帅章教授率领的研究团队历经八年调研后精心形成的课题成果。通读全书,我们可以看到冯帅章教授及团队经长期的实证调研与数据采集,以清晰的逻辑、翔实的数据,全面立体地再现流动儿童在流入地接受教育的整个历程。同时,科学严谨地分析了流动儿童进入不同类型学校的影响因素与特征,形成了以背景、分析与政策为一体的完整著作。

首先,本书立足调研实际,将流动儿童与本地儿童进行对比分析,建立了完整的流动儿童动态数据,全面概括了流动儿童接受教育的现实状况。基于流动儿童的入学机制,通过研究发现,流动儿童进入公办学校的外在约束条件很多,其影响因素也非常复杂。同时,通过对流动儿童入学后与本地学生进行对比分析,发现了一些比较有价值的特征,如流动儿童对主流价值观的认同等。

其次,本书弥补了当前学术界对于民办农民工子弟学校教育质量变化的定量研究不足,丰富了公办学校和民办学校之间教育质量比较的量化评估体系。据此对进一步提升民办农民工子弟学校教育质量,消除歧视民办农民工子弟学校的制度性障碍至关重要。

再次,本书基于家长层面,采用对子女的关心度、教育期望、对学校的满意度等指标,细致地分析了公办与民办农民工子弟学校之间以及公办学校内部的差异,从多角度剖析流动儿童教育成长的差异性,对今后的对策解决提供了一定的导向性。

最后，本书从财政政策、监管政策、生源政策、学校体制和教师制度等视域分析了民办农民工子弟学校发展中的问题，全面客观地反映了目前上海民办农民工子弟学校的生存现状。

总之，本书从学生、家长、教师、学校以及政府的层面分别对流动儿童与本地儿童进行了深入的对比研究与分析，客观且全面地呈现了当前一个时期以上海为代表的我国流动儿童教育发展的现状，并提出了切实可行的教育政策建议。这一成果的问世，有利于全面认识和科学合理有效解决流动儿童教育问题，是我国随迁子女教育问题研究的一项重要成果。

"十三五"时期是实现小康社会的决胜时期。随着经济社会的快速发展，城镇化进程与社会转型不断加快，随迁子女教育的新问题也会不断出现，并且将会愈加复杂化与多元化。正是人类社会发展的无限性与人们对研究问题认识的有限性，决定了对问题研究的暂时性与相对性。但是这也更加坚定了我们这些教育研究工作者的职责和使命，那就是发现并探究深层次的教育问题，并提出切实可行的对策，助推社会的向前发展。

研究不停，奋斗不止。真诚希望能不断看到冯帅章教授及团队的研究成果问世，这对于中国特色社会主义建设，应该是一个有力的支撑。

吴 霓

中国教育科学研究院教育发展与改革研究所所长、

研究员、博士生导师

2016年11月于北京

目录
Contents

序一 ·· 1

序二 ·· 1

第1章　绪论 ·· 1
　1.1　我们的研究之旅 ·· 1
　1.2　我们的研究发现 ·· 4

背 景 篇

第2章　大视野——流动儿童教育问题的背景 ············· 11
　2.1　问题的演变：从户籍制度谈起 ··························· 12
　2.2　现状观察：各地实情概览 ································· 13
　2.3　他山之石：学界的研究与观点 ··························· 19

第3章　八年调研路——项目实录 ····························· 26
　3.1　预调研：提供经验和方向 ································· 26
　3.2　第一轮正式调研：大规模的深入调查 ·················· 29
　3.3　第二轮回访调研：观察两年间的变化 ·················· 31
　3.4　第三轮电话随访：追踪流动儿童升学 ·················· 33
　3.5　第四轮电话调研：毕业之后的持续跟踪 ··············· 34

分 析 篇

第 4 章 上学去——流动儿童的入学机制 ⋯⋯⋯⋯ 39
    4.1 政策分水岭：2008 年前后的制度变化 ⋯⋯⋯⋯ 40
    4.2 初探：流动儿童入学门槛 ⋯⋯⋯⋯ 42
    4.3 发现：居住地决定入学 ⋯⋯⋯⋯ 46
    4.4 深入：优质公办学校的分选机制 ⋯⋯⋯⋯ 50
    4.5 后续：流动儿童升学机制 ⋯⋯⋯⋯ 55

第 5 章 入学后——流动儿童与本地儿童的差异 ⋯⋯⋯⋯ 58
    5.1 样本分组：按户口和学校分类 ⋯⋯⋯⋯ 59
    5.2 个人特征：流动儿童转学经历多 ⋯⋯⋯⋯ 60
    5.3 校园内外：公办儿童在校更积极 ⋯⋯⋯⋯ 63
    5.4 家庭背景：公办内家庭收入相近 ⋯⋯⋯⋯ 67
    5.5 价值观念：流动儿童政治信任度更高 ⋯⋯⋯⋯ 70

第 6 章 公办为上？——学校类型对成绩的影响 ⋯⋯⋯⋯ 75
    6.1 简单的比较：标准化考试成绩对比 ⋯⋯⋯⋯ 76
    6.2 控制家庭及个人因素后：多元线性回归结果 ⋯⋯⋯⋯ 77
    6.3 进一步控制不可观测因素：工具变量回归结果 ⋯⋯⋯⋯ 80
    6.4 结论可信度验证：稳健性检验结果 ⋯⋯⋯⋯ 84
    6.5 不同群体的受影响程度：分位数回归分析 ⋯⋯⋯⋯ 88

第 7 章 民办在进步——民办学校教育质量变化分析 ⋯⋯⋯⋯ 91
    7.1 "体制外"的生长：民办学校变迁史 ⋯⋯⋯⋯ 92
    7.2 外部影响力：财政投入与学校质量 ⋯⋯⋯⋯ 94
    7.3 两年间变化：民办学校质量改善 ⋯⋯⋯⋯ 96
    7.4 进步的实证：民办学生成绩变化分析 ⋯⋯⋯⋯ 101
    7.5 寻思变化背后：财政到位　制度缺位 ⋯⋯⋯⋯ 108

第 8 章　隔离与融入——公办学校内部的流动儿童 …… 116
- 8.1　从封闭到敞开：公办学校变迁史 …… 117
- 8.2　隔离效应：同一学校内的学生群体研究 …… 118
- 8.3　融入研究：公办学校内的本地儿童和流动儿童 …… 120
- 8.4　隔离研究：公办学校内流动儿童比例的影响 …… 126

第 9 章　父母心——家长的态度与期望差异 …… 133
- 9.1　背景差异：本地父母受教育水平更高 …… 134
- 9.2　态度特征比较：怎样的家长更重视教育？ …… 134
- 9.3　满意度比较：谁对当前学校更满意？ …… 140
- 9.4　家长接纳度：本地家长接受流动儿童吗？ …… 148

政　策　篇

第 10 章　体制外——民办学校的制度环境及变化 …… 153
- 10.1　财政政策：反思教育的投资收益比 …… 154
- 10.2　监管政策：有限的外部力量 …… 161
- 10.3　生源政策："教育控人"的政策影响 …… 163
- 10.4　教师制度：一套编制定乾坤 …… 169

第 11 章　体制内——公办学校的制度环境与流动儿童融入 …… 175
- 11.1　入学政策：逐年规范　基本稳定 …… 175
- 11.2　学校条件：软硬件配套完善 …… 177
- 11.3　校方促融合：多方位融入政策 …… 179
- 11.4　教师引导：家长学生双重教育 …… 182

第 12 章　未来的希望——流动儿童教育政策建议 …… 184
- 12.1　综述：流动儿童教育问题特点 …… 185

12.2 建言一：深化公办学校的主渠道作用 …………………… 186
12.3 建言二：发挥民办学校的重要补充功能 …………………… 188
12.4 建言三：未雨绸缪　长远规划增加供给 …………………… 191
12.5 结语：路在何方——解决升学障碍下的体制性问题 …… 194

附录 …………………………………………………………… 197
附录 A　学校质量的评价指标 ………………………………… 197
附录 B　上海市 2012 年小学生教育问卷调查：学校问卷 …… 200
附录 C　上海市 2012 年小学生教育问卷调查：班级问卷 …… 203
附录 D　上海市 2012 年小学生教育问卷调查：公办学校本地家长问卷 …………………………………………………… 206
附录 E　上海市 2012 年小学生教育问卷调查：公办学校外地家长问卷 …………………………………………………… 209
附录 F　上海市 2012 年小学生教育问卷调查：民办学校家长问卷 …… 213
附录 G　上海市 2012 年小学生教育问卷调查：学生问卷 …… 217
附录 H　上海市小学生教育调查：学生情况统计表 ………… 220

参考文献 ……………………………………………………… 221

致谢 …………………………………………………………… 226

表格

Tables

表 3.1	预调研样本情况	28
表 3.2	样本学校的区域分布	30
表 3.3	第一轮和第二轮调研样本情况	32
表 3.4	第三轮电话随访调研流动儿童小升初情况	34
表 3.5	第四轮电话随访调研流动儿童初二就读情况	35
表 4.1	影响流动儿童对学校类型选择因素的回归结果	47
表 4.2	影响流动儿童 2008 年居住在市区的因素	49
表 4.3	影响流动儿童进入较好公办学校的家庭背景因素回归结果	54
表 4.4	进入上海初中概率的回归分析结果	56
表 5.1	样本分组组别与学生数量	59
表 5.2	身体发育情况差异	60
表 5.3	BMI 值差异	61
表 5.4	年龄差异	61
表 5.5	性别与独生子女情况差异	62
表 5.6	受过学前教育差异	63
表 5.7	转学经历差异	63
表 5.8	个人表现方面的差异	64
表 5.9	课后时间安排差异	66

表 5.10	户籍情况差异	68
表 5.11	父亲教育水平差异	69
表 5.12	母亲教育水平差异	69
表 5.13	家庭月收入差异	70
表 5.14	学生价值观念平均得分表	72
表 5.15	影响学生价值观的因素回归结果	74
表 6.1	标准化考试成绩差异	76
表 6.2	流动儿童标准化考试成绩的回归结果	79
表 6.3	流动儿童的考试成绩的回归结果—稳健性检验	85
表 7.1	样本学校中的教师情况	97
表 7.2	学生及家长统计数据	99
表 7.3	标准化数学成绩的 OLS 回归结果	102
表 7.4	对样本分组后标准化数学成绩的 OLS 回归结果	105
表 7.5	稳健性检验结果	107
表 7.6	关于儿童和父母的努力、期望和态度的回归结果	109
表 7.7	父母对学校评价的 Ordered Probit 回归结果	111
表 7.8	家长综合满意度的回归结果	114
表 8.1	流动儿童与本地儿童各方面比较	120
表 8.2	同一学校内流动儿童和本地儿童的各方面比较	124
表 8.3	隔离对学生数学成绩的影响	127
表 8.4	隔离对本地儿童和流动儿童数学成绩的影响	131
表 9.1	家长对子女期望及关注度差异	137
表 9.2	各变量对家长教育期望及关注度的影响	139
表 9.3	家长对学校满意度及评价	141
表 9.4	各变量对外地家长总体满意程度和对学校质量评价的回归结果	143
表 9.5	各变量对公办学校内部本地和外地家长对学校满意度	

的回归结果 ·· 146

表9.6　各变量对本地家长对学校招收流动儿童的态度 ········· 150

表10.1　2012年上海市1～12年级非沪籍人口在校生数 ········ 167

表10.2　2014年宝山区民办小学D校教师每月工资激励制度
　　··· 173

插图

Figures

图 4.1　进入目前学校是否有考试 …… 43

图 4.2　进入当前学校是否有额外收费 …… 44

图 4.3　流动儿童家庭对现有住宅的所有权 …… 45

图 4.4　进入当前学校的方式 …… 45

图 4.5　流动儿童2008年住所所在区域 …… 48

图 4.6　家长评估质量指数与学校质量综合指标指数的线性回归图 …… 53

图 6.1　流动儿童的语文成绩在两类学校的差异：分位数回归的结果 …… 89

图 6.2　流动儿童的数学成绩在两类学校的差异：分位数回归的结果 …… 89

图 7.1　上海市政府对每一名民办学校学生的补贴金额 …… 94

图 8.1　各学校班级流动儿童比例的分布 …… 129

图 8.2　学校中流动儿童比例与编班规律 …… 129

图 9.1　本地家长对学校招收流动儿童的态度 …… 149

图 9.2　本地家长认为招收流动儿童对学校质量的影响 …… 149

图 10.1　2009年义务教育阶段上海流动儿童年级分布情况 …… 168

第 1 章
绪　论

1.1　我们的研究之旅

从 2008 年到现在,一晃已经八年了。回想本研究的历程,令人百感交集。

最初关注到流动儿童教育问题是源于我和我太太共同的好朋友——康奈尔大学社会学系博士生马丽在上海的研究和实地调研工作。马丽为撰写她的博士论文,在上海进行了大量有关流动人口的调研工作,这其中就涉及流动人口的子女及其就学问题。除大量的一对一访谈外,马丽还进行了一些较小规模的问卷访问,如在上海虹口区虹镇老街进行的针对流动人口的 114 份问卷访问。虹口区的虹镇老街街道是上海五个重点成片改造的旧区之一,老棚户区为流动人口提供了廉价住房,流动摊贩聚集于此,长期以来形成了几个露天市场,居住在其中的随迁子女有相当一部分进入民工子弟学校就学。与此同时,我也了解到我所在的上海财经大学经济学院大学生支教队在对口民工子弟学校的支教活动。这样的支教活动早在 2005 年 3 月就已经开始,当时对口三所位于上海市杨浦区的民工子弟学校:上海民办新星学校、上海杨浦区阜盛民工子弟学校和上海民办普育学校。

当时,流动儿童的教育状况已经是一个非常突出的社会热点问题。然而,与社会大众对于流动儿童教育问题的关注度相比,基于数据的实证研究还非常缺乏。有感于流动儿童面临的教育困境及相关研究的匮乏,特别是经济学领域研究的稀少以及可靠数据的缺乏,我于2008年初以"民办农民工子弟学校与流动儿童教育:基于上海的跟踪实证研究"为题申报了国家自然科学基金的青年科学基金项目,详细提出了通过大规模跟踪研究来估算流动儿童进入民办农民工子弟学校对其考试成绩及其他一系列发展指标的影响。我邀请马丽和我在上海财经大学经济学院的同事陈媛媛一起加入我们的研究团队。非常幸运,研究申请获批,我们的流动儿童教育研究之旅正式启程了。

按照申请书的计划,我们的第一项任务是预调查。不巧的是,2008年8月,在刚刚获知拿到国家自然科学基金的资助后,我就赴普林斯顿大学开始了两年的访学,于是预调查的重担大部分落到了媛媛和马丽肩上。在2008年11月我们对上海市四所小学的四年级学生进行了预调查,这4所小学包括一所以上海市区居民孩子为主的市区公立中心小学,一所同时接收上海学生和流动儿童学生的市区公立学校,两所郊区的民办农民工子弟学校。我们从学校四年级各班中随机抽取了两个班的学生。预调查发现民办农民工子弟学校学生的考试成绩确实明显低于在公办学校就学的学生。

2010年8月,我结束在普林斯顿大学的访学回到上海。于是研究团队在2010年10~12月启动了第一轮大型调查。我们一共访问了二十所学校,包括九所民办农民工子弟学校,十一所公办学校。这些学校在地理分布上具有较强代表性,既包括已经不允许民办农民工子弟学校开办的城中心各区(如黄浦区、杨浦区和现已并入黄浦区的卢湾区),也包括流动人口较多的城郊各区(如浦东新区、宝山区和闵行区)。对于每一所选中的学校,我们访问该校四年级所有班级的所有学生。最终,我们的样本包括约80个班级,近3 000名学生。2012年4~5月,我们针对第一轮调查的二十所学校进行了一次全面的跟踪调查,所有在2010年接受调查的学生此时正处于五年级第二学期。在这些学生于2012年6月小学毕业后,我们又进行了两次对家长的电话追访,一次在2012年9~10月,另一次是2014年3~4月。通过这两次追访,我们了解了这些学生后续受教育的一些基本情况。

除了几轮调查外,我们还分别在2011年9月、2012年12月、2014年12月和2015年12月举办了四届《城市的未来：外来儿童教育政策研讨会暨校长论坛》。每次会议都邀请了流动儿童教育方面的专家学者，这些学者都具有长期在流动儿童教育方面的研究经验和跨学科的背景，如韩嘉玲、吴霓、段成荣、唐晓杰、周纪平、熊丙奇、周皓、熊易寒、范元伟等；也邀请了长期在流动儿童教育领域非营利组织(NGO)的领导和工作者，如张轶超、张嘉宁等；还邀请了来自公办学校和民办学校的校长、教师代表。通过这些会议，我们可以更深入地了解流动儿童教育方面的历史背景、政策背景、现状和突出的问题。这对我们的大型调查形成了良好的指导和补充，也使得我们对于流动儿童教育问题的认识更加深入和全面。

2014年，我们认识到有必要以书为载体系统地记录、总结我们在上海进行的有关流动儿童的研究，梳理重要的研究结果，以更通俗的方式向更广泛的受众呈现。于是我们找到金嘉捷，当时上海财经大学经济新闻系的一名大四学生，来共同完成这一任务。尽管我们的大部分研究内容已经以学术论文的形式完成，但写书过程的艰辛还是超出了我们的预料。因为我们不仅仅是把已有的若干篇学术论文结集成册，而是试图逻辑地进行重新创造。嘉捷在这方面进行了大量的工作。尤为特别的是，由于她的背景与我们有差别，很多内容经她努力重述以后，可能更容易被非学术读者所接受。

在本书的写作过程中，我们进一步认识到目前对于流动儿童教育问题的研究还远远不够。一方面，我们对于许多关于流动儿童的基础科学问题仍缺乏认识，如留守与流动的决定因素、跨地区流动儿童的比较、流动对于儿童的长期影响等。另一方面，从政策角度来看，流动儿童教育问题牵涉的绝不仅仅是教育，而是与财政政策、人口政策、城镇化、地区间不平衡发展等问题密切相关，任何政策的提出都可谓牵一发而动全身。因此，我们更愿意将本书看作一个阶段性的总结和新的研究起点。

冯帅章

2016年8月24日于广州

1.2 我们的研究发现

1.2.1 概念的界定

本书关注的是流动儿童,其在文献中有时又被表述为(城市)外来儿童、进城务工人员随迁子女、农民工子弟等。我们统一定义其为不具有本地(上海)户籍的儿童。与之相对应的本地儿童,是指具有上海户籍的儿童。相应地,本书提到的本地家长和外地家长,也是以他们是否拥有上海户口为标准。本书对流动儿童的定义可能与大众关于流动儿童的普遍印象不完全吻合,但确实是与义务教育阶段的国家政策相符。也就是说,有无当地户口在是否能接受当地义务教育方面具有决定性影响。在一些具体的研究中,我们也在稳健性检验中改变流动儿童的定义,排除那些家庭背景较好(如父母有大学学历、在当地有住房、父母高收入、具有城市户籍等)的儿童。结果发现,我们的主要研究结论都不受这些定义变化的影响。

本研究中包括两类学校:公办学校和民办学校。其中,民办学校指由政府出资办学,主要招收流动儿童的学校,全称为民办农民工子弟学校。上海在2008年改制前后对这类学校的叫法不同,改制前称为民工子弟学校或打工子弟学校;改制后一般正式称为专门招收随迁子女的民办学校。无论叫法如何,这类学校有两个主要特点:一是以招收无本地户口的孩子,即流动儿童为主;二是不在正式公办教育体系内。

1.2.2 本书结构

本书分为三大部分:背景篇,分析篇及政策篇。

背景篇包括第2~3章的内容。

第2章阐述流动儿童教育问题的背景、现状和学界研究,提供了全面探讨问题的大视野。首先,从理论经验上,阐释了户籍制度的特点,以及在人口流动背景下所导致的教育资源错配,从而剖析了如今呈现出的流动儿童教育问题之根源。接着,梳理了本书聚焦地点上海以外的其他地区流动儿童教育情况,从一、二、三线城市各择其一作样本案例。虽然各地具体情况有所不同,但问题根源一致,存在不少共性,值得进行横向纵向的对比研究。最后,对流动儿童方面的研究进行了文献综述,描述了从事该项研究的学术基础。

第3章呈现了上海流动儿童调研项目的调研实录。上海流动儿童调研项目正式开始于2010年,但从2007年起团队已经着手准备了大量前期工作。2008年开始预调研,虽然规模不大,只有上海的四所学校,但是完全按照正规调研的流程进行,为日后的正式调研提供了宝贵经验。正式调研于2010年启动,2012年又进行了第二轮跟踪调研。这两轮调查作为项目的核心部分,反映了流动儿童和本地学生在两年间的学习成长变化以及学校质量的提升,这些一手数据为本研究提供了全面翔实的分析材料。2012~2014年间,我们继续通过电话调查等方式跟踪了流动儿童的学习和生活情况,记录他们升学乃至迁徙的轨迹,尽可能地保留这批流动儿童的动态数据。

分析篇是本书的主要部分,包括第4~9章的内容。

第4章研究流动儿童进入不同类型学校的影响因素。究竟是什么决定了孩子进入哪所学校?当家长拿着户口本、房产证、居住证等一系列证明站在政府登记部门时,他们的孩子就被放在入学安排名单上的不同位置了——有户口、有房产的学生排在最前面,有房产证的学生排在无房产证的学生前面……本章就对这一系列影响流动儿童进入公办学校和民办学校的因素进行考察,并更细致地探讨公办小学内部因学校质量不同而产生的分选机制。我们不仅要看是什么因素决定了孩子进公办学校或是民办学校,还要进一步分析如何进入优质公办学校。

第5章对本地儿童与公办及民办学校流动儿童之间本身特征的差异性进行考察。除了学校类型带来的影响差异,这些儿童因其来源地、成长环境和背景经历的差别而具有迥然不同的特征。因此,我们首先对总体样本进行分类,除了以户口区分本地与流动儿童之外,还对流动儿童内部进行就读于公办学校或民办农民工子弟学校进行分组,以更科学地观察组间影响差异。其次,我们从儿童的生理、心理和家庭背景等多方面对几组样本的特征进行量化描述——挑选了包括性别、BMI指数、户籍类型等指标在内的自身特征项,以及父母受教育水平、家庭经济条件等反映家庭背景的特征项,另外还对学生的学习行为、心理状态和价值观等个人表现进行了标准化测量与比较。

第6章正式进入学校类型对于流动儿童考试成绩及其他方面表现的影响分析。对三组学生之间标准化成绩的直接比较并不能说明学校类型与学习成绩的相关性,因为还可能存在其他背景因素对成绩产生影响。为了排除这种误差干扰,我们通过OLS回归分析法来控制家庭和学生个人因素等可观测变量的影响,证实在民办农民工子弟学校就读和在公办学校就读的流动儿童之间仍存在较大的成绩差距。为了进一步证明学校类型与学生成绩之间的因果关系——控制不可观测变量以单独考察学校类型直接导致的学生成绩影响,我们采用工具变量法调整学校选择的内生性问题,结果发现这种成绩差距仍然很大,且在统计意义上显著。这些结果显示学校类型的确是影响学生成绩的重要因素。最后,我们考察了优生和差生对学校类型的敏感度,通过分位数回归发现学校类型对于成绩较差的学生影响更大。我们的研究结果与目前民办农民工子弟学校教学质量普遍低于公办学校的观察相吻合。

第7章利用跟踪数据研究民办学校质量的变化。随着近几年政府政策的扶持,民办学校已经褪去当年的"违规学校"形象,其自身教育质量也在改革中不断进步。但是到目前为止,学术界没有针对民办学校质量变化的定量研究,也缺乏对公办学校和民办学校之间教育质量比较的量化评估。我们的研究基于2010年和2012年的两轮调查,发现相较于公办学校,民办学校的质量在两年内有所提升,流动儿童家长对民办学校质量的评价也有相应提升。这很有可能归功于政府补助和监管。尽管如此,两者之间的综合水平依旧差异较大。民办学校仍然面临很多制度上的"瓶颈",比如即使学生的成绩相同,民办学校毕业的学生也很难进入上海的中学。

第8章关注公办学校中的流动儿童。对于公办学校的流动儿童来说,没有了教育质量的烦恼,但能否融入班级、学校内的小社会可能是其成长过程中面临的大问题。上海本地公办学校对于流动儿童是否存在歧视?这些潜在的问题又会如何影响孩子的行为表现和心理健康？我们利用2010年和2012年两次调查得到的数据，对比了公办学校中流动儿童和本地儿童间数学成绩以及学习习惯的差异。结果发现，同一学校内的两类学生在数学成绩、教师评价和班级领导能力方面都没有明显差异，说明歧视的情况并不存在。在不同公办学校之间观察到的现象是，流动儿童比例越高，学生的测试成绩就越低。那么，流动儿童占比的高低是否会产生负面的同伴效应，导致全体学生表现更差呢？经过一系列分析得出，流动儿童比例越高并没有带来负面的同伴效应，决定每个学校平均成绩高低的真正原因在于学校质量和家庭背景。

第9章讨论家长的态度与期望。我们已经从学生个人、教师和学校的层面分别对流动儿童和本地儿童进行了考察，在这基础上我们试图从家长的角度来看公办学校与民办学校之间及公办学校内部本地家长与外地家长之间的差异，以补充解释前几章的结论。我们主要关注父母在两大问题上的想法——对子女的关心度和教育期望，以及对学校的满意度。同时，我们从本地家长对流动儿童的接受度讨论了流动儿童在当地的融入问题。这些比较分析有助于我们更深入地了解这三组群体的背景和态度差异，也可以从侧面反映家长态度是如何影响子女的教育情况。通过对比，我们发现三组家长对子女的教育期望呈阶梯变化。在教育期望和关心度上，本地家长优于公办学校外来家长，公办学校外来家长优于民办学校家长。对学校的满意度上，本地家长和民办学校家长满意度都较低，前者是因为更高的心理标准，后者是因为较差的学校质量。相比之下，公办学校外来家长是对学校满意度最高的一个群体，可能因为他们认为比起进民办学校，进公办学校已经是最好的选择了。

政策篇包括第10~12章的内容。

第10章讨论民办农民工子弟学校面临的制度环境。民办农民工子弟学校从建立之初起，在大城市的教育体系中一直处于较尴尬的位置，不论从财政支持还是升学体制上都比公办学校"低人一等"。但经过近几年的发展，在社会各界的关注和政府的支持下，情况已经大为改善。本章回顾了自2008年改制以来，上海地区民办学校的整体环境变化，并试图从财政政策、监管政策、生源政策、学校体制和教师制度等多方面分析民办学校发展中的进步与不足，全面反映目前上海民办学校的生存现状。

第11章讨论公办学校的入学政策,学校基建、教师待遇等制度环境,重点探讨了流动儿童在公办学校的融入问题。从学校和教师两个层面切入,通过调研学校案例反映目前教育中流动儿童融入情况。由于不同区的教育部门对这一问题的重视程度不尽相同,因而反馈到学校层面的实施力度和具体方法也各有千秋。总体而言,市区公办学校无论对学生还是家长、对本地儿童还是流动儿童,都进行了相应的融入教育,涵盖了心理、学习、生活和家庭的多项辅导。

第12章从不同层面讨论了可执行的教育政策,希望为政府规划流动儿童教育政策提供借鉴参考。在义务教育阶段,政府一方面需要进一步加大公办学校向流动儿童开放的力度,尤其是在城中心区等公办教育资源仍有富余的地方。同时要兼顾流动儿童家庭背景的特殊性,多管齐下,促进公办学校中流动儿童的融入与全面发展。另一方面,民办学校仍然是流动儿童教育资源的重要补充,有必要延续以往对于民办学校包容扶助的政策,切忌盲目要求民办学校达到公办的标准甚至取缔民办学校。对于流动儿童而言,即使不能进入公办学校,能够进入质量略逊的民办学校仍不失为一个非常不错的选择。户籍限制依然是制约流动儿童教育发展的"瓶颈",尤其体现在中考以及高考升学体制上。流入地政府需兼顾教育资源紧缺和教育公平,通过设立专门高中或者与流出地政府合办学校的方式,解决流动儿童在初中后阶段的教育问题。

背景篇

第2章 大视野——流动儿童教育问题的背景

第3章 八年调研路——项目实录

第 2 章
大视野——流动儿童教育问题的背景

摘　要

　　流动儿童教育问题缘起于 20 世纪 50 年代的户籍制度，其流弊至今仍制约着全国各地义务教育的全面均衡发展。本章为全书的问题探讨张本，阐述流动儿童教育问题的背景、现状和学界研究，提供了全面探讨该问题的大视野。

　　第一节为理论经验，追溯至早期户籍制度设立，其限制迁徙的制度特性在人口流动背景下导致了教育资源错配，进而剖析了日趋凸显的流动儿童问题之根源。

　　第二节提供更多实证经验，梳理了本书聚焦地点上海以外的其他地区流动儿童教育现状及历年的相关政策变化。在一、二、三线城市各择北京、成都、莆田作为样本案例。虽然各地具体情况有所不同，但根源一致，且治理办法也均向国家总方针看齐，因而存在不少共性，值得进行横向、纵向的对比研究。

　　第三节为文献综述。国内相关研究主要从定性方面分析公办学校与民办学校之间的差异，对如何提高民办学校质量问题、解决流动儿童教育问题提出很多政策建议。而国际研究上，我们侧重于对学校类型的影响、政策对学校质量的影响以及弱势儿童的隔离效应等相关研究进行梳理，从中汲取前人研究的经验。

2.1 问题的演变：从户籍制度谈起

流动儿童的教育问题最初是如何产生的？这要追溯到我国在20世纪50年代为了限制公民内部流动而建立起的户籍制度。户籍制度的概念包括两方面——城乡二元体制和地理维度。自20世纪70年代后期实行改革开放政策以来，户籍制度中城乡二元体制的区别逐渐减弱，但是由于区域发展不平衡的不断加强，地理上的差异也日益凸显（Kanbur and Zhang，2005；Zhang，2006），导致不同户籍人群享受的福利水平截然不同。直到现在，户籍制度依然是决定公民医疗、教育等社会服务的最主要机制之一，而这些福利都主要由当地政府提供（Chan and Buckingham，2008）。

这种社会福利与户籍挂钩的模式使得流动人口面临着包括子女教育在内的诸多问题。没有本地户口的流动儿童属于城市的外来人员，因此无法在流入地享受法律所规定的免费义务教育。

在当前的制度下，义务教育阶段中小学的教育经费均由县（区）级政府进行分配。由于地区差异带来的发展水平不同，各地教育经费存在较大差距，而最关键的是经费不能在不同区域间进行转移。如果流动儿童被允许进入本地学校学习，会增加当地政府的财政负担（Liang and Chan，2007）。当社会福利不随着人口"流动"时，教育资源的错配就产生了。流入地政府没有足够的财政预算为流动儿童提供公共教育服务；而流出地的政府却依然按照当地户籍人口分配教育经费。

在20世纪90年代早期，很多儿童随父母迁徙到城市中，而当时的户籍制度不允许流动儿童在流入地入读公办小学。直到1998年3月，国家教委、公安部联合颁布《流动人口儿童、少年就学暂行办法》，规定了流入地政府解决农民工随迁子女接受义务教育的责任，才从政策理论上打破了户籍制度带来的教育壁垒。但在实际情况中，流动儿童进入公办学校依然十分困难，因为很多公办学校要收取高额的"择校费",并且要求父母提供很多难以获得的文件和证书。加之公办学校的资源有限,即使一部分流动儿童的父母能负担得起学费并提供所有必要的文件,他们的孩子仍然有可能因为学位不足而进不了公办学校。

为了填补这一教育资源空白,很多未经政府允许设立的、专门招收流动儿童的民工子弟学校应运而生。这些学校通常被企业家作为私营企业经营,其首要目的不是提供教育服务而是追求盈利。因此拥有者以最小化成本经营,提供的学习条件十分低劣。在当时的中国教育体系内,民工子弟学校没有明确的法律地位,学校常常被迫关停或者改变经营地点(Han,2004)。

自2001年起,我国政府要求流入地政府承担起为流动儿童提供义务教育的责任。当年,国务院发布《国务院关于基础教育改革与发展的决定》(国发[2001]21号),对流动儿童就学提出了"以流入地政府为主、以公办学校为主,依法保障流动人口子女接受义务教育权利"的"两为主"政策。由此,流动儿童进入公办学校学习的比例得到了提高。之后几年,我国政府陆续出台相关文件,加强落实随迁子女的公共教育服务解决方案。根据国务院2012年的调查,在我国几个主要的人口流入地,流动儿童进入公办学校学习的比例已达到70%左右。

流动儿童能进入公办学校学习,是一项重要的教育成就。首先,政府的根本目标是让所有流动儿童和本地儿童一样在城市中拥有平等的受教育权利。因此,公办学校中流动儿童的人数理应上升。其次,流动儿童成功就读城市公办学校的经验会鼓励更多的流动劳动力将农村的留守儿童带往城市生活。根据段成荣等(2014)测算,截至2010年,我国有6 100万留守儿童生活在我国农村,由于父母不在身边,他们的认知能力和健康状况都出现了明显的缺陷(Zhang et al.,2014)。

2.2 现状观察:各地实情概览

在不同城市间,政府面临的农民工随迁子女教育处境不同,随之带来的解决方案和执行力度也各不相同。2003年,国务院曾明确提出"两为主"政策——流动儿童的教育是流入地政府的责任,且公办学校应该是流动儿童接受教育的主要渠道。由于中央政府很难制定全国范围内统一的细则,只能通过地方政府根据各自实际情况编制方案。在实施过程中,各地解读思路不同,加之执行力度参差不一,也没有对此提出明确的预算支持,导致流动儿童教育问题一直不能得到全面完善的解决。

综观全国,在流动人口压力少的小型城市,大多数流动儿童能进入当地的公办学校学习。然而,在北京、上海和广州这样的大型城市,人口压力巨大,公办学校的资源较为紧缺,民工子弟学校在流动儿童教育方面担任了更为重要的角色。在这里,我们从上海以外的一、二、三线城市各选取一个样本进行阐述和分析,以对全国流动儿童教育问题有一个完整的考察和了解。

2.2.1 一线城市案例——北京

同上海一样,北京的流动人口子女教育问题也由来已久。20世纪90年代,农民工进城务工潮兴起,民工子弟学校随之而生。北京第一所民工子弟学校创办于1993年。短短几年内,民工子弟学校在流动人口聚集的城乡接合部迅速蔓延,有的民工子弟学校还开发了初中部、高中部。到2006年,北京市仅未经批准的民工子弟学校就有二百三十九所[1]。

针对违规民工子弟学校众多、随迁子女人数逐年增长的现象,北京市政府开始逐批清查整顿违规办学,并放开公办学校学位,接纳流动儿童。2006年,北京市政府颁布《关于进一步加强未经批准流动人员自办学校安全工作的通知》,掀起了全市范围内的民工子弟学校清查关闭潮。

到2006年底,北京市共取缔五十八所未经审批的民工子弟学校。2012年,在社会力量办学管理所备案的民工子弟学校减少到了一百五十七所,且从2008年以后北京市基本不再审批新的民工子弟学校。

---

[1] 海闻,于菲,梁中华.农民工随迁子女教育政策分析——基于对北京市的调研[Z/OL]. http://www.jxedu.gov.cn/zwgk/xbjyky/%20xbjyxsyk/2014/08/20140820033039513.html.

民工子弟学校资源的大幅缩减,使得公办学校必须放开学位来容纳这批被分流的随迁子女。查阅资料发现,2008~2010年间,北京市对随迁子女的入学门槛设置较为宽松。2008年颁布的《北京市实施〈中华人民共和国义务教育法〉办法》中,入学条件只提及了"身份证明、居住证明、工作证明"三证。2010年的《北京市中小学校学生学籍管理办法》更是减少到了两证——在京居住证明和户口簿,凭两证开具"在京借读证明"后即可联系暂住地学校就读。

在有利政策条件支持下,公办学校接纳流动儿童比例不断攀升。2008年,50.4万北京市农民工随迁子女中仍有20多万就读于民办农民工子弟学校[1]。此后,该比例逐年下降。来自北京市教委的数据显示,截至2011年秋季开学,北京市义务教育阶段的随迁子女约47.8万人,在公办学校就读的随迁子女约33.9万人,占总数的70%[2]。到2012年,北京市义务教育阶段的来京务工人员随迁子女人数达49万,公办学校接收比例达到74.7%[3]。

然而,随着特大城市人口压力与日俱增,北京市的流动儿童政策近年又出现缩紧迹象。2012年的随迁子女入学条件陡然变成了五证——户口簿、暂住证、务工证明、居住证明、户口所在原籍无人监护证明。2015年颁布《北京市教育委员会关于2015年义务教育入学工作的意见》,仍规定"五证"。此外,各区县细化家长缴纳社保年限认定等方面的规定。

除了入学政策的收紧,升学政策也制约着随迁子女。2012年,北京市教委等四部门颁布《随迁子女在京参加升学考试工作方案》(以下简称《方案》),随迁子女仅被赋予在京参加职业学校考试录取的资格,高考仅允许异地借考、回原籍招生录取。

《方案》规定,参加北京市中等职业学校考试的进城务工人员随迁子女必须满足:父母持有居住证明、合法稳定职业满3年、在京社保连续缴纳满3年、子

---

[1] 海闻,于菲,梁中华.农民工随迁子女教育政策分析——基于对北京市的调研[Z/OL]. http://www.jxedu.gov.cn/zwgk/xbjyky/%20xbjyxsyk/2014/08/20140820033039513.html.
[2] 新华网.北京随迁子女达到47.8万人 七成入公办校就读[N/OL].(2011-10-25). http://education.news.cn/2011-10/25/c_122193300.htm.
[3] 中新网.北京超七成来京务工人员随迁子女进公办学校[N/OL].(2012-10-24). http://www.chinanews.com/edu/2012/10-24/4273996.shtml.

女具有本市学籍且已在京连续就读初中3年。对高等职业学校的考试录取资格则将对父母的各项要求提升至6年,其子女需就读高中阶段教育3年。

在京借考高考的条件相对不高,仅要求父母持居住证明、具有合法稳定职业及住所、子女具有本市学籍且已在京连续就读高中阶段教育3年。经学生户籍所在省同意后,北京市为学生提供高考文化课在京借考服务,学生回户籍所在省参加高校招生录取。

综上所述,目前北京市的升学政策仅能提供低层次的职业教育服务,且对随迁子女及其父母的要求也较高,在京参加高考并录取难以实现。

2.2.2 二线城市案例——成都

在二线城市中,成都无论是经济和人口水平都位居前列。目前,成都市常住人口已超1 600万人,2015年GDP总量全国排名第九,是产值万亿的大城市。2013年数据显示,成都流动人口已达465万,其随迁子女教育问题的压力随之而来。

2006年的《成都市人民政府关于深化农村义务教育经费保障机制改革的实施意见》规定,农民工随迁子女在五城区和高新区接受义务教育阶段在公办学校就读并与所在区的城镇学生享受同等政策。

2009年成都市进一步取消农民工随迁子女义务教育阶段借读费的相关政策。在此之前,流动儿童进入公办学校都需缴纳借读费、赞助费等。但是,对于"三证"手续不全或无法提供单位《劳动合同》证明的流动儿童,仍需缴纳借读费。

2013年,成都市政府进一步明确了随迁子女就读公办学校所需的证明材料:农业户口簿、身份证、临时居住证、五城区就业《劳动合同》。2014年印发的《关于做好进城务工人员随迁子女接受义务教育工作的意见》中,适度增加了居住年限及购买社保年限的相关规定。

虽然政策体系逐步完善,但不断增长的外来人口使得流动儿童教育问题仍日益凸显。

第一,学位缺口较大。成都市教育局资料显示,2013年,在成都市接受义务教育的进城务工人员随迁子女约有35.5万人,占全市108.3万义务教育阶段学生的33%。据其反映,2013年市中心城区和近郊的第二生活圈层(龙泉驿区、青白江区、新都区、温江区、双流县、郫县)的公办小学学位缺额达到2.5万个;随着小学毕业生逐年毕业,初中学位缺口将不断扩大①。提前规划部署、加快教育资源建设扩容是成都下一步亟待完成的任务。

第二,教育经费投入不足。据国家统计局调查报告显示,以2012年为例:中心城区解决符合政策条件的进城务工人员随迁子女11万多人。经调查队核算,中心城区当年生均培养成本为小学8 000元以上、初中10 000元以上。同年,中央下拨成都市农民工专项资金不足5 000万元,补助资金远远低于生均培养成本②。

第三,入学、升学政策仍有待完善。国家统计局成都调查队2014年的抽样调研显示,在公办学校就读的农民工随迁子女占比八成,其余进入民办或私立学校。据无法进入公办学校就读的农民工反映,主要原因之一是"公办学校制度的限制"(调研报告中并未说明具体是何种制度限制,应是指随迁子女的入学条件难以达到)。此外,子女能够在务工地参加高考仍是外来打工者最大的教育诉求。

第四,学校管理需加强。一方面,民办学校的规范程度不够。成都市的民办学校包括已获得政府部门办学许可和即将获得政府部门办学许可的社会力量办学学校,其师资力量和教学环境等方面落后于公办学校③。另一方面,对自办学校的清查整顿不足。这些是由社会力量自办、未经教育局许可的自办学校,其学生无法取得学籍,也拿不到国家认可的毕业证书。但这些学校还在办初中部,就是为收纳小学毕业后无法考入公办学校也不能转回家乡就读的随迁子女,这也侧面反映出成都市公办学校学位不足的困境。

---

① 国家统计局成都调查队.随迁教育有保障存在问题不容忽视——成都市农民工随迁子女接受教育情况调查报告[R/OL]. http://www.cddc.chengdu.gov.cn/detail.jsp? id=11306.
② 国家统计局成都调查队.随迁教育有保障存在问题不容忽视——成都市农民工随迁子女接受教育情况调查报告[R/OL]. http://www.cddc.chengdu.gov.cn/detail.jsp? id=11306.
③ 国家统计局成都调查队.成都市农民工子女义务教育的政策研究[R/OL]. http://www.cddc.chengdu.gov.cn/detail.jsp? id=11306.

2.2.3 三线城市案例——莆田

与大城市一样,三线城市福建省莆田市也面临着外来人口涌入而带来的随迁子女教育问题,但其压力要明显小于一、二线大城市。根据莆田市教育局公开资料显示,2011~2012学年,莆田市义务教育学校就读的流动人口子女达2.51万人,该学年全市义务教育阶段在校人数为33.4万。按此计算,义务教育阶段的流动儿童就读人数大概占了该市就学总人数的8%。当时,莆田市教育局就落实巩固了"以公办学校为主"的流动人口子女就读政策,官方统计数据显示,公办学校接纳率高达93.7%。

不过,公办学校学位不足的矛盾逐渐凸显。2013年,不少媒体报道了部分城区学位紧张、一年级学生人数激增的现象,其原因在于近几年流动人口激增。莆田市涵江区教育局的统计数据显示,2010~2011年度涵江区中学接收进城务工人员随迁子女1 055人,2011~2012年度为1 222人,2012~2013年度为2 046人,2013~2014年度为1 195人。在2013年,的确达到了近年来流动人口的峰值。

针对教育资源紧缺问题,莆田市教育局根据国家的随迁子女"两为主"政策制定了具体的统筹规划。首先,提前规划学位。以涵江区为例,早在2009年的流动人口子女就学工作中就提出,要"配合区发改委等部门将接纳流动人口子女就读学校的建设列入城市基础设施建设规划"。在2013年莆田市人民政府对中小学招生工作的意见中,继续提出"各县(区)政府(管委会)要大力推进城区和中心镇中小学扩容,充分利用中心城区公共资源和社会资源,布点新建小学或幼儿园。"

其次,入学分配尽可能平等化。2014年的秋季入学工作中提出一些与往年不同的政策:对初中和小学公办学校的剩余学位实行电脑派位,新落户适龄少年儿童和进城务工人员随迁子女统一报名;各学校编班均由电脑随机产生。据统计,2014年秋季全市共有2 585名新迁入户口的适龄少年儿童和进城务工人员随迁适龄子女参加中心城区初中、小学剩余学位报名,全部通过派位或由县区教育局统筹相对就近入学。教育局确定了辖区内各学校的划片范围,将流动人口的务工所在地与接收学校一一对应,制定名单公示,确保学位分配有据可循。

与此同时,随迁子女入学条件在近两年不断明确统一。2014年莆田市首次出台了义务教育阶段招生"六统一",其中一条就是"统一进城人员随迁子女入学条件"。随迁子女招生主要通过参与电脑派位,在2015年的中心城区招生新政中规定,有资格参与派位的随迁子女必须同时满足两个条件:一是父母在中心城区暂住,持2014年12月31日以前办理的有效暂住证件;二是父母在暂住地的城区企业务工,2014年12月31日至报名之日在暂住地企业连续缴纳社会保险,或父母在暂住地经商,持有暂住地工商部门于2014年12月31日前(含)制发的有效营业执照。但是,对于中心城区以外的招生政策,暂时没有明确的规定。

2.3 他山之石:学界的研究与观点

2.3.1 国内视角

近年来,流动儿童教育问题已成为全社会关注的焦点问题也引起了学术界的广泛关注,产生了大量的文献。

2.3.1.1 政策研究:现状与建议

流动儿童的最初研究主要是针对流动儿童的数量和规模的估算,分析流动儿童的特征和面临的困难。2000年第五次全国人口普查资料和2002年全国九城市流动儿童状况调查资料,为许多流动儿童教育问题的研究提供了一些数据支持,如郑桂珍,陈艳梅(2004);华灵燕(2007)。段成荣,梁宏(2004,2005)详细估计了流动儿童的规模、人口学特征及受教育状况,并总结了影响流动儿童教育的因素,包括流动儿童家长、流动儿童自身意识、学校因素以及流动儿童与社会的融合程度。曾守锤,李其维(2007)从心理学的角度研究流动儿童的社会适应性问题。

许多学者通过各种不同地域的调查对不同地区的流动儿童教育情况进行统计与分析。雷万鹏,杨帆(2007)对武汉市流动儿童家长进行调查,提出对流动儿童教育的关注已经从入学机会转为对教育过程和教育质量的关注。杜娟,叶文振(2003)利用厦门市抽样调查的结果,分析就学结构、教育费用和家庭教育对流动儿童学习成绩的影响。谢建社,牛喜霞,谢宇(2011)对珠三角城镇流动人口的调查发现流动儿童转学率高、失学率高、犯罪率高和学习成绩低、升学率低、城镇认同感低等现象。文章提出了教育公共资源与流动儿童教育合理匹配的模式,呼吁政府应该针对流动儿童的教育问题进行教育体制改革,尤其是高考制度的改革。

与此同时,很多文献分析了流动儿童的义务教育的实施情况,提出实现教育公平的重要性和相关的政策建议。赵树凯(2000)和韩嘉玲(2007)分析了北京市流动儿童义务教育的现状,提出民工子弟学校存在的严重问题,呼吁公办学校接纳流动儿童。而中央教育科学研究所课题组(2009)和文喆(2012)研究提出全国各城市公办学校接受流动儿童的比例仍然不高。这些文章提出民工子弟学校在很长一段时间内仍然是解决流动儿童接受义务教育的重要途径。范先佐(2006)提倡政府应该对民工子弟学校在给予必要财政支持的前提下加以规范,他认为政府也可以利用"教育券"的形式解决流动儿童义务教育问题。此外,有许多学者也支持我国使用"教育券"的形式来解决教育公平的问题,如丁维莉,陆铭(2005);宋光辉(2009)。

这部分研究大部分以定性研究或者简单统计为基础进行现状的分析,并提出相应的政策建议。作为流动儿童教育问题的研究先锋,他们的研究让学术界开始越来越重视流动儿童教育问题,并提供了很好的理论基础。

2.3.1.2 比较研究:民办学校与公办学校

民工子弟学校在资金、监管、师资、安全等方面都存在许多先天不足。大量的文献表明民工子弟学校的教学质量远远比不上公办学校,如赵树凯(2000);张俊良,黄必富(2004);韩嘉玲(2007)。周皓,巫锡炜(2008);侯娟,邹泓,李晓巍等(2009);王中会,蔺秀云,方晓义(2011)对北京公办学校和民工子弟学校中流动儿童的学校适应、城市适应过程、学习成绩、心理状况等进行对比研究,结果发现,公办学校在以上各方面都显著优于民工子弟学校。曾守锤,李其维(2007)认为民工子弟学校中的流动儿童比公办学校中的流动儿童存在更多的社会适应问题。谢尹安,邹泓,李小青(2007)发现公办学校小学高年级的师生关系比民工子弟学校更融洽。李兰兰(2009)利用上海市四所学校的调查数据发现,就流动儿童的学习适应性而言,公办学校要明显好于民工子弟学校。

近年来,随着学术界对于流动儿童教育关注的不断深入,这部分的文献也随之不断地充实,许多英文杂志开始发表这一主题的文章。许多文章主要对流动儿童的教育现状进行定性的分析,如 Goodburn(2009);Han(2004);Kwong(2004)。Lu and Zhou(2013)利用北京的数据发现民工子弟学校的流动儿童比起公办学校的流动儿童,不仅学习成绩差很多,而且更容易觉得被孤立。Liu et al.(2015)发现在公办学校的流动儿童成绩的决定因素中,家庭背景是唯一显著的决定因素,而在民工子弟学校中学生的成绩不仅与家庭因素有关,也与学校的因素有很大的关系。在 Lai et al.(2009)中,斯坦福大学教授 Scott Rozelle 及其科研团队的数据调研发现北京民工子弟学校的教学质量要好于陕西的农村公办学校。然而,他们随后的相关研究 Lai et al.(2014)发现,由于民工子弟学校在质量和体制上的根本性缺陷,北京的民工子弟学校的流动儿童与陕西农村公办学校的儿童相比,他们的学习进步得反而更少。

虽然目前有许多研究分析民工子弟学校在解决流动儿童教育中所起的作用以及其局限性,但是很大一部分实证研究仍然运用传统的 OLS 回归分析,并没有真正剖析民工子弟学校与公办学校之间的差距及其背后的原因。因为学校环境并不是影响学生成绩的唯一因素。农民工父母为子女选择民办学校或者公办学校并不都是偶然的,也不仅仅只是外界的因素影响。侯娟,邹泓,李晓巍等(2009)以及张绘,龚欣,尧浩根(2011)的研究发现在公办学校的流动儿童的家庭背景要显著优于在民工子弟学校的儿童。周皓,巫锡炜(2008)利用多层回归的方式,在控制学生自身因素的差异后,分析学校类型对于流动儿童学习成绩的影响,但是这样仍然没能控制学生以及家庭背景中许多无法观测因素的影响。冯帅章,陈媛媛(2012)和 Chen and Feng(2013)利用政策的差异作为工具变量修正这种选择性偏差,分析真正由于这两类学校的不同而导致学生成绩的差距,这部分的主要分析和结果见本书第 6 章的内容。

此外,目前调查研究的数据绝大部分是区域性的样本,前文所提到的大部分研究也大多是基于北京与上海的地域数据。而且,我国有关流动儿童发展方面的调查研究绝大部分都是横截面的调查数据,只能说明调查时点的情况,而不能说明在时间上的变化。因此,在研究民工子弟学校的发展情况,分析民工子弟学校对流动儿童的长远影响以及政策评估上都存在很大的局限性。正如周皓,荣珊(2011)在《我国流动儿童研究综述》中提到:"我们也强烈呼吁我国能够有一个真正的专门针对教育的跟踪数据,哪怕是区域性的样本。"我们的研究从2010年开始对四年级的学生进行调查,2012年对其进行第一次跟踪调查,随着这群孩子小学毕业后,通过电话访问的方式又进行了两次跟踪调查。这样,不仅能够分析民工子弟学校的教学质量在时间上的变化,而且可以分析小学阶段进入不同类型学校对于流动儿童的长期影响。Chen and Feng(2016a)详细分析了民办学校在这两年之间质量的变化及其背后的原因,这部分内容见本书第7章的内容。

2.3.1.3 融合研究:公办学校中的两类儿童

目前国内关于公办学校内部流动儿童与本地儿童差异的定量研究并不多,有一些文献提出流动儿童在公办学校就读容易受到老师与本地儿童的歧视,如郭良春,姚远,杨变云(2005);周皓(2006)。但是这部分的定量研究比较少,没有文献定量地衡量流动儿童在进入公办学校后的学习和行为表现,也没有文章具体分析流动儿童与本地儿童的编班机制等对于他们的影响。同时,国内在分析流动儿童进入公办学校对于本地学生择校方面影响的实证研究也几乎是空白,我们在第4章分析流动儿童在公办学校的入学机制。在Chen and Feng(2016b)中比较公办学校内部流动儿童与本地儿童各种表现的差异以及流动儿童比例本身是否影响本地儿童与外地儿童的表现等,这部分的研究结果见本书第8章的内容。

2.3.2 国外视角

2.3.2.1 学校类型如何影响学生成绩?

虽然民工子弟学校是我国户籍制度的特殊产物,但是国外关于不同学校类型的差异及其对于学生成绩影响的研究,值得我们借鉴。Tooley et al.(2011)分析了许多发展中国家贫困地区私立学校与公办学校的差异,他发现私立学校的教育质量比公办学校好。然而Tooley所分析都是贫困地区的私立学校与公办学校之间的差异,在那里没有入学户籍制度的限制问题。私立学校有很大的动力提高他们的教育质量以吸引生源。而对于城市中的民工子弟学校,来就读的学生大多是无法进入公办学校就读而不得不选择民工子弟学校的孩子。同时,由于制度上的限制民工子弟学校经常面临被关闭的风险,因此学校的所有者无法像一般的私立学校那样对学校进行足够的投资。因此,Tooley所分析的情况并不适用于我国的民工子弟学校。

在发达国家,美国的特许学校(Charter School)情况与我国改制后的民办学校有些类似,他们所有的经费都来自政府。相对于公办学校,他们有更多招生与管理的自主权,但是如果管理不善也会有被关闭的风险。关于美国特许学校与公办学校的比较研究有很多,其结论也不一致。有些研究发现学生进入特许学校成绩可以有所进步,如Clark(2009);Hoxby and Rockoff(2004);也有研究发现学生进入特许学校成绩并没有变化甚至有些退步,如Hanushek et al.(2007);Imberman(2011)。

当然,由于美国特许学校的设立主要是为了在学校之间形成竞争机制,以促进教育的发展,其性质与我国的民办农民工子弟学校有着本质的不同。但是,这些研究与我们的研究一样,在比较两类学校对学生成绩影响的时候,都面临学生在不同类型学校的选择性问题。以上大部分的研究利用面板数据来避免这种选择性的偏差,分析同样的学生在转入或转出特许学校以后成绩的变化。也有一些研究利用个别州学生以抽签的方式进入特许学校作为自然实验(Natural Experiment)进行分析,例如Abdulkadiroğlu et al.(2011),但是这种抽签的方式不适合我国的民办农民工子弟学校的招生现状。

2.3.2.2 政府政策如何影响教育质量?

由于我们将在第7章中评估政府对于民办农民工子弟学校的财政扶持与监管政策的效果,因此国外关于教育经费投入对教育成果影响的评估方法也值得我们借鉴。不过,关于政府财政投入政策对于教育成果的影响在文献中存在许多的争议,例如Krueger(2003)认为政府应该增加对教育的财政投入、减少班级学生人数来提高学校的质量;而Hanushek(2003)认为虽然美国的小学生生均经费逐年提高、班级人数逐年减少,但是学生的成绩并没有显著提高。

再如，有学者提倡政府应该引入学校之间的竞争机制，如通过设立特许学校或者使用教育券来提高办学质量(Figlio and Hart，2010；Hoxby，2007)。但是Zimmer and Buddin(2009)发现加州的特许学校的设立并没有给公办学校带来影响。

最后，对于政府是否应该使用教学评估的方法来提高教学质量，其结论也不一致。Rockoff and Turner(2010)利用不连续回归分析发现，学校的教学质量评估体制，使得刚好低于评估标准的学校学生成绩提高很多，而对于刚好通过指标的学校则没有影响。而Clotfelter et al.(2004)发现学校教学质量的评估体系会使优秀的老师从差学校流失，在评估体系越严格的州这种现象也越明显。

但是，不管是美国的特许学校还是贫困地区的民办学校，都与我国的民工子弟学校有着本质不同。民工子弟学校是我国现有户籍制度和城市化过程中的特殊产物。民工子弟学校的生源主要来自无法进入公办学校就读的流动儿童，其最初的设立大多没有法律的保护与政府的支持，而由于历史原因，他们在资金、监管、师资、安全等方面都存在许多先天不足。因此，外国的政策和经验可以为我们提供参考，但实际适合民工子弟学校的政策仍需要根据我国的实际情况进行实践与评估。

2.3.2.3 隔离效应：弱势学生比例如何影响全体学生？

我们在第8章中将聚焦分析公办学校内部本地儿童与流动儿童的差异，以及学校或者班级中流动儿童比例对于学生表现的影响。在西方国家有许多类似的研究，即同一学校里弱势学生的比例对学校整体学生表现所产生的影响，这在文献中被称为"隔离效应"(Segregation Effect)。弱势学生占学校整体学生的比例会从多种机制上对学生的学习成绩产生影响，其中最被文献所广泛接受的影响渠道是同伴效应(Peer Effect)。

已有研究在隔离是否对学生存在负面影响这一话题上并没能达成共识。Card and Rothstein(2007)研究了美国各大都市黑人比例对其平均SAT成绩所产生的影响，发现黑人学生比例的提高会拉大黑人学生和白人学生间SAT成绩上的差距。类似地，Flores and da Silva Scorzafave(2014)的研究则发现在巴西，学校的黑人比例越高，黑人学生和白人学生成绩差距越大。Branch et al.

(2008)、Hoxby(2000)、Hanushek et al.(2002)的研究同样证明与黑人同学相处会有明显的负面效应。通过给每个学区赋值，Billings et al.(2014)发现少数种族学生比例较高的学区内无论是白人学生还是少数种族学生的学习成绩都偏低。另一方面，Angrist and Lang(2004)利用美国波士顿地区的Metco政策进行研究，Metco通过改革将波士顿市区中的黑人学生用校车送至更富裕的郊区学习，这样使得黑人儿童可以到白人比例更高的学校上学。他们发现，该政策对白人学生并没有明显的影响，但对黑人学生，尤其是黑人女孩却有着积极的影响。

关于隔离效应的研究大部分集中于关注黑人与白人间的隔离对学生学习成绩产生的影响，也有少部分文献分析了移民学生的聚集是否会影响学生在学校的表现。Cortes(2006)研究发现就读于外来人口比例超过25%的学校，并不会对学生成绩产生影响。Nordin(2013)研究则发现班级里较高的移民学生比例会对学生成绩产生负面影响。

国内流动儿童与本地儿童的差异，与美国的不同种族学生之间的差异以及国际移民学生和本地儿童之间的差异，有着本质的不同。然而，他们都存在优势群体的家长有意把孩子转移到弱势群体比例较少的学校中的情况，家长或多或少对于学校中弱势群体学生的比例有着各种偏见。同时，我们在分析隔离效应的时候，也同样存在如何把隔离效应与学生的家庭背景以及学校质量分离的问题，因此，国际上的这些研究为我们进行流动儿童隔离效应的研究提供了很好的思路和分析框架。

第3章
八年调研路——项目实录

> **摘 要**
>
> 早在2007年,上海流动儿童调研项目就启动了前期准备工作,包括学校摸底、素材搜集和问卷设计等。2008年开始预调研,虽然规模不大,只有上海的四所学校,但是完全按照正规调研的流程进行,为日后的正式调研提供了宝贵经验。团队的正式调研于2010年开始,2012年又进行了第二轮跟踪调研。这两轮调研作为项目的核心部分,调研结果反映了流动儿童和本地学生在两年间的学习成长变化以及学校质量的提升,这些一手数据为我们的研究提供了全面翔实的分析材料。此后的2012~2014年间,我们继续通过电话调查等方式跟踪了流动儿童的学习和生活情况,记录他们升学乃至迁徙的轨迹,尽可能地保留这批流动儿童的动态数据。

3.1 预调研:提供经验和方向

凡事预则立,不预则废。为了确保2008年的预调研能够顺利开展,团队早在2007年就做了一系列前期铺垫工作。

首先,我们的预调研组需要搜集流动儿童和本地儿童的基本资料,为问卷设计和课题思路提供素材。一方面,我们对上海虹口区虹镇老街街道开展问卷访问,初步了解外来务工群体的状况。虹镇老街街道是上海五个重点成片改造的旧区之一,近年来老棚户区为外来人口提供了廉价住房,使得来自安徽、江苏和山东等省份的外来人口在此长期居住,逐渐形成了流动摊贩聚集的露天市场。这片区域受访对象平均在外务工年限为8~9年,他们中最早的一批是在19世纪80年代中期流动管制开始松动时来到上海的,在外打工已经超过20年。他们主要从事保洁工作、卖菜和其他小生意买卖。

在为期1个月的街头问卷访问过程中,预调研组共完成有效问卷114份,主要针对的是持农业户口且有子女的外来务工人员。114位访问对象中,62%的务工人员有独生子女,也就是近38%的人有两个或两个以上子女。他们的孩子年龄在6~12岁(即小学阶段)的占44.7%,其中1.9%的孩子没有入学。在所有正在上海本地就学的孩子中,有86.2%在公办学校就读,13.8%在民工子弟学校就读,17.5%有过转学经历。

通过与这些外来务工人员的接触,我们初步列出了他们所认为的影响子女入学的关键因素,也对父母职业、家庭经济状况等有了大致了解,这样在设计问卷上就有的放矢了。

另一方面,我们通过对上海民办农民工小学和主要接收流动儿童的公办学校进行支教活动来了解流动儿童的综合情况。从2005年3月至今,上海财经大学经济学院大学生支教队在这些学校开展义务支教活动,与农民工家庭定期交流并给他们提供一定的经济资助。与流动儿童及其家庭的长期接触有助于预调研组掌握流动儿童的学习和家庭情况。

素材齐备之后,预调研组开始进行调研学校的摸底、抽取和准备工作。团队走访了上海闵行区、徐汇区和浦东新区的多所公办学校和民办农民工子弟学校,并最终确定了四所学校进行预调研。我们不仅了解了不同学校的教材版本、教学进度等具体教学情况,为标准化试卷设计做准备,还听取了各所学校教导主任、班主任和任课老师对调研的建议,反复设计修改了调研内容和流程。最后,调研组根据事前大量的访问材料和各方建议对问卷进行修改和完善。

2008年11月,团队启动预调研。如表3.1所示,预调研学校共有4所:1

所接收上海市区居民孩子为主的市区公办学校(学校 A),该校为上海市重点小学,样本中 94%的学生有上海户口,我们从该校四年级各班中随机抽取了 2 个班级,共 55 名学生样本;1 所同时接收本地学生和流动儿童的市区公办学校(学校 B),虽同为四年级学生,但学校 B 根据学生入校时间的先后编班,分成 2 个班级,班级 B1 中的 30 名学生从一年级开始就一直在该校就读,其中一半为上海户口,班级 B2 中的 26 名学生是刚刚从民办农民工子弟学校转入公办学校的;另有 2 所接收流动儿童为主的郊区民办农民工子弟学校(学校 C 和学校 D),从这 2 所学校的四年级各班中分别随机抽取了 2 个班,共 170 名学生样本。

从教育类型来看,表 3.1 中第一、第二类学生一直接受的都是公办学校教育,第三类学生从民工子弟学校刚刚转入公办学校,第四类学生接受的都是民办农民工子弟学校教育。对这四类学生的抽样考察能够初步反映本地儿童与流动儿童在不同环境条件下的受教育差异。

表 3.1　　　　　　　　　　预调研样本情况　　　　　　　　　　单位:人

样本分类	第一类: 公办小学	第二类: 公办小学,从一年级开始 在该校就读的学生	第三类: 公办小学,刚刚 转入的流动儿童	第四类: 民办学校
所含学校 及班级	学校 A	学校 B,班级 B1	学校 B,班级 B2	学校 C 和学校 D
学生数量	55	30	26	170

选择四年级学生为受访对象,是因为相较于低年级学生,他们的学习表现和认知能力都有了更成熟的发展,且因为受教育时间更长,学校教育和周边环境对他们的影响更深,能更好地反映调查问题。

我们的调研包括了问卷调查和学生成绩测试。问卷调查共包括学校、班级、学生及家长四个部分。其中,学校问卷主要包括学校师资条件、生源结构、入学要求、学费等内容;班级问卷涉及学生生源背景、课程设计和任课老师背景等。这两个部分的问卷由校领导与班主任老师回答,其内容主要用于了解学校和班级的背景情况。

学生问卷和家长问卷是问卷调查的重点。学生问卷中,一部分由班主任老师填写,包括每个学生的期中考试成绩、平时表现、户籍情况等;另一部分由学生在调研员的帮助下自己填写,内容涉及从学前班以来的就学经历、与父母的相处情况以及自己的教育期望等。家长问卷包括家长的工作、学历、收入、其他子女情况,以及对孩子教育的时间投入和期望等,由家长自己填写并由调研员通过电话进行核实。

此外,我们现场测量了每名学生的体重和身高,作为反映其长期生长发育和营养健康情况的重要指标。

学生成绩测试包括语文和数学。由于民办农民工子弟学校的教学大纲、进度及考核内容与公办学校有较大区别,因此,已有的各学校考试成绩之间并不具有可比性,也不能反映两类学校学生平均水平的真实差异程度。

为了公平地反映不同类型学校和学生间的水平差异,我们根据全国统一的小学四年级教学大纲,并参考上海市教学大纲,基于上海市公办和民办学校教学的具体情况,设计了统一的语文与数学标准化试卷。我们的语文和数学考试命题人来自被调查学校之外,都具有丰富的小学四年级教学经验。考虑到各学校的教学大纲和进度的不同,我们成绩测试的目标在于测试小学四年级应该达到的认知水平,与学生在课堂上学习的内容并不直接相关。

所有学生在同等条件下进行了考试。据我们所知,此前并没有政府或机构进行过对于同等学习程度的本地学生和流动儿童的统一考试。因此,我们的标准化考试也是教育界和学术界首次尝试客观评价流动儿童的真实学习情况。

3.2 第一轮正式调研:大规模的深入调查

经过2008年的预调研,我们基本掌握了流动儿童的受教育状况,也基于预调研结果对项目正式实施设计了清晰、可行的具体规划。2010年9月开学季,调研团队有序地开展了更大规模、更细致深入的第一轮调研活动。

整个调查内容和流程与预调研基本一致。由于2008年是上海市实施"农民工同住子女义务教育三年行动计划"的第一年,从当年开始政府逐步关闭了上海市中心区域的所有民办农民工子弟学校,故我们调查的九所民办学校都来自上海城郊地区。从表3.2可以看到,十一所公办学校中,五所来自市中心区域,六所来自城郊地区。我们选择的公办学校都有较高比例的流动儿童,其学生中非本地户口学生的比例为27%~83%。

表3.2　　　　　　　　　　样本学校的区域分布　　　　　　　　　　单位:所

	公办学校	民办学校
中心城区		
黄浦区	2	
卢湾区①	1	
杨浦区	2	
郊区		
浦东新区	4	2
闵行区	1	6
宝山区	1	1
合计	11	9

我们对这二十所学校中所有刚升入四年级的学生都进行了调研。在受访的学校中,每个学校四年级的班级数量为2~6个,每个班级的规模为18~59人。得益于学校方面的合作,我们的调查受访率接近100%。在民办农民工子弟学校中,共调查了来自30个四年级班级的1 323名学生。在公办学校,共调查了来自42个四年级班级的664名流动儿童和597名上海本地学生。

本次正式调研,我们对这些学生进行了完全相同的语文和数学测试,并通过以下渠道收集了学校、班级、学生和父母几个层面的信息。问卷的具体内容见本书的附录。

学校问卷由学校领导完成,收集了该学校的基本信息,如学校历史、班级数量、学生数量、教师的基本特点、资金来源、对非上海户口学生的入学要求和学费等。

班级问卷由各班级班主任老师完成,主要针对整个班级的情况,如开设课

---

① 2011年4月后卢湾区并入黄浦区。

程、任课老师的教育背景和教学经历等。

学生问卷由学生在志愿者指导下完成，询问了学生的转学经历、课余时间安排、父母对其课后学习的指导情况、个人的学习感受等。

父母问卷由学生将问卷带回家由父母填写，并在第二天带回学校提交。问卷询问了父母的年龄、受教育情况、收入、迁移史、对子女受教育水平的期望、对学校教学质量的评价、对子女当前就读学校的满意程度等。为了避免部分问题没有得到回答，访员与各班班主任一起检查了回收的问卷，并在必要时通过电话向父母询问。

学生信息表由指导老师提供，收集了每个班级全部学生的户籍情况、性别、年龄、身高、体重、健康状况、老师对其课堂表现的评价等。

值得再次强调的是，我们对公办学校学生和民办学校学生所进行的测试是完全相同的。由于民办学校被认为是非正规的学校，且不属于当地的教育系统，政府教育部门并不会对其学生进行统一考试。而各所学校自行组织的考试也无法反映出民办学校和公办学校间的差距。实际上，民办学校的测试成绩可信度并不高，由于这些学校的民营性质，互相之间在生源上面临竞争，曾有人指出民办学校会给予学生虚高的评分以体现更高的教育质量。在我们的调查中发现，政府对民办学校的资助金额由其招生数量决定，可能会促使他们在招生时进行竞争，存在故意提高评分的动机。因此，我们的统一测试在公正客观地反映两类学校学生的学习水平上具有突破性意义。

本次数学测试题由样本学校之外的专家设计，并且均衡考虑了上海和其他省份之间不同的课程要求。测试时间为语文和数学各 20 分钟，由各班班主任老师和调查员共同监考。

3.3 第二轮回访调研：观察两年间的变化

2012 年 5 月，我们开始了第二轮调查，目的是观测民办农民工子弟学校和公办学校在这两年中各自的变化。当时,参与2010年第一轮调研的学生已经升至五年级的第二学期,也是他们在小学阶段的最后一个学期,临近毕业升学。

我们成功回访了第一批的二十所学校。受访学生人数方面,九所民办农民工子弟学校共有1652名流动儿童参与调研,有效样本为1343人。由于学生的净转入,受访者多于第一轮调研;十一所公办学校的有效样本中,流动儿童和上海本地学生分别为619名和582名,流动儿童在校比例为27%~83%。与第一轮调查相比,民办学校和公办学校的样本学生流失率分别为22%和7%。如表3.3所示,两轮调研中都覆盖到的民办学校学生有1046名,公办学校学生为1173名,覆盖率分别为78%和93%。

表3.3 第一轮和第二轮调研样本情况

	民办学校	公办学校
	第一轮(2010年秋季)	
学校数量(所)	9	11
班级数量(个)	30	42
学生数量(人)	1 323	1 261
上海儿童(人)		597
流动儿童(人)	1 323	664
	第二轮(2012年春季)	
学校数量(所)	9	11
班级数量(个)	30	42
学生数量(人)	1 343	1 201
上海儿童(人)		582
流动儿童(人)	1 343	619
两轮都覆盖的学生数量(人)	1 046(78%)	1 173(93%)
上海儿童(人)		573
流动儿童(人)	1 046	600

为了与第一轮调研形成对比,我们对这些学校的所有五年级学生都进行了标准化数学测试和智力测试。数学测试为20分钟,智力测试为10分钟。相较第一轮,我们去除了语文测试,主要原因有三:一是受限于时间条件,我们很难

做到语、数两科和智力测试一并进行;二是根据上一轮调研经验,语文和数学测试结果差异并不大,去除一项不显著影响结论;三是考虑到学生的语文能力提升更多的由家庭、生活环境等多方面因素共同作用,较难反映学校教学质量优劣,而数学能力代表的理科思维,更容易受到教师教学手段、学校整体教学质量的影响。

在此基础上,我们增加了对学生的智商测试。因为现有研究表明数学成绩和智力之间关系密切,为了更科学、真实地反映学生数学能力的变化,我们在之后的回归分析中需要控制智力这个变量,因而预先采集了每个受访学生的智商数据。测试采用的是世界上最为广泛应用的瑞文智力测验(Raven's IQ Test),该测试适用于大范围、不同年龄段的人群,并可将不同群体间因社会文化、生活经历、教育水平等背景差异所带来的影响降到最低。

在其他方面,我们延续了2010年第一轮调研的模式,依然设计了学校问卷、班级问卷、学生问卷和父母问卷。这样,我们可以从学校师资力量、硬件条件变化、学生的自我评价和学习情况、家长对学校满意度及评价等各方面反映两类学校这两年间的变化。

3.4 第三轮电话随访:追踪流动儿童升学

2012年10月,我们对第一轮和第二轮样本中的学生家长进行了一次电话随访。由于受访的学生已经于2012年6月从小学毕业,故向其询问了毕业后的去向——是否进入初中学习、是否继续留在上海。表3.4显示,公办学校的677个流动儿童家庭中联系到了466个家庭,电话随访响应率为69%。由于本地家长对电话调研信任度较低、配合率很低,而且本地儿童小升初几乎是100%的保障,因此这里不统计本地儿童的升学情况。在民办学校的1645个受访家庭中,采集到1063名流动儿童的毕业去向,响应率接近65%。

综合来看,这一批流动儿童的整体受义务教育情况较好,大部分顺利升入初中就读,但数据反映出民办学校的学生流动性更大,本地升学概率更低。在采集到毕业去向的学生中,公办学校中超过90%继续留在上海上学,且公办学校受访者中无一人留级或辍学。但是在成功受访的民办学校学生中,情况更令人担忧。他们中有30%回老家或去其他城市上学,可以说,民办学校流动儿童留在上海继续上学的机会远小于公办学校的流动儿童。即使是70%留在上海的民办学校流动儿童中,738人中有16人由于对口学校不接受等原因留级,4人甚至辍学在家。那些离开上海的流动儿童中,有25人仍在小学留级读书,主要是因为教材不适应等原因,另有10人辍学在家。因此,对于民办学校学生来说,不仅在本地升学的概率更小,且离开上海后也将面临更多接受教育的困难。

表 3.4　　　　　第三轮电话随访调研流动儿童小升初情况　　　　　单位:人

	公办学校	民办学校
总人数	677	1 645
留在上海	431	738
回老家	35	325
未联系上或者不清楚	211	582
留级人数	0	41
留在上海	0	16
离开上海	0	25
辍学人数	0	14
留在上海	0	4
离开上海	0	10

3.5　第四轮电话调研:毕业之后的持续跟踪

2014年8月,针对2012年10月的第三轮电话调研对象,我们继续做了电话跟踪调查。按照正常升学安排,这批学生即将升入初中二年级。这个时点的就读数据对于反映学生升学情况等具有一定意义。我们询问了他们回老家就读初中和留在上海上学的后续情况。如果回老家读书，询问回去的原因、是否与父母在一起、目前学习情况等；如果留在上海上学，在以上问题的基础上询问进入学校的方式、对孩子未来的规划等。当然，电话问卷也包括了特殊情况——辍学在家。

如表3.5所示，这次总共访问了公办学校的298名学生和民办农民工子弟学校的773名学生，响应率均约为45%。访问到的298名公办学校学生中，超过八成学生依然留在上海，且其中仅有5人留级，无人辍学，这意味着公办学校的流动儿童继续留在上海读初中的概率更高。在受访的773名民办学校学生中，依然留在上海的概率仅为36.7%，远低于第三轮电话调研时的70%。由于无法在上海参加中考，很大一部分孩子在初一和初二阶段选择返回家乡。其中，约84%的孩子离开父母、独自回老家，成为农村留守儿童；仅有30人与父母一同回老家；另有49人与父母中的一方回老家。

表3.5　　　　第四轮电话随访调研流动儿童初二就读情况　　　　单位：人

	公办学校	民办学校
总人数	677	1 645
留在上海	190	283
与父母一起回老家	4	30
与父母中的一方回老家	7	49
自己回老家	97	411
未联系上或不清楚	379	872
辍学人数	1	23
留在上海	0	0
离开上海	1	23
留级人数	6	71
留在上海	5	15
离开上海	1	56

从受教育情况来看，离开上海的孩子更容易留级或辍学。其中，将近11%的孩子面临留级，主要是因为两地教材差异；近5%的孩子辍学在家。辍学在家

的孩子除了受教材差异的影响之外,还由于父母长期不在身边,缺乏管束教导,对学习和人生未来的想法发生变化。相应地,留在上海的流动儿童中,留级和辍学的人都明显更少。而初中阶段的辍学不仅会影响正常的中考升学,也意味着他们将无法完成九年制义务教育。

分析篇

第4章　上学去——流动儿童的入学机制

第5章　入学后——流动儿童与本地儿童的差异

第6章　公办为上？——学校类型对成绩的影响

第7章　民办在进步——民办学校教育质量变化分析

第8章　隔离与融入——公办学校内部的流动儿童

第9章　父母心——家长的态度与期望差异

第4章
上学去——流动儿童的入学机制

摘 要

究竟是什么因素决定了孩子进入哪所学校？事实或许并不像教育部门在招生文件上写得那么简单，除了户口簿、房产证、居住证等一系列外在约束条件，还有家庭社会经济地位等更复杂的因素在起作用。本章将考察影响流动儿童择校的因素，并总结出流动儿童进入公办学校的入学机制。再深入一步，分析流动儿童如何进入更优质的公办学校，并研究公办学校内部的分选机制（Sorting Effect）。

首先，我们将回顾2008年上海流动儿童教育政策的大背景。2008年，上海市教委颁布了"农民工同住子女义务教育三年行动计划"以及一系列相关入学政策。它犹如一道政策分水岭，极大地改变了此后流动儿童的入学机制。

其次，以实地调研情况与政策规定进行对比。我们初步考察了现实中流动儿童入学门槛——描述性统计表明，流动儿童进入公办学校的外在约束条件更多。接着，我们试图找出影响流动儿童进入公办学校的因素，通过线性概率模型回归分析发现，虽然家庭收入水平、父亲受教育程度和离乡时间等家庭社会经济地位因素在流动儿童进入公办或民办学校的入学机制中有着显著影响，但是2008年的居住地是"一锤定音"的因素，这也符合上海市政府2008年颁布的新政规定。

> 为了更细致地探讨公办小学内部因学校质量不同而产生的分选机制,我们提出了两套学校质量评估体系,以家庭背景因素分别对学校质量得分做回归分析,从而得到了进入好学校的分选机制——家庭的社会经济地位在决定去哪所公办学校时起到关键性的作用。

4.1 政策分水岭：2008年前后的制度变化

早在我国1986年颁布的《中华人民共和国义务教育法》中,就把义务教育制度以法律的形式固定下来,普及推行至今已经有二十余载。时至今日,依然存在一部分儿童和青少年由于制度设计的缺陷无法接受九年制义务教育,他们中的很大一部分为流动儿童群体。对于跟随父母流动在全国城市与乡村之间的农民工随迁子女来说,离开户籍地后能享受到的义务教育服务大打折扣,甚至入学都会成为问题。他们尴尬地夹在流入地和流出地政府之间,双方似乎都还没有准备好为这些孩子的教育买单。

在流动人口数量最多的北上广,政府针对当地流动儿童受教育问题采取了一系列措施。据2007年上海市教育事业统计,截至2007年9月,上海市接受义务教育的外来流动人口子女数近38万人,解决这部分孩子入学的压力不言而喻。随着社会各界对同城平等教育的呼声渐高,政府采取行动已经迫在眉睫。

2008年1月,沪教委公布的《关于进一步做好本市农民工同住子女义务教育工作的若干意见》中提出了"农民工同住子女义务教育三年行动计划"(以下简称"三年计划"),对这群孩子的教育处境起到了关键性影响,也成为本研究中决定学校分流的一个外生性政策因素。"三年计划"要求在2010年底前关闭所有中心城区的民工子弟学校,并由区教育局统一安排流动儿童进入公办学校。这意味着居住在市中心的所有流动儿童都应当进入公办学校;郊区的民工子弟学校一部分被关停,其他的都以政府委托办学的形式全部纳入民办学校监管体系。

文件明确指示："从本文下发之日起，本市各区县教育行政部门不再办理新设民工子弟学校的备案登记手续。"长期以来为大众所诟病的低质量民工子弟学校将成为历史。全上海的教育格局也将被重新整改——"中心城区原则上不再审批民办农民工子弟小学"，今后的上海市区将只设立公办学校；郊区的改革步伐也循序渐进，首先建立起现有民工子弟学校的退出机制，到2010年前，对于那些不符合民办农民工子弟小学设立基本条件的学校予以停办。在这份文件最后，详细地附上了民办农民工子弟小学的基本要求，从法人治理机制、开办资金、硬件设施到师班比，规范明晰，政府改革决心可见一斑。

至此，如果政策实施完全到位，以地理位置决定的入学格局基本确定——2008年以前，居住在中心城区的流动儿童将由区教育局按就近入学原则统一分配到居住地附近的公办小学；而在郊区及城乡接合部，由于外来人口压力较大、公办学校的资源有限，流动儿童进入公办学校的概率远低于中心城区的流动儿童。根据政策规定，他们很可能是被安排进入其他改制后的民办农民工子弟学校，只有极少数幸运儿能进入公办学校。

到了2008年秋季，市教委改革计划深入腹地。9月8日，一份联合了上海市教育委员会、市发展和改革委员会、市财政局、市公安局、市劳动和社会保障局五大部门的《关于继续做好本市农民工同住子女进入义务教育阶段公办学校就读免借读费工作的意见》（以下简称《意见》）为流动儿童跟上全国免费义务教育步伐消除最后一道屏障。

《意见》中，政府大大放宽简化了农民工子女免借读费进入公办学校的条件——只需要"父母的农民身份证明、上海市居住证或就业证明"两样凭证，即可免费就读公办小学。对于农民工来说，提供前者并不困难，只需要有基本的身份证和家庭户口簿即可。当然，也有部分外来务工人员因非法超生而导致子女没有合法户口证明，这可能成为其子女进入公办学校的障碍。而后者，无论是上海市居住证还是就业证明都涉及住所的问题。以申领《上海市居住证》（投靠类）为例，材料要求提供拟在本市居住6个月以上的住所证明。因此，住宅所有权成为我们研究入学门槛时的一个考虑因素。

至2010年秋季开学，"三年计划"基本完成。上海市47.05万农民工同住子女均在公办学校或政府委托民办小学免费接受义务教育,所占比例从计划实施前的2007年年底的57.1%上升至100%。其中,33.6万余名在沪农民工同住子女在公办学校就读,占总数的71.41%,比2007年年底增加13万余人[①]。

在这些数字背后,是大量不正规民工子弟学校的改造转制或取缔关闭。2008~2010年,共审批通过一百六十二所民办农民工子弟小学,仅2008年一年,全市就有六十六所民工子弟学校接受整顿,转制为民办农民工子弟学校。这些接受政府委托为农民工同住子女提供免费教育的民办小学提供了约13万个学位。三年间,政府投入大量物力,以住宅建设量及常住人口数为基数配置公办教育资源,在城郊接合部和郊区集镇共投入资金103.79亿元,建设(含当时未完工)中小学和幼儿园共计三百六十三所。其中,义务教育学校一百四十四所,为本市常住人口提供约15万个义务教育学位。

可以说,2008年是上海市流动儿童教育政策变革的分水岭。无论是入学比例还是办学质量都得到了较大提升,那么,政策具体的实施情况到底如何呢?在解决了"有学上"问题后,"上好学"的愿景是否被实现呢?我们通过实地调研,对流动儿童的入学问题进行了统计和分析。

4.2 初探:流动儿童入学门槛

本调查实施于"三年计划"临近完成的最后一年——2010年,由于这批四年级的孩子于2007年入学,当时尚未实施"三年计划",因此部分孩子在入学时还面临考试、收取借读费等门槛,调研结果涵盖了这一情况。

本节对流动儿童的入学门槛及方式进行描述性统计,包括进入学校是否有

---

① 新华网. 上海47万余名农民工子女全部享受免费义务教育[N/OL]. http://education.news.cn/2011-01/07/c_12955674.htm.

考试、是否收取借读费用、是否需要提供住宅所有权、进入当前学校的方式等。统计发现,对于流动儿童,进入公办学校的要求比民办农民工学校更多,门槛更高。

4.2.1 考试关

无论是出于减轻中小学生学业负担还是推进本地儿童和流动儿童受教育平等化方面的考虑,上海市教委都不提倡在中小学入学前采用任何形式的选拔考试来录取学生。2006年底,上海市教委公布的《关于2007年本市义务教育阶段学校招生入学工作的若干意见》就明确提出,义务教育阶段公办学校、公立转制学校和受政府委托的民办学校应坚持"就近免试入学"的原则,即便是民办学校的招生也不得进行与入学挂钩的测试和面试。

根据调查结果(图4.1)显示,无论是在公办学校还是民办学校,需通过考试进入当前学校的流动儿童比例都超过了60%,且公办学校比民办学校高出了5.6个百分点。考试代表了以素质测评等为名目的选拔程序,反映出流动儿童进入公办学校需经历更多考验。

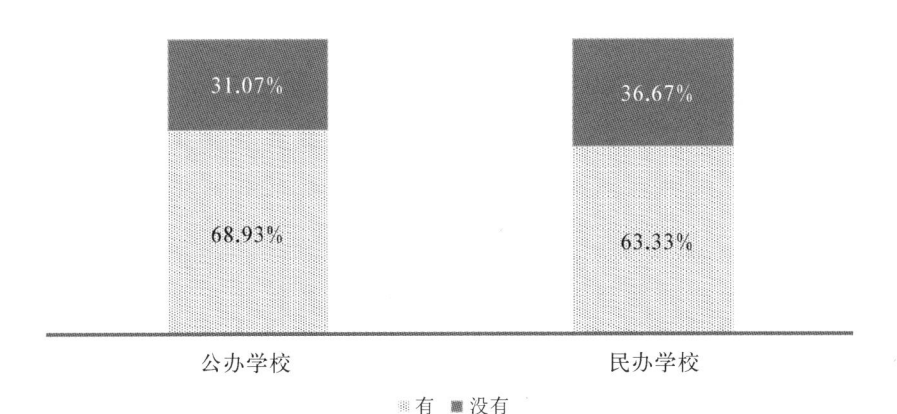

图 4.1 进入目前学校是否有考试

4.2.2 借读费

按照上海市教委2008年颁布的《公办学校就读免借读费工作的意见》规定,

农民工同住子女凭借"父母的农民身份证明、上海市居住证或就业证明"即可免费就读公办小学。图4.2显示政策实施基本落实到位,通过额外收费进入当前学校的流动儿童在两类学校的比例均较低,公办学校为7.47%,略低于民办学校的9.4%。这一比例差距可能是由于公办学校对政策的执行更加有力,且产生额外费用的特殊情况在公办学校也不多见。而之所以仍然存在收费现象,是因为这批四年级的孩子基本是2007年入学,当时尚未全面推行该项政策,故部分学校仍收取借读费。

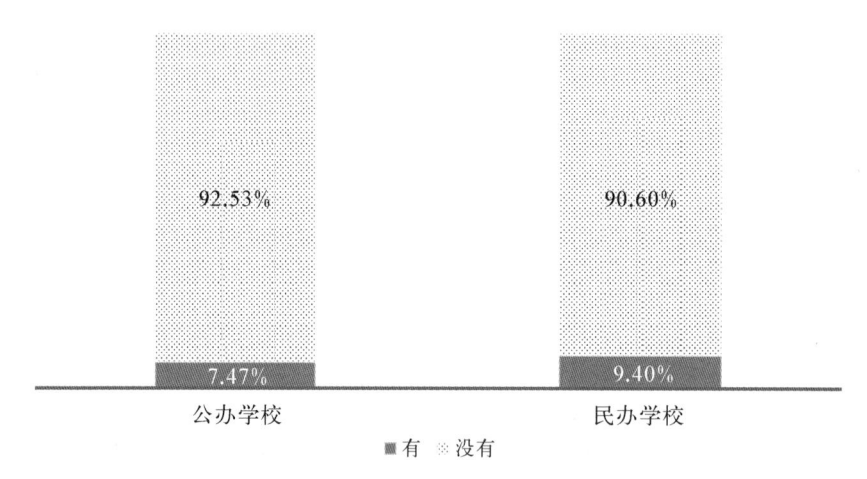

图4.2 进入当前学校是否有额外收费

4.2.3 住宅权

教育部门规定的入学标准中,除了具有该区域户口之外,拥有房产证的学生有优先入学的权利。因此,是否拥有住宅所有权在一定程度上影响到学生能否进入公办学校。当然,2008年以后所有居住在市中心区域的学生无论有无房产证都可以进入公办学校,但是对于郊区的学生来说,一张房产证对其能否进入公办学校仍然起着至关重要的作用。

如图4.3所示,整体来看,样本中流动儿童家庭大部分不拥有上海住房,家庭拥有现有住房的流动儿童在公办学校中占比例19.60%,在民办学校中只占6.01%,因此有无住房与学生进入公办学校呈正向关系。

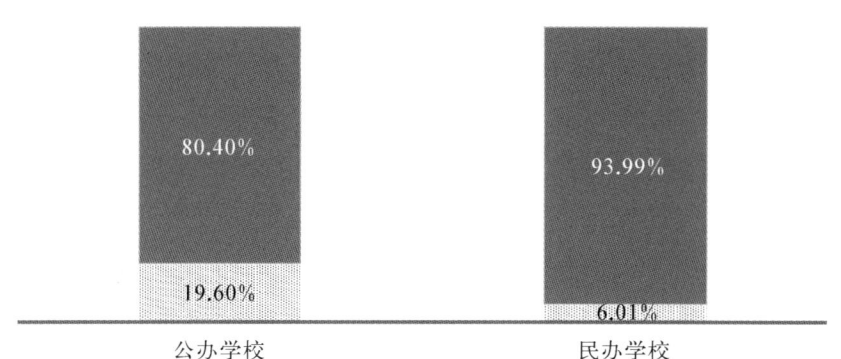

图 4.3 流动儿童家庭对现有住宅的所有权

4.2.4 入学渠道

无论在公办学校还是民办学校,有很大一部分学生都是中途转学过来的。图 4.4 显示了学生进入当前学校的各种不同情况。流动儿童进入当前学校的渠道有五种:从一年级起就读,通过个人联系从民办学校转入,按政策安排从民办学校转入,从其他公办学校转入和从老家学校转入。其中,从一年级开始就读于当前学校的流动儿童,在公办学校的占 66.05%,在民办学校的只占 43.28%,反

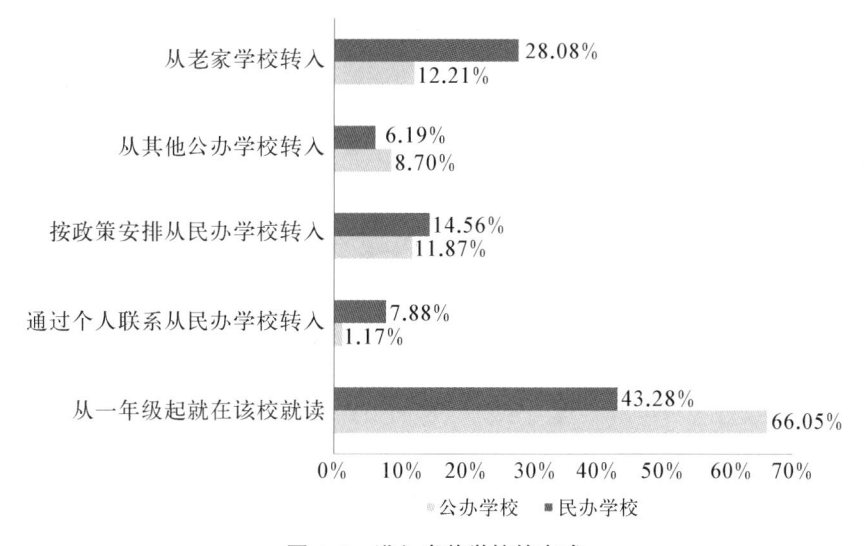

图 4.4 进入当前学校的方式

映出民办学校的整体流动性较大。

我们比较关注的是从民工子弟学校转入公办学校的这部分流动儿童。其中,依靠自己的社会关系转入的仅占1.17%,因为政策安排转入的高达11.87%。由此可见,"三年计划"的确在流动儿童享受平等教育的过程中发挥了重要作用。

再来看民办学校的儿童入学情况。有过转学经历的孩子中,大部分是从老家学校直接转过来的,占28.08%,远高于公办学校中12.21%的比例;因为原来所在民工子弟学校被关闭而按政策统一转入的人数占14.56%,同样高于公办学校中的该比例;在其他民办农民工子弟学校通过自己联系转入的占7.88%,也高于因同样原因进入公办学校的流动儿童比例;从公办学校流回民办学校的占6.19%,根据实地调研情况反馈,这与父母职业变化或居住地搬迁有关。

综上,流动儿童无论是通过政策统一安排、个人社会关系还是老家直接转入的途径进入公办学校的可能性都要低于民办学校。因此,对入学方式的简单考察可能表明,流动儿童通过转学进入公办学校的难度较大。

4.3 发现：居住地决定入学

4.3.1 哪些因素影响孩子进入公办学校？

上一节考察了考试、借读费等流动儿童进入公办学校的外在约束条件,本节重点讨论父母家庭、学前经历等个人因素对流动儿童是否能进入公办学校产生的影响。我们对公办学校和民办农民工子弟学校的流动儿童对学校类型的选择进行了线性概率模型回归。描述学生特点的自变量包括户口类型(农村或城市)、性别、年龄、是否独生子女、是否上过幼儿园。父母的特征包括距父母第一次迁移的年数、父母的教育水平、家庭月收入、父亲的职业和籍贯。表4.1的回归结果与猜想一致,如果一个学生具有城市户口、是独生子女并上过幼儿园,那么他更容易进入公办学校;家庭月收入、年龄处于正常入学阶段、父亲的教育程度也与进入公办学校的概率呈正相关。

表 4.1　影响流动儿童对学校类型选择因素的回归结果

变 量 名	系　数	标 准 差
农村户口	0.24**	(0.11)
女孩	−0.02	(0.02)
独生子女	−0.07***	(0.02)
是否上过幼儿园	−0.12***	(0.03)
年龄(月)		
2001 年 9 月后出生	−0.02***	(0.00)
2000 年 9 月~2001 年 9 月出生	0.00	(0.00)
2000 年 9 月前出生	0.00*	(0.00)
离乡外出打工时间(年)	−0.00**	(0.00)
家庭月收入①		
3 000~5 000 元	−0.06***	(0.02)
5 000 元以上	−0.16***	(0.04)
父母教育程度		
父亲有高中及以上学历	−0.01	(0.02)
母亲有高中及以上学历	−0.07**	(0.03)
2008 年居住地②		
住在市区	−0.56***	(0.06)
住在非市区	0.11***	(0.04)
是否控制来源省份	是	
是否控制父母职业	是	
样本量	1 633	
校正的 R-squared	0.442	

注：标准差为班级聚类标准差，下同。
　***、**、*分别表示在 1%、5% 和 10% 的显著性水平下显著，下同。
　① 参照组为家庭月收入小于 3 000 元。
　② 参照组为父母 2008 年后来沪。

因此，从某种程度上说，流动儿童对学校类型的最终选择是自选择(Self-selection)的结果。家庭经济条件好、父母受教育程度高的流动儿童家庭倾向于尽可能把孩子送入公办学校。

此外,由于"三年计划"这一政策导致的居住地对择校的决定性影响,我们还加入了"父母2008年是否生活在上海市区"这一变量,其参照组是2008年不在上海的样本。结果也显示,相比于那些父母2008年没有在上海的流动儿童,父母住在市区的流动儿童上公办学校的概率要显著高出56%,而父母住在非市区的进入民办学校的概率则显著高出11%。这也成为所有影响因素中决定性最高的一个,无论是从系数绝对值还是显著水平来看,2008年居住在市区几乎"一锤定音"地决定了孩子进入公办学校。

4.3.2 "一锤定音"的入学时居住地

在本章第一节已经解释过,2008年居住地之所以会成为决定流动儿童是否进入公办学校的主要因素是因为当年年底正式启动的"三年计划",市中心城区所有流动儿童都由当地区政府统一安排进入公办学校。因此,2008年时居住在上海市区的流动儿童进入公办学校的概率远高于2008年在非市区的流动儿童。图4.5也证实了这一推测,其中公办学校的流动儿童有45.95%在2008年时居住在市区,而民办学校学生中则无人居住在市区,说明样本中没有任何一名居住在市区的流动儿童进入民办学校,可见,所有2008年居住在市区的流动儿童只要不辍学都大概率地进入了公办学校。

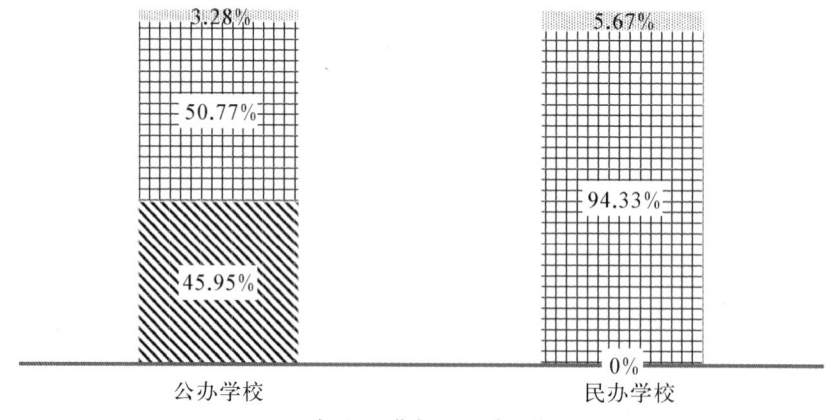

图4.5 流动儿童2008年住所所在区域

4.3.3 什么因素会影响居住地?

那么,究竟是什么因素会导致农民工居住在市区而非郊区呢?对于居住地的选择是否也受到家庭背景等因素的影响呢?我们以父母2008年是否居住在市区作为因变量进行回归,样本限制在2008年在沪的家庭,回归结果见表4.2。

表4.2　　　　影响流动儿童2008年居住在市区的因素

变　　量	系　数	标　准　差
父母教育程度		
父亲有高中及以上学历	0.05	(0.12)
母亲有高中及以上学历	0.06	(0.13)
家庭月收入①		
3 000~5 000元	0.16	(0.11)
5 000元以上	0.19	(0.13)
父母希望孩子未来的教育程度②		
高中毕业	−0.10	(0.43)
大专	0.33	(0.42)
大学本科	0.32	(0.41)
父母认为学习对子女很重要	0.12	(0.09)
父亲的职业③		
建筑业	−0.18	(0.19)
制造业	−0.76***	(0.19)
餐饮业	0.56***	(0.21)
家政业	0.64**	(0.25)
其他	0.44**	(0.13)
小本生意	0.46***	(0.13)
来自省份④		
江苏	0.09	(0.16)
安徽	−0.60***	(0.11)
江西	−0.04	(0.17)
河南	−0.29	(0.18)
四川	−0.51***	(0.19)
样本量	1 307	

注:① 参照组为家庭月收入小于3 000元;② 参照组为没有高中毕业;③ 参照组为其他职业;④ 参照组为其他所有省份。

我们发现,对预测流动儿童生活在市区还是非市区的最重要的两个因素是父亲的职业和籍贯。那些父亲在制造业工作的流动儿童更有可能居住在非市区,这很可能是因为工厂大多远离城市中心,而父亲在服务业工作的流动儿童更有可能居住在人口密度较高的市区。从安徽或四川来的农民工也更可能生活在非市区。这一发现与我们之前进行的许多个人谈话所表明的信息是一致的,农民工选择的居住地点主要是由他们可以在哪里找到就业机会决定的。现有的文献也表明,农民工大量利用社会网络来确定工作和居住的地点,如 Chen et al. (2010)、Zhao(1999),而他们的社会关系网络主要是老乡,因此农民工大多是以来源地区分集中居住地的。

表 4.2 说明了父母是否居住在市中心或郊区是假定"近似随机"的。一旦控制了父亲的职业和来源地省份,我们发现住在市区或非市区的父母在受教育水平、对子女的教育期望、家庭收入以及父母是否认为学习对孩子未来很重要等方面并无显著差别。这也进一步证明了 2008 年提出的"三年计划"是决定流动儿童是否进入公办学校的最关键因素。

4.4 深入:优质公办学校的分选机制

在这一节,我们集中讨论上海地区流动儿童进入不同质量公办学校的分选机制(Sorting Effect)。公办学校虽在同一教育体系内,却由于各所学校历史文化、管理体系和师资力量不同,而在教学质量上存在较大差异。因此,我们不仅需要了解流动儿童进入公办学校或民办学校时的入学机制,也需要进一步理解他们进入不同质量等级的公办学校的分选过程。首先,我们分析上海地区公办学校的入学政策。然后,在调查数据的实证基础上,讨论进入更好公办小学的分选机制。

4.4.1 入学前的分级：公办学校招生办法

历年来，上海市义务教育阶段招生政策都遵循"免试就近入学"原则，所有公办学校按所划片区招生。入学前，学生需向当地的教育部门申报居住地、户口和住宅所有权。教育部门根据以上信息对不同学生的入学资格进行排序，并依据此分级把他们安排进入附近学校。按照规则，持有上海户口和房产证的学生拥有优先入学权。

如果学区内的公办学校有多余的学位，教育部门会把这些学位根据以下顺序分配给该区域内的流动儿童：有房产证且父母是上海市外来人才引进的学生；没有房产证但有上海其他区县户口的学生；有房产证但没有上海户口的学生；排序最末端的是既没有房产证也没有上海户口的学生，这些学生通常来自其他省市或者海外。最低要求是所有学生必须持有合法的上海居住证。学校会根据排序由高到低来录取学生，排名越靠前越有优先安排权，直到学位全部派完。那些无法进入所在学区内公办小学的学生，教育部门会根据就近原则将其送往附近区域的其他小学。由此可见，户口和房产证是分选机制中重要的两个条件。

以2015年浦东新区小学招生入学为例，在浦东新区招生办公室下发的招生须知文件中第四条规定："学生父或母持有效期内《上海市居住证》，且达标准分值，有浦东新区房产证，可按本须知第3条执行。无房产证，可根据实际居住地址，视学校招生情况，统筹安排公办学校。"须知的第3条是对本市户籍"人户分离"需按房产证地址申请入学的本地儿童，其中明确规定"在入学安排时，需待区域内有户籍同时有房产证的学生安排后，视学校招生情况，统筹安排公办学校，廉租房参照本条办理"。也就是说在具体进入公办学校的机制中，房产证成为分选流动儿童的条件之一——拥有房产证的流动儿童在进入公办小学的过程中拥有优先安排权。

在这个过程中，很自然地形成了将不同家庭背景的学生分配到不同质量等级公办小学的分选机制，这其中同样包含了自选择的过程。从另一角度看，不同学区的房价不同，这也一定程度上反映了公办学校的质量。拥有较好社会经济地位的父母会把住房购置在公办学校资源最好的区域。即使是有上海户口的学生，如果他们的父母无法担负起优质学区内的高房价，他们也只能待在其他学校质量略差一些的学区。而对于没有上海户口的流动儿童而言,只要他们的父母选择在更好的学区买房,他们也能够成功进入较好的学校,前提是当地的学位没有被本学区的本地户口学生填满。对于顶尖的公办学校,入学的竞争十分激烈,他们只会录取拥有上海户口和当地产权或者拥有较好社会关系的学生。这些学校不太可能录取流动儿童,因此他们不在我们此次调查的公办学校样本中,本书所涉及的样本中公办学校录取流动儿童的比例区间介于27%~83%。

4.4.2 好学校的标准:学校质量指数

在开始对公办学校内部流动儿童入学的分级机制进行实证研究之前,我们还需要确定衡量学校质量的标准。所有的公办学校都是免费且由当地政府设立并提供运营资金的。但是学校质量会因为历史、行政管理和教师质量差异而有所不同。我们根据以下十个要素制定出学校质量综合评估的标准:学校历史、学校规模、师生比、教师学历水平、教师经验(以从业时间衡量)、教师任期、教师质量(以是否持有教师证书或从师范院校毕业来衡量)、教师流动率、教师收入和家长对学校质量的评估。对每个要素都进行1~10分不同等级的评价。质量评分体系的详细标准见本书附录A。最终得到的学校质量指数取十项指标的平均值。

除了客观标准的评价,我们还设计了主观评价体系,把流动儿童家长对学校质量的评估作为另外一个学校质量指数。在调查问卷中,我们要求流动儿童的父母比较家乡学校和上海本地公办学校的质量,设置了"比家乡学校好"、"基本与家乡学校一样"和"比家乡学校差"三个选项,并将选择"比家乡学校好"的家长占比作为每所公办学校的家长评估质量指数。我们最后通过图4.6的线性回归图发现,这两套主观和客观的评价标准结果高度一致,也就是说,家长对于学校质量的评价与实际情况十分相符。

4.4.3 进校要"拼爹":家庭背景的影响

我们利用调查数据来分析不同学生进入不同质量公办学校的分选机制。表4.3对学校质量得分进行了一系列家庭背景变量的回归分析,观测哪个因素对

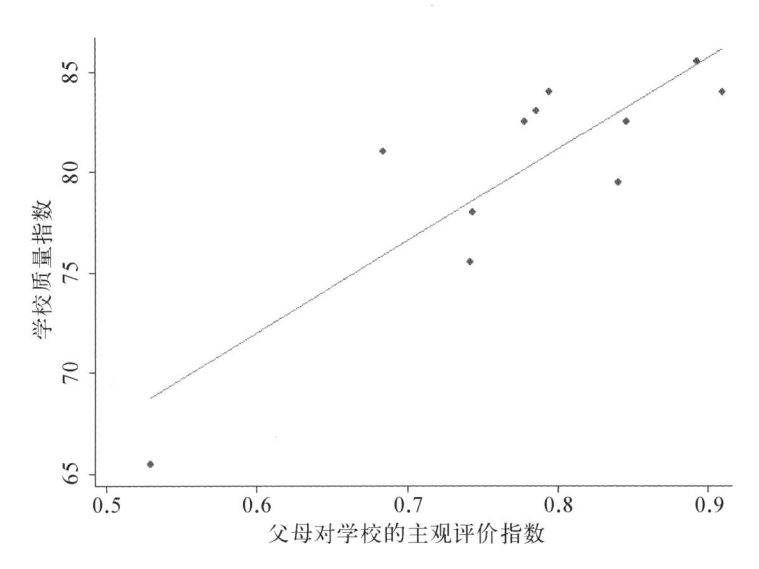

图 4.6　家长评估质量指数与学校质量综合指标指数的线性回归图

进入高质量的学校影响更大。在第(1)栏不控制家庭背景因素的情况下,拥有上海户口的学生进入的公办学校质量得分要比没有上海户口的学生显著高出 0.06 分,这表明上海户口学生更容易进入高质量的公办学校。

然而,当我们在第(2)栏里控制了家庭背景变量后,上海户口不再显著,取而代之的是家庭收入和父亲教育水平与学校质量高度相关。家庭月收入大于 5 000 元以及父亲受过高中以上教育的学生更容易进入优质公办学校,也许拥有一个"好父亲"就意味着能进好学校。

在学生入学的过程中,的确存在显著的家庭背景因素导致的分选机制。不仅是本地儿童,来自较高社会经济地位家庭的流动儿童也能进入更好质量的学校。

为了更清楚地探究分选机制,我们将样本分为本地学生和流动儿童分别观测。对于流动儿童,基于家庭背景因素影响的分选机制是显著的。农村户口的学生比城市户口的学生更难进入好学校。家庭经济水平在进入好学校的选择过程中更为重要,家庭月收入高于 5 000 元的比低于 5 000 元的更容易进入好学校。然而,父亲的受教育水平和住宅所有权并没有显著影响分选机制,这主要是因为大部分流动儿童的父母教育水平多为初中毕业,大部分家庭都没有房子。

表 4.3　影响流动儿童进入较好公办学校的家庭背景因素回归结果

变量	(1)合计(非控制)	(2)合计(控制)	(3)流动儿童	(4)本地儿童	(5)合计(非控制)	(6)合计(控制)	(7)流动儿童	(8)本地儿童
	学校质量得分				父母评估得分			
上海户口	0.06*** (0.02)	−0.05 (0.03)			0.06* (0.03)	−0.09 (0.06)		
农村户口		−0.04 (0.03)	−0.09** (0.03)			−0.07 (0.05)	−0.15** (0.06)	
拥有房屋		0.04 (0.03)	0.02 (0.04)	0.05 (0.04)		0.05 (0.05)	0.03 (0.08)	0.02 (0.08)
女孩		−0.01 (0.02)	−0.02 (0.03)	−0.01 (0.02)		−0.02 (0.03)	−0.02 (0.05)	−0.03 (0.04)
年龄		−0.00 (0.00)	−0.00 (0.00)	−0.00 (0.00)		−0.01** (0.00)	−0.01** (0.00)	−0.00 (0.00)
独生子女		0.04 (0.03)	0.03 (0.03)	−0.10 (0.17)		0.07 (0.05)	0.05 (0.06)	−0.27 (0.31)
家庭月收入水平								
3 000～5 000 元		0.03 (0.03)	0.08* (0.04)	−0.04 (0.03)		0.08 (0.05)	0.20*** (0.08)	−0.06 (0.06)
5 000 元以上		0.05* (0.03)	0.10** (0.04)	−0.01 (0.03)		0.13** (0.05)	0.24*** (0.08)	−0.01 (0.06)
父亲拥有高中学历		0.07*** (0.02)	0.04 (0.04)	0.09*** (0.03)		0.10** (0.04)	0.06 (0.06)	0.12** (0.06)
母亲拥有高中学历		−0.01 (0.03)	0.02 (0.04)	−0.04 (0.03)		−0.03 (0.05)	0.02 (0.07)	−0.08 (0.06)
样本量	943	943	511	432	943	943	511	432
调整后的 R-squared	0.008	0.034	0.043	0.009	0.002	0.029	0.057	0.000

注：表中虚拟变量的参照组见表 4.1。

对于本地学生，只有父亲的受教育水平会显著影响孩子是否进入优质学校，其他因素并无显著影响。需要注意的是，我们的样本里不包括顶尖的公办学校，只是代表了平均水平及以下的公办学校。因此，本地学生也大多来自经济社会地位中等或以下的家庭。

对于流动儿童来说，他们无法进入顶级的公办学校。拥有高收入的流动儿童的父母会尝试购买房子或者居住在拥有较好学校且学位多余的学区内。因此，我们观察到流动儿童内部，家庭收入的显著分层使得他们进入不同的学校，由此可见，"拼爹"现象确实存在。

第(5)~(8)栏，我们参照家长评估的学校质量指数做了同样的分析，最终结果和学校综合质量指数的结论十分相近，也证明了分析结果的稳健性。

由此，可得出几个结论：一是对于流动儿童而言，家庭社会经济地位和父亲受教育水平对进入不同质量学校有显著影响；二是分选机制对于流动儿童所产生的影响要远大于本地学生。

4.5 后续：流动儿童升学机制

前面讨论了流动儿童是进入小学的分选机制，这里我们来讨论一下决定流动儿童是否能升入上海本地初中的因素。

相对于幼升小，流动儿童小升初的现状更为窘迫。由于上海市政府不批准专门针对流动儿童的民办初中，而现有的公办中学学位远不能满足流动儿童的教育需求，所以即使能够留在上海读初中，日后仍有要回原籍高考的尴尬，上海与家乡的教材差异也不利于孩子升学考试。因此，一旦进入初中阶段，许多流动儿童不得不离开上海，这也解释了在沪青少年占比较少的人口结构现象。这样的情形是大多数家庭不希望看到的，这些孩子将从"流动儿童"转化为"留守儿童"，他们的父母因工作原因不得不留在上海，无法完整地陪伴孩子的成长过程。

表4.4检验了决定学生升入上海初中概率的影响因素，这些信息是通过2012年10月第三轮调研的电话访问采集来的，主要结果在第(1)栏内显示。我们对可能影响流动儿童升入本地初中的一系列因素都做了回归分析，控制了学生和家长特征、标准化数学成绩以及数学成绩和民办学校的交互项，结果显示民办学校学生进入本地初中的概率显著低于公办学校学生。

表 4.4　　　　　　　进入上海初中概率的回归分析结果

	(1)	稳健性检验				
		(2)	(3)	(4)	(5)	(6)
民办学校	−0.22*** (0.03)	−0.20*** (0.03)	−0.18*** (0.04)	−0.22*** (0.03)	−0.16*** (0.03)	−0.19*** (0.03)
标准化数学成绩	0.01 (0.02)	0.01 (0.02)	−0.01 (0.02)	0.01 (0.02)	0.05*** (0.02)	−0.00 (0.02)
民办学校*标准化数学成绩	−0.02 (0.03)	−0.01 (0.02)	−0.00 (0.03)	−0.02 (0.03)	−0.07** (0.03)	−0.00 (0.02)
智商(IQ)	0.02*** (0.00)	0.02*** (0.01)	0.01*** (0.00)	0.02*** (0.01)	0.02*** (0.01)	0.01*** (0.00)
农村户口	−0.04 (0.04)	−0.03 (0.03)	−0.07 (0.04)	−0.03 (0.04)	−0.00 (0.04)	−0.03 (0.03)
女孩	0.05* (0.03)	0.06** (0.03)	0.03 (0.03)	0.06** (0.03)	0.05 (0.03)	0.04* (0.02)
年龄(月)	0.00 (0.00)	0.00 (0.00)	−0.00 (0.00)	−0.00 (0.00)	0.00 (0.00)	0.00 (0.00)
独生子女	0.03 (0.02)	0.04 (0.03)	0.02 (0.03)	0.03 (0.02)	0.01 (0.03)	0.03 (0.02)
上过幼儿园	0.04 (0.06)	0.01 (0.06)	0.06 (0.06)	0.02 (0.06)	0.10* (0.06)	0.00 (0.05)
家庭月收入3 000～5 000元	0.02 (0.03)	−0.01 (0.03)	0.02 (0.03)	0.02 (0.03)	0.02 (0.03)	0.00 (0.02)
家庭月收入大于5 000元	0.01 (0.04)	0.00 (0.04)	0.02 (0.04)	0.01 (0.04)	0.00 (0.04)	0.01 (0.03)
父亲有高中及以上学历	0.02 (0.03)	0.02 (0.03)	0.00 (0.03)	0.02 (0.04)	0.01 (0.03)	0.02 (0.03)
母亲有高中及以上学历	0.06* (0.04)	0.07** (0.03)	0.04 (0.04)	0.08** (0.04)	0.02 (0.04)	0.06** (0.03)
离乡时间(年)	0.00 (0.00)	−0.00 (0.00)	0.00 (0.00)	0.00 (0.00)	0.00 (0.00)	−0.00 (0.00)
是否控制来源省份	是	是	是	是	是	是
是否控制父亲职业	是	是	是	是	是	是
样本量	1 144	963	852	1 074	1 467	1 467

注：显示的结果为边际效应，不是Probit回归系数。括号内数字为班级层面的标准差。
添加了第二轮虚拟变量与其他所有变量的交互项，但结果并未在表中显示。
表中虚拟变量的参照组见表4.1。

学校类型和智商成为两大显著影响升学的因素,而数学成绩看起来并不相关。尽管高智商的学生更有可能留在上海,不过与学校类型相比,其对升学概率的影响并不大。

如果想让一个在民办学校就读的学生和在公办学校就读的学生拥有同样的升学概率,在所有条件相同的情况下,该生需要比其他公办小学同龄人的智商成绩高出11分。然而这是不可能的,因为智商测试的总分只有15分。剩余的其他因素影响并不显著。这个结果也与上海本地学生的升学制度安排相吻合,公办初中入学一视同仁、按区域划分,并不经过任何形式的选拔。民办小学的学生只有在公办初中仍有空位时才有条件入学。

为了确保回归结果可信,表4.4的第(2)~(6)栏做了稳健性检验。因为考虑到进入民办学校的家庭可能原本就想要返乡,并没有长留上海的打算,所以他们择校时倾向于民办学校。民办学校的学生返乡率更高,并不一定是由于学校的因素,而是有家长自身的差异,这就会影响到我们的结果,故在这里需要剔除这部分家庭。

表4.4中,第(2)栏排除了更倾向于民办学校的家长,第(3)栏排除了计划5年内离开上海的父母,第(4)栏排除了在上海待了不到5年的家长。这些学生很有可能来自暂时流动的家庭,他们并不想长期生活在上海,因而主动选择小学毕业后离开上海。第(5)栏和第(6)栏囊括了通过电话调研无法确定其是否留在上海就读的学生以及没有访问到的样本。第(5)栏将他们都当作回老家就读的学生,第(6)栏则假设他们都会留在上海。结果显示,这并不会显著改变结果。在所有情况下,毕业于什么类型的学校才是最重要的决定因素,它对进入初中的概率边际效应是巨大的且统计上高度显著的。

第5章
入学后——流动儿童与本地儿童的差异

> **摘　要**
>
> 　　正式比较流动儿童在不同类型学校的成绩之前,我们有必要先来考察一下不同样本之间自身特征的差异性。除了学校类型带来的影响差异,这些儿童因其来源地、成长环境和背景经历的差别而具有迥然不同的特征,体现在学校内外表现,个人价值观念等多个方面。
>
> 　　因此,我们首先对总体样本进行分类,除了以户口区分本地与流动儿童之外,还对流动儿童内部进行就读于公办学校或民办农民工子弟学校的分组,以便更科学地观察组间影响差异。其次,我们从儿童的生理、心理和家庭背景等多方面对几组样本的特征进行量化描述。另外,我们还对学生的学习行为、心理状态和价值观等个人表现进行了标准化测量。
>
> 　　通过一系列的统计描述,我们发现一些有价值的特征对比——90%的民办农民工子弟学校流动儿童来自农村,这一比例在公办学校的流动儿童群体中仅为69%;能进入公办学校的流动儿童家庭经济水平要显著优于民办学校的流动儿童家庭,且与本地儿童家庭条件不相上下;对个人表现和课后时间安排的考察显示公办学校学生的学习压力更大;价值观念上,民办农民工子弟学校的流动儿童比本地儿童更信任政府,且更认同主流价值观。这些特征性结论从侧面印证了第4章中对"自选择"问题的讨论,也为第6章开展学校类型对流动儿童学习影响研究做了很好的铺垫。

5.1 样本分组：按户口和学校分类

为了便于比较不同学校类型中不同学生之间的差异,我们将第一轮和第二轮的1832个有效样本进行分组统计。

首先,按照户口来划分本地儿童和流动儿童。A组是有上海户口的本地学生,作为流动儿童的参照组,共有433人,占样本总数的近四分之一;剩下的1399人均是流动儿童。

其次,按就读的学校类型对流动儿童内部进行分类。因为进入公办学校的流动儿童和民办农民工子弟学校的流动儿童存在特征差异,据此分为B组和C组——B组是公办学校中的流动儿童,共有485人;C组包括民办农民工子弟学校的所有学生(全部为流动儿童),共914人,占样本总数的近一半。

最后,我们对公办学校的流动儿童(B组)内部进行更细致的区分。考虑到调研时公办学校中的流动儿童有部分刚刚从民工子弟学校或外省市转来,而这部分学生自身特征上也有显著的差异,为了使考察结果更加稳健,我们将公办学校流动儿童(B组)中从一年级开始就在该校就读的学生单独列出,归为B1组,共有338位学生,占B组的70%。

我们关注公办学校内部的本地儿童和流动儿童之间的差异,即A组和B1组比较;以及流动儿童内部的差异,即在公办学校就读的流动儿童(B组)和民办农民工子弟学校的流动儿童(C组)的比较。以上两组比较差异的统计显著性会以"*"的形式表示。

表5.1 样本分组组别与学生数量

组别	A 公办学校: 本地儿童	B 公办学校: 流动儿童	B1 B组中从未转过学的	C 民办学校
学生数量	433	485	338	914

5.2 个人特征：流动儿童转学经历多

针对样本自身特征，我们从儿童的发育情况、年龄、是否为独生子女、户籍类型和转学经历几大方面进行考察，发现上海本地儿童和流动儿童之间存在不容忽视的差异。

5.2.1 身高：本地儿童长更高

就学生的身体发育情况来看，上海本地户口学生显著比流动儿童身高更高、体重更重。表5.2数据显示，身高方面，本地儿童平均身高为139.5厘米，比公办学校(B组)和民办农民工子弟学校(C组)流动儿童的身高平均高出1.7厘米和1.4厘米，而这两组流动儿童内部的身高差异并不显著。体重方面，本地儿童的平均体重显著高出公办学校未转过学的流动儿童(B1组)2.8千克，在流动儿童内部，其公办组(B组)显著高于民办组(C组)1.4千克。由此可见，流动儿童内部存在一定发育水平差异，这可能和他们不同的家庭经济水平等因素有关。

表5.2　　身体发育情况差异

组　别	A 公办学校： 本地儿童	B 公办学校： 流动儿童	B1 B组中从未 转过学的	C 民办学校
身高(厘米)	139.54*** (6.79)	137.82 (6.48)	137.36 (6.37)	138.11 (7.21)
体重(千克)	36.13*** (9.10)	33.62*** (7.42)	33.31 (7.26)	32.21 (6.75)

注：***、**和*分别代表在1%、5%和10%水平下显著。在A列中表示A组与B1组差异，在B列中表示B组与C组差异，括号中数值为标准差，下同。

5.2.2 BMI值：流动儿童略偏瘦

很多国家及地区每年都会统计出当地儿童的BMI值分布。根据这个分布，地方政府可以推算出当地儿童的胖瘦程度和体质健康水平。在这里，我们也对流动儿童和本地儿童的身高体重值进行计算得出BMI值，以考量不同组别儿童的发育胖瘦程度。按照国际上对亚洲人的标准，成年人的正常BMI指数为18.5～22.9，18.5以下偏瘦。由于儿童仍处于生长发育期，因此BMI指数偏低较为正常，通常根据指数分布的两端来推算偏重和偏轻的群体。

我们的调查结果显示，流动儿童的BMI指数普遍低于本地儿童，而民办农民工子弟学校的流动儿童尤其偏低，仅为16.84。上海本地儿童的平均BMI指数接近正常界限18.5，说明本地儿童从小摄入的营养更好一些。

表5.3 　　　　　　　　　　BMI值差异

组　　别	A 公办学校： 本地儿童	B 公办学校： 流动儿童	B1 B组中从未 转过学的	C 民办学校
BMI值	18.21*** (3.58)	17.51*** (3.02)	17.49 (2.83)	16.84 (2.79)

5.2.3 年龄：流动儿童年龄大

对于普通四年级学生来说，流动儿童（B组和C组）要比本地儿童的年龄明显大一些。本地儿童平均年龄为9.4岁，比流动儿童要小0.2岁左右。同时，流动儿童的年龄标准差要比本地儿童大得多，其中民办学校学生（C组）的年龄差异更大。三组的年龄标准差分别为0.5、0.7和0.9。造成较大年龄差的主要原因，其一是民办学校入学年龄的限制没有公办学校严格，因此有些学生的年龄相对较小；其二是很多流动儿童到年龄不能正常入学，或者因父母工作流动性大，经常更换学校导致他们不得不留级。

表5.4 　　　　　　　　　　年龄差异

组　　别	A 公办学校： 本地儿童	B 公办学校： 流动儿童	B1 B组中从未 转过学的	C 民办学校
年龄（岁）	9.39** (0.52)	9.60 (0.67)	9.49 (0.58)	9.67 (0.91)

5.2.4 独生比例：七成流动儿童非独生

从独生子女比例来看，本地儿童和流动儿童之间存在显著差异。上海本地儿童中90%是独生子女，公办学校的流动儿童（B组）只有近一半为独生子女，而民办学校儿童（C组）超过70%有兄弟姐妹。整个流动儿童组（B组和C组）的非独生子女比例接近65%，超过本地儿童5倍多。这反映了许多农民工存在超生的现象[①]，他们的子女往往没有户籍，这也成为这些流动儿童进入公办学校的障碍之一。

由于各地区的生育政策实施和生育观念不同，两组儿童在独生子女和性别比例上有显著差异。从性别上看，流动儿童（B组和C组）中女孩的比例比本地儿童要少很多。本地儿童中女孩的比例为49%，较接近我国新生儿性别比。公办学校的流动儿童（B组）中女孩比例下降至43%，民办学校流动儿童（C组）的女孩比例为40%。这很可能是外来务工人员更倾向于将子女中的女孩留在家乡、男孩带在身边抚养。

表5.5　　　　　　　　　性别与独生子女情况差异

组　别	A 公办学校： 本地儿童	B 公办学校： 流动儿童	B1 B组中从 未转过学的	C 民办学校
独生子女	90%***	46%***	46%	30%
女　孩	49%	43%	47%	40%

5.2.5 转学经历：近半流动儿童转过学

我们调查统计了儿童是否接受过学前教育：所有的本地儿童都读过幼儿园；高达96%的公办学校流动儿童也接受过学前教育；而在民办学校中学生接受学前教育的比例显著低于前者，为87%。

流动儿童因其所处家庭流动性较大，在转学的经历上和本地儿童的差异也

---

① 本调查开展于2016年"全面二孩"政策实施之前，因此按当时政策规定为超生。

十分显著。本地儿童和公办学校流动儿童分别有9%和27%在小学阶段有过转学经历,而在民办学校中这一比例高达44%。整体流动儿童转学比例高达40%。民办学校学生中本学期刚转入的比例最高,有10%的学生是本学期就有转学经历的,而公办学校该比例低于2%。

表5.6　　　　　　　　　　受过学前教育差异

组　　别	A 公办学校: 本地儿童	B 公办学校: 流动儿童	B1 B组中从未 转过学的	C 民办学校
受过学前教育	100%***	96%***	97%	87%

表5.7　　　　　　　　　　转学经历差异

组　　别	A 公办学校: 本地儿童	B 公办学校: 流动儿童	B1 B组中从未 转过学的	C 民办学校
小学期间转过学	9%***	27%***	0%	44%
本学期刚转入	0%	2%***	0%	10%

5.3　校园内外:公办儿童在校更积极

5.3.1　学校表现:公办学校儿童更积极

公办学校学生和民办农民工子弟学校学生在校的个人表现,涉及生理和心理状态等七个方面。表5.8反映了受访学生对各表述中事件的发生频率进行自我评估。总体的统计数字反映出,公办学校本地儿童和流动儿童之间的差异在统计上都不显著。

表 5.8　　　　　　　　　　　　个人表现方面的差异

	A	B	C
	公办学校本地儿童	公办学校流动儿童	民办学校
我遇到问题就向老师求助			
经常	28%	32%**	26%
偶尔	58%	57%	55%
从不	13%	11%***	19%
我上学时觉得饿			
经常	10%	12%**	8%
偶尔	32%	31%	30%
从不	58%	57%*	61%
我上学时觉得很累			
经常	6%	5%	5%
偶尔	26%	27%***	19%
从不	68%	68%***	76%
我不太愿意去上学			
经常	2%	2%	1%
偶尔	11%*	7%	7%
从不	87%	90%	91%
我在学校感到没意思			
经常	2%	2%	2%
偶尔	14%	11%	12%
从不	84%	88%	86%
我在学校感到孤独			
经常	3%	3%	3%
偶尔	8%	9%	9%
从不	89%	88%	88%
我上课时打瞌睡			
经常	1%	1%	2%
偶尔	7%*	10%***	16%
从不	92%	89%***	82%

在两类学校的流动儿童之间,公办学校的流动儿童在向老师求教方面明显表现得比民办学校儿童更积极。虽然两类学校超过一半的流动儿童都选择了"偶尔求助老师问题",处于两端的学生比例在两类学校中差异较大。在遇到问题向老师求助的情况中,32%的公办学校流动儿童经常求助,显著高于民办学校儿童的26%。相应地,从不向老师求助的民办学校流动儿童比例高达19%,显著高于公办学校流动儿童的11%。

在"上学时有饥饿感"方面,公办学校流动儿童更多反映上学时觉得饿,也更多反映上学的时候觉得累。除此之外,差异较大的是上课打瞌睡的频率,民办学校儿童打瞌睡的比例明显更高,"偶尔打瞌睡"的显著多了6%,而"从不打瞌睡"的显著少了7%。在其他生理和心理表现上,两类学校的流动儿童在"不太愿意上学"、"觉得学校没有意思"和"在学校感到孤独"等方面的差异并不十分明显。

整体来说,公办学校流动儿童在学校表现各方面略优于民办学校流动儿童,但差距并不太大。

5.3.2 课后安排:民办学校儿童更自由

那么,不同学校流动儿童的课余时间安排会有什么不同呢?通过公办学校和民办学校的流动儿童在课后时间安排上的差异对比反映出,公办学校孩子的确课业更紧、娱乐时间更少,他们用于作业上的时间要显著多于民办学校学生。流动儿童相对于本地儿童总体上花更多的时间帮助父母做家务、做生意,其户外玩耍的时间也更多,用于作业上的时间则较少。

从课外娱乐活动类型上看,公办学校的本地儿童把更多的时间用于玩游戏和上网,而流动儿童则在看电视上花更多的时间,民办学校的流动儿童这个特征尤为明显。在公办学校有62%的流动儿童不玩游戏、不上网,民办学校的这一比例高达70%,这主要是因为很多流动儿童家庭没有电脑也无法上网所致。在户外活动时间上,公办学校的本地儿童外出玩耍的时间最少,其次是公办学校流动儿童,外出玩耍最多的是民办学校学生,他们放学后不进行户外活动的比例分别为63%、46%和34%。

表 5.9 课后时间安排差异

	A 公办学校本地儿童	B 公办学校流动儿童	C 民办学校
学生玩游戏和上网的时间			
不做	60%	62%***	70%
小于 1 小时	27%	27%***	20%
1～2 小时	10%	8%	7%
大于 2 小时	3%	2%	3%
学生看电视的时间			
不做	34%	29%***	17%
小于 1 小时	48%	48%***	57%
1～2 小时	15%*	19%	20%
大于 2 小时	3%	4%	6%
帮父母做家务			
不做	24%***	16%	13%
小于 1 小时	51%**	60%	56%
1～2 小时	21%	19%	22%
大于 2 小时	3%	5%**	8%
帮父母工作或者做生意			
不做	93%***	75%***	67%
小于 1 小时	5%***	17%	19%
1～2 小时	1%**	5%*	7%
大于 2 小时	0%***	3%***	7%
学生到户外玩的时间			
不做	63%***	46%***	34%
小于 1 小时	26%***	38%	42%
1～2 小时	9%	11%**	16%
大于 2 小时	3%**	6%*	8%
学生做作业所花的时间			
不做	0%**	2%	3%
小于 1 小时	14%	15%***	29%
1～2 小时	44%**	51%**	45%
大于 2 小时	42%***	32%***	23%

从"回家帮助父母"方面来看,流动儿童明显更多地帮父母承担一些家务。差别更为明显的是"帮助父母工作或者做生意",本地儿童仅有7%,而公办学校的流动儿童有25%,民办学校流动儿童有33%。其中,民办学校流动儿童放学"帮父母做生意时间大于两小时"的超过了7%。这一方面是因为流动儿童的家长通常工作时间长,家里的兄弟姐妹又多,父母无暇顾及家务,他们早早地就承担很多家务。在我们调研中,有老师反映有些学生早上需要起来为家人做早餐,因为父母很早就出门工作了。另一方面,很大一部分流动人口都是做小生意的,因此子女放学帮父母一起做生意的也不少见。

从"回家做作业所花的时间"上看,公办学校本地儿童做作业大于一小时的比例为86%,公办学校流动儿童为83%,显著大于民办学校的68%。在实地调研中发现,造成民办学校流动儿童普遍学习时间少、娱乐时间较多现象的原因,学校和家庭兼有,公办学校可能布置作业更多、教师要求更严、班级学习氛围更浓,但是家庭对孩子的影响也很大。在项目调研走访中,民办学校的教师表示,他们的一些学习要求和作业量并不比公办学校少,差别在于回家以后家长对孩子的监管和学习重视程度不同。而公办学校的老师也反映,小学生的学习态度很大程度上取决于家庭教育环境。

5.4 家庭背景:公办内家庭收入相近

在第6章对流动儿童的成绩考察时,家庭背景也是影响其学习成绩的因素之一。本章从父母受教育水平、家庭经济条件和父母对子女的教育期望三大方面来描述家庭背景情况。

5.4.1 户口类型:九成民办学校学生来自农村

比较本地儿童和民办学校流动儿童的户口类型发现,上海本地儿童中仅有6%为农村户口,这是因为上海郊区仍有少部分农村户口。在公办学校的流动儿童中农村户口比例仅为69%,而民办学校中农村户口比例高达91%。从户籍类型也可以推断出其背后家庭环境的差异,来自农村的家庭往往整体经济水平和父母受教育背景都会略低于非农户口家庭。

不容忽视的是,在公办学校流动儿童中,有31%的流动儿童是来自城市的,而这一比例在民办学校仅有9%。很显然,原本就来自城市的流动儿童更容易进入公办学校,3倍的差距也侧面印证了对于学校类型"自选择"的问题。考虑到这部分非上海本地的城市户口学生家庭背景可能与我们通常关注的来自农村的流动儿童截然不同,我们在之后的稳健性检验中,会剔除这一部分非农户口的流动儿童,对样本重新分析。

表 5.10　　　　　　　　户籍情况差异

组　别	A 公办学校: 本地儿童	B 公办学校: 流动儿童	B1 B组中从未 转过学的	C 民办学校
农村户口	6%***	69%***	63%	91%

5.4.2　父母文化水平:本地家长学历更高

按样本组别来看,上海本地儿童父母的整体受教育水平显著优于流动儿童父母组。分父母双方来看,父亲的教育背景普遍高于母亲,这一特征在流动儿童组别中更为明显。考虑到父母在家庭中扮演的不同角色,双方的教育背景会分别对孩子产生不同方面、不同程度的影响,所以我们将对父母双方分别进行统计。

表5.11显示,本地儿童的父亲中有近80%受过高中及以上教育,其中有一半为高中毕业,专科和大学毕业占29%;而公办学校中即使是未转过学的流动儿童中,父亲受教育水平显著较低,高中毕业的占37%,专科和大学毕业占8%;在民办学校,父亲高中及以上学历水平的比例为25%。几乎没有民办学校学生的父亲获得过大学学位,而这一比例在本地儿童父母中占12%,在公办学校流动儿童父母中占4%。这再一次侧面印证了学校"自选择"的问题——受教育水平越高的父母越倾向于把孩子送往公办学校。

表 5.11　　　　　　　　　　父亲教育水平差异

组　别	A 公办学校： 本地儿童	B 公办学校： 流动儿童	B1 B组中从未 转过学的	C 民办学校
初中及以下	21%***	57%***	54%	75%
高中	50%***	33%***	37%	22%
专科	17%***	6%***	5%	3%
本科及以上	12%***	4%***	4%	0

从母亲一方的受教育水平来看,本地家长夫妻的受教育结构基本相似,受过高中及以上教育的母亲比例为76%,比父亲的比例略低3%。但是,这种差距在流动儿童父母间差异很大。就公办学校流动儿童来看,母亲为初中及以下水平的占68%,高于父亲11个百分点;民办学校儿童的母亲初中及以下水平占比达到84%,仅有15%的流动儿童母亲受过高中及以上水平教育,本地母亲的该比例是她们的5倍。

表 5.12　　　　　　　　　　母亲教育水平差异

组　别	A 公办学校： 本地儿童	B 公办学校： 流动儿童	B1 B组中从未 转过学的	C 民办学校
初中及以下	24%***	68%***	67%	84%
高中	49%***	26%***	28%	14%
专科	16%***	4%***	4%	1%
本科及以上	11%***	2%**	1%	1%

在之后的研究中我们会发现,母亲的教育背景对孩子的数学成绩影响显著,大于父亲的影响。这与 Chen and Feng(2013)结论一致,母亲的受教育水平直接关系到子女的个人能力,而父亲的受教育水平与子女是否能进入好的学校、选择更好的工作直接相关。

5.4.3　家庭收入:公办学校内较平均

虽然本地家长的平均受教育水平显著高于外地家长,但本地儿童家庭月收入并不比公办学校中流动儿童家庭高,且其收入分布的比例在统计上没有显著的差异。从比例上看,公办学校内的本地儿童和流动儿童家庭月收入处于1 000元以下、3 000~5 000元和10 000元以上的三个比例分布都比较相近。可见,能够进入公办学校的流动儿童都来自经济水平较好的家庭。这当然部分是因为我们选取的公办学校在所有上海的公办学校中条件偏低。通常来说,能够接受较多流动儿童的公办学校的综合质量低于平均水平,因此许多家庭条件较好的上海户籍学生会选择转入其他条件更好的公办小学。

相比之下,民办学校儿童的家庭收入比前两组要差很多。其中,月收入低于3 000元的家庭超过一半,显著高于公办学校本地和流动儿童家庭的22%和30%;月收入在3 000~10 000元的家庭占比为47%,显著低于本地家庭和公办学校流动儿童家庭的68%和61%。

表5.13　　　　　　　　　　家庭月收入差异

组　别	A 公办学校: 本地儿童	B 公办学校: 流动儿童	B1 B组中从未 转过学的	C 民办学校
1 000元以下	3%**	3%***	1%	7%
1 000~3 000元	19%*	27%***	24%	44%
3 000~5 000元	37%	36%	38%	36%
5 000~10 000元	31%	25%***	26%	11%
10 000元以上	10%	9%***	11%	2%

5.5　价值观念:流动儿童政治信任度更高

我们以社会主流价值观为标准,对学生的价值观念进行测量,共设置了12个问题供学生进行态度上的判断。评分方法采用里克特量表法,给出选项从"1"到"5"排序共五个等级,"1"表示完全赞同,"5"表示完全不赞同,得分越高表示越不赞同。对三个群体的学生（民办农民工子弟学校的儿童、公办学校的流动儿童、公办学校的本地儿童）选择的选项按分值计算出平均值，通过平均值可以看出其距离主流价值观的远近。

这份测试是我们团队与复旦大学国际关系与公共事务学院副教授熊易寒共同合作完成的，他在"第二届城市的未来——外来儿童教育政策研讨会暨校长论坛"对这份价值观测评作出具体分析，在此引用他的部分观点。12道题目设置包含三个方面，"S1"到"S3"是事实性层面的评估，如班级学习风气、个人学习压力的主观评判；"S4"到"S9"是价值观调查，包括金钱观、职业观、平等观念等；其中，"S4"到"S8"的得分越高，表明认知观念越接近主流价值观。而"S9"得分越低，越接近主流价值观。"S10"到"S12"是针对政治信任的量表，如政府的话是否可信、行事是否正确等。

在事实性评估中，有一道题目是让学生判断"男生在数学方面天生就比女生好"，因为我们在此之前进行了标准化的数学考试，可以将客观成绩结果和主观判断相互比照。这个问题涉及儿童的自我预期，通常男生自我预期越高就越自信，成绩可能越好；而女孩本身对数学就缺乏信心，可能会影响成绩。

评估测量显示，三个群体都不赞成男生的数学能力强于女生。但是女生的反对倾向更强，女生的平均分在3.8左右，基本都不太赞成；男生的平均分是2.57左右，他们相对而言认为自己的数学会更强一些。

之后我们的标准化数学测试成绩结果显示，女生的平均成绩为78分，男生平均成绩为76分，可见女生数学成绩并不比男生差。但是，在控制了家庭背景和每天做作业时间等"后天"因素后，女生的数学平均成绩比男生低1.5分左右，这说明通过家庭环境影响和自身努力可以弥补女生自身数学的天生不足。

值得一提的是，民办学校的孩子对自己班的班风评价是最高的，他们认为班风很好；其次是本地儿童；再次是公办学校的流动儿童。在学习压力方面，本地儿童的学业压力是最大的。这个结果较易理解，本地儿童父母的社会经济地位普遍更高一些，除了学校的学习之外，还有课外的辅导和各种培训班，所以儿童感受到的学习压力很大。

表 5.14　　　　　　　　　　学生价值观念平均得分表

变量名	变量内容	A 公办学校: 本地儿童	B 公办学校: 流动儿童	C 民办学校
S1	男生在数学方面天生就比女生好	3.10	3.16	3.08
S2	我们班级的学习风气很好	2.31	2.32***	2.08
S3	我平时感觉学习压力很大	3.62**	3.76	3.79
S4	金钱是万能的,有钱能使鬼推磨	4.59	4.55	4.55
S5	从事体力劳动低人一等	4.33	4.31	4.31
S6	人人平均是最公平的,要穷大家一起穷,要富大家一起富	2.69	2.59	2.47
S7	贫穷是因为懒惰或无能,与社会无关	3.40	3.32	3.35
S8	这个世界上除了父母,没有人靠得住	4.17	4.12***	3.90
S9	知识可以改变命运	1.85**	1.73	1.78
S10	政府官员在电视或报纸上所说的话是可信的	3.11	3.06	2.99
S11	政府所做的事大多数是正确的	2.84	2.77***	2.60
S12	政府官员时常浪费老百姓所缴纳的税金	3.36**	3.51	3.57

注:***、**和*分别代表在1%、5%和10%显著水平下显著。在A列中表示A列与B列的差别,在B列中表示B列与C列的差别。

值得关注的是,其他调查问题的数值都是比较接近"5"或者"1"。在与主流价值观比较接近的问题中,只有"人人平均是最公平的,要穷大家一起穷,要富大家一起富"这一项数值是偏低的,也就是更偏向赞同这个观点。按照主流价值观,大多反对这种说法,因为要根据个人的贡献来按劳分配。但是调查发现,学生们还是比较倾向于相对平均主义,这或许与其在学校受到比较多的集体主义教育有关。在学校倡导分享的理念,儿童还没有进入市场化的残酷竞争和分配体系,因此并未形成主流观念中的按劳分配思想。

有关政治信任感的调查中,民办学校儿童的总体信任度最高,其次是公办学校的流动儿童,最后是本地儿童。民办学校的儿童政治信任感是最强的,他们更相信官员在电视上所说的话、政府所做的事情,不太相信政府官员会浪费税收。本地儿童的政治信任感相对低一些,当然差距不是太大。这一结果与国际上通常做的工人阶级和中产阶级比较研究结果是大体一致的,中产阶级的政治信任通常低于工人阶级。美国的调查反映,工人阶级一般对于政府的信任度更高,受过良好的教育、有较好家庭教育背景的中产阶级反而对政府的信任度最低。

另外,我们在调查中,很多老师都反映在上海上过幼儿园和没有上过幼儿园的学生是不一样的,上过幼儿园的孩子的行为价值相比其他孩子有一些差别。我们据此也做了测算——用有序回归分析法(ordered probit)计算哪些因素会对儿童的价值观倾向产生影响。表 5.15 的结果发现,是否上过幼儿园是一个很显著的影响因素。尤其是在问题"S2""S3""S8"和"S9"中——"对班级的认同感""学习压力感受""对社会信任度"和"对知识改变命运"的看法上,上过幼儿园与没有上过幼儿园的学生有比较显著的区别。总体上,没有上过幼儿园的儿童离主流价值观相对更远一点。

除此之外,性别和年龄、家庭经济水平以及父亲受教育水平也会对价值观形成较大影响。结果显示,年龄越大的学生对政府的信任度越低,也更偏离主流价值观一些。此外,家庭月收入越高的学生会对父母的依赖度更高,倾向于认为父母以外的人都是靠不住的。再者,父亲的学历水平也会对孩子的学习压力和班级融入产生影响,父亲学历水平更高的孩子在班级中融入得更好,赞同班级学习风气好,这可能说明高文化层次的父亲、更好的原生家庭会给予孩子更多与朋友交往的自信。相应地,他们的学习压力也会更大一些,可能是因为父亲受教育水平较高,因此对子女的学习成就期望更高。

城市的未来

表5.15 影响学生价值观的因素回归结果

	S1	S2	S3	S4	S5	S6	S7	S8	S9	S10	S11	S12
上海户口	0.04 (0.03)	−0.01 (0.04)	0.00 (0.01)	0.01 (0.01)	0.01 (0.01)	−0.02 (0.04)	−0.03* (0.02)	0.01 (0.01)	−0.05 (0.03)	0.00 (0.01)	0.01 (0.02)	0.03 (0.02)
民办学校	0.00 (0.02)	0.09** (0.04)	0.00 (0.01)	−0.00 (0.00)	−0.00 (0.01)	0.00 (0.03)	0.00 (0.02)	0.02** (0.01)	−0.00 (0.04)	−0.00 (0.01)	0.03** (0.01)	−0.00 (0.02)
农村户口	0.01 (0.02)	0.03 (0.05)	−0.01 (0.01)	0.00 (0.00)	0.00 (0.01)	0.04 (0.03)	−0.04** (0.02)	0.01 (0.01)	0.05 (0.03)	0.01 (0.01)	0.01 (0.01)	0.00 (0.02)
女孩	−0.27*** (0.02)	0.01 (0.02)	−0.00 (0.00)	−0.01* (0.00)	−0.02** (0.01)	0.00 (0.02)	−0.02 (0.01)	0.02** (0.01)	−0.03 (0.02)	−0.00 (0.01)	−0.01 (0.01)	0.01 (0.01)
年龄(月龄/100)	0.09 (0.08)	−0.10 (0.11)	0.07*** (0.03)	0.03 (0.02)	−0.01 (0.03)	−0.15 (0.11)	−0.02 (0.07)	−0.04 (0.04)	−0.24* (0.14)	−0.06** (0.03)	−0.07 (0.05)	0.07 (0.05)
独生子女	−0.02 (0.01)	0.00 (0.02)	0.02*** (0.01)	−0.00 (0.00)	−0.00 (0.01)	−0.00 (0.02)	0.00 (0.01)	0.00 (0.01)	0.04 (0.03)	−0.00 (0.01)	−0.00 (0.01)	−0.00 (0.01)
上过幼儿园	0.03 (0.03)	0.07* (0.04)	−0.02** (0.01)	−0.00 (0.01)	0.01 (0.01)	−0.00 (0.03)	0.01 (0.02)	−0.04** (0.01)	0.12*** (0.04)	0.01 (0.01)	−0.01 (0.02)	−0.01 (0.02)
家庭月收入水平												
3 000~5 000元	0.00 (0.02)	0.03 (0.03)	−0.00 (0.01)	0.00 (0.00)	−0.01 (0.01)	0.04 (0.03)	0.00 (0.02)	−0.02*** (0.01)	−0.02 (0.03)	−0.00 (0.01)	0.01 (0.01)	0.00 (0.01)
5 000元以上	0.01 (0.02)	0.05* (0.03)	−0.00 (0.01)	0.00 (0.00)	−0.01 (0.01)	−0.02 (0.03)	0.01 (0.01)	−0.02*** (0.01)	−0.02 (0.03)	−0.00 (0.01)	0.02 (0.01)	0.00 (0.01)
父亲高中以上学历	0.00 (0.02)	0.06*** (0.02)	−0.02*** (0.01)	−0.00 (0.00)	0.00 (0.01)	0.05* (0.03)	−0.00 (0.01)	−0.00 (0.01)	0.00 (0.03)	−0.01 (0.01)	−0.01 (0.02)	0.01 (0.01)
母亲高中以上学历	−0.02 (0.02)	−0.01 (0.02)	0.00 (0.01)	−0.01 (0.01)	−0.01 (0.01)	−0.03 (0.03)	−0.01 (0.01)	−0.00 (0.01)	0.01 (0.03)	−0.00 (0.01)	−0.01 (0.01)	−0.01 (0.01)
观测值	1 798	1 795	1 795	1 795	1 784	1 792	1 794	1 797	1 796	1 797	1 798	1 794

注:这里用的是有序回归(ordered probit),系数为学生回答"完全赞同"的概率。***,**和*分别代表在1%,5%和10%显著水平下显著。

第 6 章
公办为上?——学校类型对成绩的影响

摘 要

经过前两章对入学机制和学生样本特征的描述,我们初步了解了流动儿童的就学背景和现状。接下来,我们将进一步讨论流动儿童就读公办学校或民办学校是否会在学习成绩上有实质性差别。

本章将采用多种计量方法来探讨不同学校类型对于流动儿童学习成绩及综合表现的影响。如果直接比较不同类型学生之间的标准化成绩高低,并不能说明学校类型与学习成绩的相关性,因为还可能存在父母家教等其他背景因素对儿童成绩产生影响。为了排除这种误差干扰,我们通过 OLS 回归分析法来控制家庭和学生个人因素等可观测变量的影响,证实在民办学校就读和在公办学校就读的流动儿童之间的确存在较大的成绩差距。

为了进一步证明学校类型与学习成绩之间的因果关系,我们还控制来自社区、同伴等不可观测变量,以单独考察学校类型直接导致的学生成绩影响。对此,我们采用工具变量法调整学校选择的内生性问题。结果发现,在这种情况下学生之间成绩差距有所减小,但差距绝对值仍然较大,且在统计意义上显著。这些结果都指向学校类型是影响学生成绩的重要因素。

最后,我们考察了优生和差生对学校类型的敏感度。通过分位数回归发现,学校类型对于成绩较差的学生影响更大。与此同时,我们的研究结果与目前民办学校教学质量普遍低于公办学校的观察相吻合。

6.1 简单的比较：标准化考试成绩对比

考察学校类型对流动儿童学习影响最简单直接的方法，就是比较不同学生之间的成绩差异。从标准化考试成绩来看，三组学生中，本地儿童的平均成绩最高，语文为69.1分，数学为65.3分。在公办学校内部的两组学生成绩较为接近，不过，流动儿童的平均成绩仍比本地儿童差3分左右，其语文和数学分别为66.4分和62.3分。在公办学校的流动儿童组中，代表从未转过学的流动儿童B1组的平均成绩略高于B组，为67.3分和64.0分。由此可初步推测，在公办学校学习的时间越长，对流动儿童成绩的正面影响越大。

然而，这些公办学校内部的成绩差异要远小于流动儿童在公办学校和民办学校之间的成绩差距——民办学校的流动儿童成绩比公办学校的流动儿童成绩明显低很多，其语文平均成绩为55.9分，比公办学校流动儿童少了10.5分；其数学成绩的差异更为显著，两者相差15.9分。这意味着同样都是流动儿童，在公办学校就读和在民办学校就读，其语文和数学成绩的差异略高于一个标准差的幅度。且民办学校流动儿童内部的成绩分布也更为分散，学生之间差异大，其语文和数学成绩的标准差均高于公办学校整体儿童的水平。

表6.1 标准化考试成绩差异

组　别	A 公办学校： 本地儿童	B 公办学校： 流动儿童	B1 B组中从未 转过学的	C 民办学校
语　文	69.10** (12.69)	66.42*** (13.43)	67.32 (13.37)	55.88 (14.94)
数　学	65.29* (14.76)	62.31*** (16.32)	64.02 (15.19)	46.33 (20.15)

注：***、**和*分别代表在1%、5%和10%水平下显著。在A列中表示A组与B1组差异，在B列中表示B组与C组差异。括号内为标准差，下同。

6.2 控制家庭及个人因素后：多元线性回归结果

上一节的简单成绩比较展示了公办学校本地儿童、公办学校流动儿童和民办学校流动儿童之间的差异，但并不能说明是学校类型影响了流动儿童成绩，因为还有诸多其他因素对儿童的学习起作用。在第5章对三组儿童的样本描述可以看到，来自公办学校和民办学校的两个流动儿童群体原本就有自身特征以及家庭背景的显著差异，而这些差异或多或少地会影响到他们在学习上的表现，直接的成绩比较忽略了这些背景差异的影响作用。那么，家庭经济水平的高低、入学时间的早晚、持有农村户口还是城市户口等这些庞杂的背景因素是否真的会作用于流动儿童的学习成绩？这些影响因子的干扰是否会使我们对学校类型影响的研究产生偏误？

其实，国外许多教育社会学领域的研究已经证实了我们的担忧并非多余——孩子的教育与家庭背景、同伴效应等因素有着密切的关系。Hill and Stafford(1974)的研究发现，父母的教育程度与他们在孩子身上所花的时间呈正相关。Ermisch and Francesconi(2001)利用英国1991~1997年的家庭面板数据研究发现，父母的教育程度与孩子的最终教育程度密切相关，孩子的教育成果很大程度上取决于父母对他们的教育投资，特别是早期的教育投资。此外，通常情况下，单亲家庭或者低收入家庭的孩子所受教育水平很明显要低于双亲或高收入家庭的孩子。因此，为了更准确地比较民办学校与公办学校，分析不同学校类型对于流动儿童(B组与C组)学习成绩的影响，就需要考虑在以上这些条件相同的情况下，学生的学习情况会有哪些差距，即要做到所有孩子"站在同一起跑线上"进行比较。

为此，我们采用了比较常见的OLS多元线性回归分析法——从家庭背景和自身特征两方面来控制变量。首先，根据已有的研究经验并结合实际情况，我们挑选了一系列可以通过实地调查进行采集和量化分析的成绩影响因子——如代表自身特征的性别、年龄、是否为独生子女,以及代表家庭背景的户口类型、家庭月收入、父母离乡打工时间和父母受教育背景等。然后,在控制这两类可观测变量的条件下,考察学校类型对成绩的影响系数,最终结果用语文和数学的标准化成绩差异来表示。

表6.2对语文和数学成绩的OLS回归结果有力地佐证了我们的研究设想——在所有可检验到的变量中,学校类型对学生成绩的影响最为显著。同时,表6.2也给出了控制其他变量后,各个影响因子分别会对语文和数学成绩具体产生多少影响。在民办学校就读的学生,语文和数学的平均成绩分别落后于在公办学校就读的学生7.6分和12.1分,分别低了11%和19%。

其他变量产生的成绩差异都远远小于学校类型不同带来的差异。不过,值得关注的是家庭经济水平——收入越高,对其子女成绩的正影响越显著。当家庭月收入超过5 000元时,子女的语文和数学成绩都明显更好。户口也同样影响着孩子的成绩,来自农村的父母对于子女的学习可能不如来自城市的流动儿童父母那么重视,所以农村户口的流动儿童比非农户口的流动儿童成绩普遍更低,语文和数学分别低了3.1分和4.2分。父母离乡外出打工时间对孩子成绩影响也很显著。父母外出打工时间每增加一年,孩子的语文和数学平均成绩要分别高出0.2分和0.3分。父母的教育水平对语文成绩的影响并不显著,但母亲受过高中以上教育,其子女的数学成绩显著较高。通常,母亲比父亲花更多的时间与精力辅导子女的学习,因此对子女学习成绩的影响更显著。

除去这些家庭原因带来的影响,学生的自身特征也对成绩有一定影响。平均来看,女生的语文成绩略优于男生且较显著,但数学成绩略逊且在10%水平上显著。同一年级中,年龄越大的孩子成绩越差,一部分原因是有些孩子因转学而留级的缘故。独生子女的语文成绩比非独生子女显著高出1.9分,这可能是由于独生子女家庭中父母对子女学习和阅读的投入相对较多的原因。

最后,我们不难从OLS回归分析得出结论,抹去了所有可观测因素对研究结果产生的偏差影响之后,学校类型的确是对学生考试成绩影响最大的变量,其决定系数远超其他背景差异。

表 6.2　　　　　　流动儿童标准化考试成绩的回归结果

变　量	(1) 语文成绩 OLS	(2) 语文成绩 IV	(3) 数学成绩 OLS	(4) 数学成绩 IV	(5) 民办学校 第一阶段回归
民办学校	−7.63*** (1.46)	−5.37** (2.30)	−12.11*** (2.45)	−7.99** (3.89)	
农村户口	−3.07** (1.32)	−3.58** (1.41)	−4.24* (2.44)	−5.69** (2.37)	0.24** (0.11)
女孩	1.73** (0.85)	1.85** (0.82)	−1.69* (0.92)	−1.54* (0.93)	−0.02 (0.02)
年龄(月)					
2001年9月后出生	0.01 (0.19)	0.06 (0.19)	0.03 (0.18)	0.10 (0.18)	−0.02*** (0.00)
2000年9月~2001年9月出生	−0.14 (0.09)	−0.14 (0.09)	0.02 (0.13)	0.01 (0.12)	0.00 (0.00)
2000年9月前出生	−0.11 (0.08)	−0.13* (0.07)	−0.31*** (0.10)	−0.33*** (0.10)	0.00* (0.00)
独生子女	1.87** (0.81)	2.07** (0.81)	1.80 (1.20)	2.24* (1.24)	−0.07*** (0.02)
上过幼儿园	−0.43 (1.48)	−0.11 (1.53)	1.90 (1.85)	2.43 (1.93)	−0.12*** (0.03)
每天做家庭作业时间					
1~2小时	2.58*** (0.91)	2.69*** (0.90)	5.14*** (1.22)	5.48*** (1.21)	−0.03 (0.03)
多于2小时	1.57 (1.26)	1.6 (1.24)	3.31** (1.29)	3.51*** (1.27)	−0.01 (0.03)
离乡时间(年)	0.15** (0.07)	0.17** (0.07)	0.33*** (0.10)	0.37*** (0.11)	−0.00** (0.00)
家庭月收入					
3 000~5 000元	0.85 (0.83)	0.97 (0.81)	1.12 (1.12)	1.31 (1.13)	−0.06*** (0.02)

续 表

变 量	(1) 语文成绩 OLS	(2) 语文成绩 IV	(3) 数学成绩 OLS	(4) 数学成绩 IV	(5) 民办学校 第一阶段回归
大于5 000元	3.82*** (1.16)	4.11*** (1.14)	3.37*** (1.17)	4.06*** (1.28)	−0.16*** (0.04)
父母受教育程度					
父亲受高中及以上教育	1.55 (1.13)	1.63 (1.12)	1.46 (1.34)	1.07 (1.24)	−0.01 (0.02)
母亲受高中及以上教育	0.98 (1.05)	1.16 (1.04)	2.68* (1.51)	3.51** (1.48)	−0.07** (0.03)
2008年居住情况					
住在市中心城区					−0.56*** (0.06)
住在郊区					0.11*** (0.04)
是否控制来源省份	是	是	是	是	是
是否控制父亲职业	是	是	是	是	是
样本量	1 633	1 633	1 633	1 633	1 633
校正的 R-squared	0.150	0.146	0.181	0.174	0.442
对弱工具变量的 Wald F 检验					67.450
Hansen J-统计量		0.080		0.973	
P值 J-统计量		0.777		0.324	

6.3 进一步控制不可观测因素：工具变量回归结果

在上一节中,我们已经控制了一些学生自身和家庭背景因素的变量,但还有一个误差项我们并未考虑到——就是那些不可观测变量对学习成绩的影响。国际上的同类研究表明,除了家庭背景和自身因素以外,邻里效应也是影响孩子学习的重要因素。Datcher(1982)发现,邻里效应与家庭背景对孩子的学习成绩起到同等重要的作用。通常比较好的居住区域,其对应的学区也较好,孩子从中所获得有关学习的积极信息也较多,更重要的是,他们可以享受正面的同伴效应。除此之外,如果父母对子女学习的重视程度较高,就会努力把孩子送进更好的学区和学校,并投入更多时间和精力在孩子的学习上。

但是像社区影响、邻里效应、父母对子女学习的投入这样抽象的概念如何对其进行控制?而且第4章讨论过的"自选择"问题也在"从中作祟",因为孩子就读民办学校或者公办学校并不是随机现象,而是家庭和社会因素共同作用的结果,所以这些因素在影响学校类型选择的同时也间接影响了学生成绩。

以上问题对我们的研究提出了更进一步的挑战——在上一节中我们通过OLS回归分析说明了学校类型和儿童成绩之间的显著相关性,而这一节我们要尝试证明学校类型和成绩之间的因果性。换句话说,我们要尽可能地排除一切外在因素的干扰,将学校机制对学生学习成绩的影响剥离出来分析,看单个因素对成绩产生了什么影响。

假设我们现在可以通过随机实验来完成因果证明,最理想的方法就是随机抽取两组流动儿童,确保他们是相似的、无差异的两组样本,然后把孩子分别送到民办学校和公办学校,一段时间后再进行成绩考核,这样就能比较出两类学校对他们各自学习的影响。这种实验方法的高明之处在于"随机分配"这一动作是一股外生力量,它不受任何成绩影响因子的干扰,因而完全排除了"自选择"的内生性问题,确保了两批孩子进入学校是随机的。但现实情况是这种实验在我国目前的招生环境下并不可行,我们只能通过计量经济学的理论方法,来控制住不可观测因素对流动儿童择校的影响干扰,这种方法就是IV工具变量分析法。

工具变量分析法能够调整不可观测因素可能带来的估计偏误。它的原理是,在研究自变量X与因变量Y之间的变化关系之前,先找到一个完全外生的变量Z作为工具变量,它需要直接决定研究对象——自变量X,但不会直接影响到因变量Y。换言之,外生变量Z对因变量Y的影响是通过中间的自变量X

来完成的。当我们想要确切地知道自变量 X 引起的因变量 Y 的变化时,想当然地用因变量 Y 直接除以自变量 X 并不科学,因为它包含了许多潜在未知的影响变量 $X2/X3/X4$ 对 Y 干扰,但是用外生变量 Z 引起的因变量 Y 的变化除以外生变量 Z 引起的自变量 X 的变化,就能计算出纯粹的 X 对 Y 的影响。因为外生变量 Z 只可能通过自变量 X 来影响因变量 Y,不可能通过其他渠道来产生影响。

举个例子能更形象地说明问题。如果想要单独考察地区农业产量对移民的影响,直接看当地农业产量每减少一个单位会引起移民数量变化多少并不科学,因为导致移民数量变化的原因还有经济景气度、家族分布区域、风俗习惯等,刚才的比较里包含了其他因素的影响。要想排除这些影响因素的干扰,我们可以选择外生变量温度作为工具变量,因为温度会直接引起农业产量变化,但不会直接影响移民。我们以温度为衡量标准来采集数据,如果温度每升高 1℃ 时,农业产量会下降 2%,人口会移民 4%,那么用温度衡量的人口移民的变化 4% 去除以温度引发的农业产量变化 2%,就可以得出结论:农业产量每下降 1%,直接导致人口移民 2%。

同理,回到我们的研究课题,要想研究学校类型单独对学习成绩产生的影响就得先寻找一个外生的工具变量,它需满足两个基本要求——其一,工具变量与我们研究的学校类型选择相关,也就是说它必须影响了学生是否就读民办学校的决策;其二,在控制个人和家庭因素后,工具变量与我们最终要考察的学生考试成绩不直接相关。最终,我们找到了 2008 年居住地这一变量,选取表示父母居住在上海市区还是非市区的虚拟变量作为工具变量,以 2008 年父母居住在上海非市区作为参照组。

为什么居住地是比较适合的工具变量呢?这与上海市教委的政策有很大关系,正如第 4 章介绍的政策背景,从 2008 年开始,市教委启动了"农民工同住子女义务教育三年行动计划",逐步关闭中心城区的民办农民工子弟学校,并由当地区政府的教育局统一安排流动儿童进入公办学校学习。因此,2008 年居住在市中心的流动儿童进入公办学校的概率要远远高于当时居住在郊区的流动儿童。从第 4 章的表 4.1 可以看出,2008 年前父母的居住地(市区 VS. 郊区)是决定学校类型的重要因素。我们在表6.2中做了弱工具变量的检验,检验结果表明不存在弱工具变量的问题。

但这里仍存在质疑,有没有可能一部分父母为了让子女上好学校而提前根据政策搬迁呢?按此假设,居住地并非一个纯粹的外生性工具变量,父母的主动选择会对子女的学习成绩产生影响,导致该工具变量具有一定内生性,不符合我们的实验标准。

通过研究和调研,这一点担忧可以排除。首先,政策变化在这里是完全外生的因素。该政策正式颁布于2008年9月,已经过了中小学开学时间,使得农民工家长几乎没有应急时间和条件提前为孩子当年的入学而变迁居住地,这满足了农民工家长之前不知道或没有迅速应对政策变化的假设,从而保证了该项政策提供了一个流动儿童进行学校选择的自然实验条件。其次,第4章的实证研究也已表明,父母居住在市中心或郊区是假定"近似随机"的。主要决定居住地的是父亲职业和籍贯,当控制住这两个变量后,居住在市区和郊区的父母家庭在受教育水平、对子女的教育期望、家庭收入以及父母是否认为学习对子女未来很重要等方面并无显著差别。因此,可以合理地假定父亲职业和来源地省份与那些影响学生成绩的不可观测因素不相关,进一步保障了以居住地为工具变量的外生性。

表6.2的第(2)列和第(4)列分别列出语文和数学成绩工具变量回归的结果。与OLS的回归相比,工具变量估计的结果中公办学校与民办学校的成绩差异明显下降,语文成绩的差异从7.6分下降到5.4分,数学成绩的差异从12.1分下降到8.0分,这些差异在5%的显著水平上显著。这表明尽管OLS的结果在一定程度上受到学校自选择的影响,但在调整了自选择的偏差以后,学校类型的差异仍然是学生成绩的一个重要决定因素。

从表层影响上看,如果所有民办学校学生被安排进入公办学校,那么流动儿童和本地儿童之间的语文成绩差距将从原来的9.7分缩小到6分,降低3.7分;两者之间的数学成绩差距将从13.6分缩小到8.3分,降低5.3分。换个角度说,如果我们将所有流动儿童的家庭背景(包括家庭月收入、父母受教育程度等)提升到本地儿童的平均水平,那对流动儿童语文和数学成绩产生的正影响不过是分别提升1.3分和4.8分,也就是说,家庭背景的正影响要远远小于学校类型带来的正面效果。

其他变量的估计结果与OLS分析的结果没有太大差异。农村户口学生与城市户口学生成绩的差异变大,语文成绩差异增加到3.6分,数学成绩差异为5.7分。女生在语文成绩上显著高于男生,而在数学上显著较差。与OLS分析相比,独生子女的成绩比非独生子女成绩更高,语文和数学成绩分别高出2.1分和2.2分左右。

6.4 结论可信度验证：稳健性检验结果

前两节我们控制了可能影响流动儿童成绩的各种背景因素,确保了研究结果的有效性。这一节我们从流动儿童定义入手,对其进一步修正调整,并控制其他相关变量,以确保研究结果的稳健性。

虽然第1章已经讨论过宏观的流动儿童定义,即用儿童的户籍状况来区分流动儿童和本地儿童。所有没有上海户籍的儿童都被归类为流动儿童,包括来自其他城市及部分家庭条件优越的儿童。这样的定义方法与通俗理解上的"流动儿童"差别十分明显,通常,人们理解的流动儿童是来自贫穷且没有受过良好教育的农村家庭的儿童。但是有的流动儿童父母是外来引进人才,这可能使得他们比低技能劳动力父母的流动儿童具有天然的学习优势。而且在第5章中公办学校的流动儿童家庭经济水平与本地儿童家庭并无显著差别,使得这部分流动儿童获得的教育资源和成长环境可能等同于本地儿童。为了避免流动儿童内部群体间的差异对我们研究结果造成的影响,我们需要对以上的分析结果进行稳健性检验。表6.3的检验中,我们尽量直接比较特征相似的流动儿童(从B组与C组中选取),分析不同的学校类型是否仍然构成了影响学生成绩差异的显著因素。

表 6.3　流动儿童的考试成绩的回归结果—稳健性检验

语文成绩 OLS	语文成绩 IV	数学成绩 OLS	数学成绩 IV	样 本	民办学校的学生比例
Panel 1 只包括农村户口的学生					
−7.56*** (1.68)	−6.29*** (2.37)	−13.21*** (1.21)	−7.97** (4.03)	1 375	71.90%
Panel 2 只包括父母教育水平都低于大学毕业的					
−7.69*** (1.6)	−5.76** (0.35)	−11.96*** (2.49)	−7.96** (3.95)	1 532	67.70%
Panel 3 只包括家庭月收入低于10 000元					
−7.50*** (1.43)	−5.44** (2.27)	−12.11** (6.115)	−7.86** (3.67)	1 563	67.70%
Panel 4 只包括农村户口中没有转过学的					
−7.39*** (1.81)	−6.41*** (2.43)	−10.77*** (2.28)	−5.82** (0.86)	704	64.10%
Panel 5 加入更多有学生和家庭背景的控制变量					
−7.01*** (1.45)	−5.04** (2.35)	−11.32*** (2.31)	−8.41** (3.84)	1 593	65.90%
Panel 6 加入更多社区控制变量					
−7.18*** (1.41)	−4.74* (2.28)	−11.29*** (2.15)	−7.94** (3.73)	1 593	65.90%
Panel 7 以父亲职业和所在区域交互项作为IV					
−7.63** (1.46)	−0.03*** (1.58)	−12.11*** (2.45)	−8.94*** (3.41)	1 633	66.30%
Panel 8 以来源省份和所在区域交互项作为IV					
−7.63*** (1.4)	−6.80** (1.80)	−12.11*** (2.45)	9.27*** (2.87)	1 633	66.30%
Panel 9 以父亲职业、省份和所在区域交互项作为IV					
−7.60*** (1.46)	−5.94** (1.23)	12.10*** (2.45)	7.46*** (2.28)	1 633	66.30%

续 表

语文成绩		数学成绩		样 本	民办学校的学生比例
OLS	IV	OLS	IV		

Panel 10 去除父母于 2008 年之后来沪的样本

| −7.88*** | −5.66** | −12.47*** | −7.20* | 1 321 | 65.90% |
| (1.53) | (2.21) | (2.48) | (0.91) | | |

注：除第 5 项外，所有的回归中包括变量与表 6.2 的前 4 列回归一致。第 5 项中增加了儿童 BMI，是否转过学，是否在本学期转过学，父母是否因为子女就读问题而搬过家，以及父母是否经常辅导孩子学习等控制变量。

　　Panel 1~3 组排除了由家庭背景因素影响产生的流动儿童群体内部差异。有一些流动儿童的父母虽然没有上海户口，但是其家庭背景较好；有些父母是从其他城市到上海工作的白领；也有一些父母是大学毕业以后来上海工作但没有拿到上海户口的，其中甚至不乏上海市的引进人才。正如第 5 章对父母介绍部分显示，从表 5.11 和表 5.12 中可以看出在公办学校里有 4% 的流动儿童父亲具有本科以上学历，2% 母亲具有本科以上学历；表 5.13 显示有 10% 左右的公办学校流动儿童家庭月收入大于 1 万元。也就是说，有一部分流动儿童家庭并不是大众通常所说的农民工家庭，而是高技能劳动力。然而在民办学校，这部分家庭的比例非常小，因此如果把这部分样本包括进来，把他们与民办学校的儿童比较成绩，会夸大因学校类型原因而引起的差异。

　　Panel 1 的样本限制于仅包括农村户口的学生，剔除了非农户口的学生，也就是家庭环境可能较好的那部分流动儿童。结果发现，不论在 OLS 回归还是两阶段的回归中，民办学校学生的语文和数学成绩落后差距仍然很显著，而且其差异并不比表 6.2 中的估计系数小。在 Panel 2，我们换一种定义流动儿童的度量衡，以父母受教育水平为标准，去除了父母教育水平有任何一方达到大学毕业水平的样本。在 Panel 3，以经济水平来衡量家庭背景，去除了家庭月收入大于 10 000 元的样本。在这两种情况下，民办学校与公办学校在两科成绩上的差异也没有减少，数学和语文成绩分别维持在 7 分和 5 分以上的差距。

　　Panel 4 检验了由多次转学原因可能造成的成绩差异。由于民办学校的学生流动率要明显高于公办学校,而经常转学的学生需要更长的时间适应新的校园生活,因此民办学校中转学的比例较大会夸大因学校类型而引起的差异。我们将样本限制在仅包括没有转过学的农村户口学生,估计结果显示两类学校学生成绩之间的差异也与表 6.2 的结果很接近。

Panel 5 和 Panel 6 添加了更多可观测变量的稳健性检验。在本章第一节中,我们已经纳入了包括户口、性别、家庭月收入等在内的各种成绩影响因子,但还有许多其他可量化的影响变量并未加入控制。考虑到父母对子女教育的期望、对子女成长的投入不同,以及转学等因素会造成流动儿童成绩的差异,同时这些因素又与其子女进入公办学校就读有着密切的关系,因此忽略这些因素可能造成因忽略变量而引起的偏差。我们在表 6.2 的基础上,加入了反映儿童身体发育的指标 BMI、是否转过学、是否在本学期转过学、父母是否因为子女就读问题而搬过家,以及他们是否经常辅导孩子学习等控制变量。我们将这些变量一同归入 Panel 5。结果显示,加入这些新增的控制变量后,两类学校的成绩差异仅比表 6.2 的结果略有下降,其中语文成绩的差距下降到 5.0 分,数学成绩的差异下降为 8.4 分。Panel 6 在 Panel 5 的基础上加入了一些可能代表临近社区环境的变量,包括学生本人认识的大学毕业生数量、每日闲暇的时间用途等。加入了这些变量后,两类学校的成绩差异仍然显著。

Panel 7~9 中,我们对工具变量的稳健性做了进一步的检验。在第 4 章对居住地的自选择问题讨论中,我们发现父亲职业和来源省份对流动儿童 2008 年是否居住在市中心有显著影响,我们不能拒绝这两者成为有效的工具变量的可能性。因此,本章我们在原有工具变量的基础上,分别加入了父亲职业、来源省份和工具变量之间的交互项。这样,对于父母有不同职业和来自不同省份等因子对学习成绩差异的变化也得到了识别。Panel 10 使用了去除 2008 年家长还没到上海的样本,估计结果基本维持不变。

综上,在对流动儿童群体细分定义、完善控制变量、调整工具变量、控制样本等一系列操作之后,所有的估计结果和基本模型依然近似。这说明我们使用的工具变量方法是比较稳健的,研究结论是具有可靠性的。

6.5 不同群体的受影响程度：分位数回归分析

之前的 OLS 回归分析和 IV 工具变量回归分析帮助我们总体评估了平均水平下每个流动儿童的学习成绩受到学校类型的影响。但是对于不同的学生个体来说，其自我约束力不同、学习兴趣不同，会导致学习水平各有差异，那么学校类型会分别对他们产生何种异质性影响（Heteroskedasticity）呢？在计量经济学中，我们可以根据自变量不同的百分位分布来计算出对应的回归曲线，从而考察优生与差生对学校类型的敏感度——即不同成绩分布的学生受到学校类型的影响程度。这相当于做个试验，看就读于民办学校的不同学习水平的流动儿童，在进入公办学校后，其标准化成绩各自会有怎样的改变。

我们根据 Buchinsky(1994) 的方法估计学校类型对成绩影响的分位回归模型，以图像形式展示分位回归结果所显示的流动儿童在民办学校与公办学校之间的成绩差距在不同分位点的估计参数。图 6.1 和图 6.2 分别给出了语文和数学成绩在不同分位数的差异，横轴将流动儿童的成绩水平按总体排名的 5%～95% 排列，数值越大表明处在成绩越前列；纵轴表示其标准化成绩受到民办学校影响的差异。

无论是语文还是数学成绩，不管在哪个分位值上，民办学校相对于公办学校而言对成绩的影响都为负，且在统计上显著。例如，成绩处于 10% 分位数的学生，如果就读民办学校，相对于就读公办学校，其语文成绩要差 9.8 分，数学成绩则差 18.6 分。对于成绩好一些的学生，就读于民办学校造成的成绩差距会小一些。对于处于中位数（50%）的学生，学校类型对语文和数学成绩的影响分别为 8.2 分和 13.6 分，与 OLS 回归结果非常接近。而对于成绩处于 90% 分位的学生，其影响分别降为 5.0 分和 9.1 分。因此，学校类型对于成绩较差的学生正面影响更大。

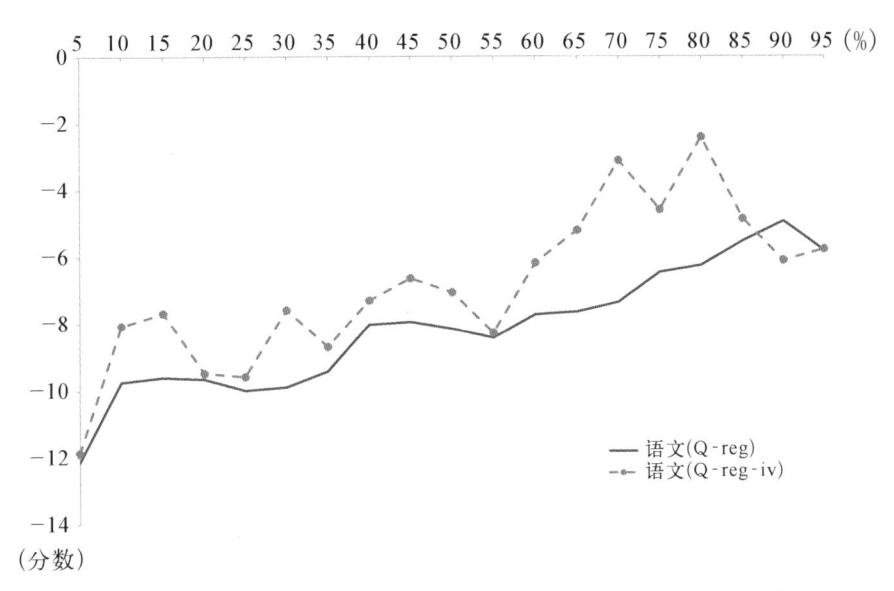

图 6.1　流动儿童的语文成绩在两类学校的差异：分位数回归的结果

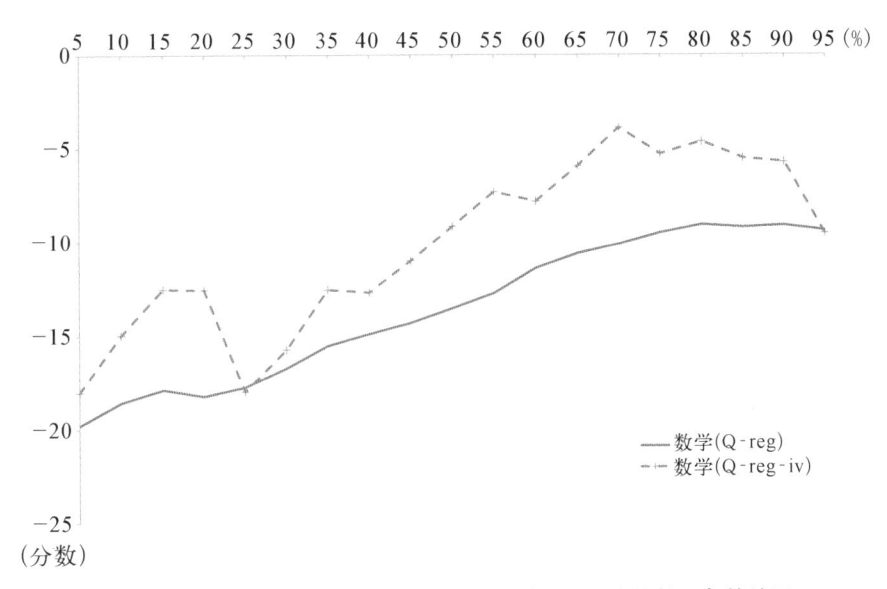

图 6.2　流动儿童的数学成绩在两类学校的差异：分位数回归的结果

为了调整学生对学校类型的自选择引起的偏差,我们同时也采用分位回归的工具变量估计法(Quantile Regression with IV),遵循 Chernozhukov and Hansen(2006,2008)文章的思路对分位回归中估计的目标函数进行定义,分位回归的工具变量法的估计结果分别在图 6.1 和图 6.2 中用虚线表示。可以看出,经过工具变量的调整以后,语文和数学的成绩差距都缩小了。工具变量估计法的结果不如分位回归的结果那么平滑,在不同分位点的系数跳跃更大一些。但是总体来看,成绩差异都随着分位点的上升而下降的趋势仍然明显存在。

想象一下,一个学习成绩处于末 5% 的差生如果从民办学校转入公办学校后,其语文和数学成绩会相应提高约 12 分和 20 分。同样地,一个成绩处于前 5%(图中坐标为 95%)的优生在转学后成绩提升量仅为差生的一半,语文和数学成绩分别改善 6 分和 9 分。两门成绩差异都随着分位点的上升而表现出明显下降的趋势,且数学成绩的表现更为明显。因此,差生受到学校类型的影响要远大于优生,换句话说,民办学校对于那些成绩较差的学生负面影响更大。这很可能是因为差生所处家庭对其学习重视度不高,自身学习主动性也不强,使得来自学校的力量会更多影响到他的学习——尤其是优质的教育资源的正面影响更大。同等情况下,优生的学习主观能动性高,无论处在什么环境下都会抓紧学习,因此学校条件对他的影响没有那么大。

这个结果也与国外研究学校质量、教师素质、班级大小以及学生考试成绩关系的文献相符。比如 Bianco et al. (2010)的研究表明,小班级对于成绩较差的学生正面影响最大,教师的培训对于最差的班级受益最大。

这一结论对于我们的教育政策特别具有参考价值。如果我们更希望帮助那些学习成绩较差的学生(这些往往是家庭背景较差的学生),应当尽可能提高其所处学校的教学质量,如提升师资水平、丰富教育资源等。总的来说,把有限的教育经费投入在教学环境更差的学校会得到更高的效益。

第 7 章
民办在进步——民办学校教育质量变化分析

摘 要

在社会大众认知中,公办学校教育质量普遍优于民办农民工子弟学校,第 6 章的研究也佐证了这一点。不过随着近几年政府支持力度加大,一些大城市的民办学校已经不再是当年的"违规学校",其教育质量也在不断进步。直到目前为止,学术界没有针对民办学校质量变化的定量研究,也缺乏对公办学校和民办学校之间教育质量比较的量化评估,我们的研究试图填补这块空白。

首先,基于 2010 年和 2012 年的两轮调查,我们初步比较发现,学校师资、学生成绩、家长反馈等,在两年内的确有所提升。接下来,我们通过更严谨的双差分分析法(Difference-in-Difference Methodology)进一步研究证实,相较于公办学校,民办学校的质量在两年内有所提升,这体现在民办学校流动儿童与公办学校流动儿童之间成绩差距正在缩小,且外地家长对民办学校质量的评价也有相应提升,这很有可能归功于政府补助和监管。

尽管如此,两者之间总体来说依旧差异巨大,尤其在体制上。回归结果显示,民办学校家长对学校质量的评价提高了,但满意度并未改善。这很可能是由于民办学校毕业的学生更难进入上海的中学,且这种结果与成绩表现或学校质量无关。基于此,我们建议除了要提升民办学校教育质量,消除歧视民办学校的制度性障碍也至关重要。

7.1 "体制外"的生长：民办学校变迁史

30多年前，改革开放的浪潮推动中国最早一批农民工开始了这场改变中国社会的大迁徙。他们从落后的乡镇村庄涌向城市这片掘金热土，有的带着孩子一同居住在城市，流动儿童由此成为这段历史的产物之一。

20世纪90年代早期，中国城市里产生了最初的农民工子弟学校。由于当时的政府教育资源还远不能满足流动人口的就学需求，很多未经政府允许、专门招收流动儿童的农民工子弟学校趁势而建。随着不断增加的迁徙人口带来巨大的需求量，农民工子弟学校迅速地发展了起来，入学人数在短时间内飙升。进入21世纪后，在大城市的农民工子弟学校招收的流动儿童数量很快就超过了当地的公办学校。

2000年之前，农民工子弟学校通常被企业家以私营企业的形式拥有并经营。这些学校不是传统的政府公共资源，它们在运营上有时与企业并无二致。企业主首要考虑的是利润最大化和成本最小化，再加上其主要客户是低收入群体的农民工，因此提供的硬件和软件条件都远低于公共教育资源的质量水平。近年来，受益于社会的捐款和一些特定情况下的政府补贴，大部分农民工子弟学校的教学条件都得到了改善。同时，由于很多农民工子弟学校因为其管理混乱和教学质量低下而被勒令关停，或者被其竞争对手收购兼并。由此，我们认为当前的农民工子弟学校与十年前相比已经有了很大的改善。但是，农民工子弟学校及其学生依旧处于"体制外"，面临重大的制度性障碍。尤其是基于户籍的升学考试制度，成为流动儿童受教育问题中最关键的矛盾。

在不同城市间，政府对待农民工子弟学校的态度也有很大差异。2001年，国家首次提出解决流动人口子女义务教育问题的"两为主"政策，明确规定以流入地政府和公办学校为主保障流动儿童接受义务教育。但是，各地方政府仅仅是部分落实了这一政策，且执行力度参差不齐，也缺乏对此提供明确的预算支持。在流动人口较少的二三线城市,大多数流动儿童能进入当地的公办学校学习。然而,在北京、上海和广州这样的一线大城市,公办学校的资源较为稀缺,尤其是在城市周边地区更为严重,在很长一段时间内,农民工子弟学校在流动儿童教育方面都扮演着重要的角色。

正如本书第2章中所述,因户籍制度限制了流动儿童在流入地就学,由此催生了农民工子弟学校。按户籍所在地分配的教育经费错配使得流入地政府不愿承担为流动儿童提供学位的义务。其实,近年来在一线城市,财政负担已经不是流动儿童教育问题的主要矛盾,流动人口的快速增长带来城市人口压力才是流动儿童入学难的主要诱因。眼下当地政府再度提高流动儿童入学门槛,主要是借助教育控制为手段减少外来人口。

我们的研究基于上海这个中国最大的流动人口流入城市之一展开。从过去的经验来看,在所有特大型城市中,上海或许是在解决流动儿童教育问题方面做得最好的一个范例。第4章提到过,2008年上海市政府启动了"农民工同住子女义务教育三年行动计划"。该计划重点在于全面向中心城区的流动儿童开放公办学校,并将合规的农民工子弟学校改制为受政府监管的民办学校,提供全额资金补助。

2011年,在上海的逾47万流动儿童中,近七成就读于公办学校,其余就读于民办学校。学费全免的政策也已经覆盖了所有公办学校和民办学校。但是,学校通常会另外收取一定的费用来弥补午饭和部分课外活动的支出。在2010~2012年我们所调查的学校中,该费用通常为每学期200~800元,公办学校也不会针对流动儿童收取额外的费用。通常情况下,儿童就读的学校由当地教育部门统一分配,但教育部门会优先满足学区内上海户口儿童的入学需要,其次再考虑流动儿童的入学需要。

近年来,上海市政府在资金和行政两方面加大了对民办学校的支持。资金方面,每名学生的补贴从2008年的2 000元/人·学年增加到了2010年的4 500元/人·学年,直至2012年的5 000元/人·学年(见图7.1所示)。这样的补贴虽然只是政府为每一名公办学校学生提供补贴的三分之一到四分之一,但却足以支付民办学校的运营费用。另外据我们调查,社会公益基金对民办学校的资助是微不足道的,学校运营经费主要还是来自政府的生均经费补助。

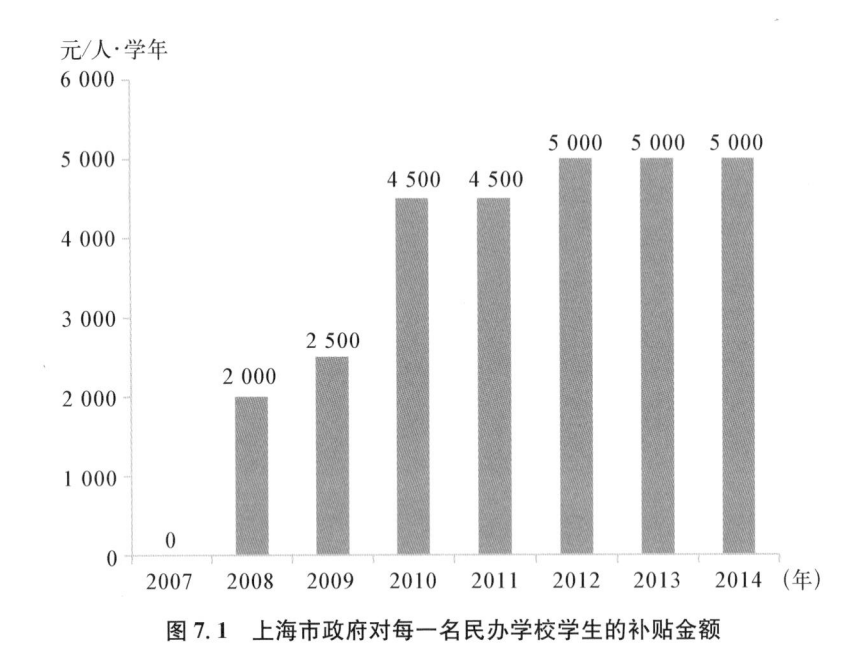

图 7.1 上海市政府对每一名民办学校学生的补贴金额

（2007：0；2008：2 000；2009：2 500；2010：4 500；2011：4 500；2012：5 000；2013：5 000；2014：5 000 元/人·学年）

在行政支持方面，当地教育部门为民办学校的老师提供了更多的培训机会，并加强了对民办学校的年检等指导检查工作。

7.2 外部影响力：财政投入与学校质量

面对短短几年内的一系列政策变化，我们认为对民办学校的动态跟踪研究要比某一时间点上的静态研究更有价值。我们最迫切关注的问题是，民办学校的教育质量是否在进步？而这一质量变化，可以用来衡量国家在教育上的政策制定和财政投入是否有效。

1966 年，美国社会学史和教育史上著名的《科尔曼报告》(Coleman et al., 1966; Hanushek, 1986)发布后，国际学界关于金钱投入和物质条件是否影响教育质量和效果的争论至今从未停止。这一讨论对于中国的民办学校同样适用，尽管国家在不断加大对于民办学校的财政支出，但仍有人认为民办学校囿于自身内在限制而无法从本质上得到改善。例如,由于学校是私人经营的,有研究指出,像政府补贴和捐款类的外部投资会完全挤出学校所有者的私人投资,使得政府支持后的民办学校办学资金实质上并没有扩充。也有人认为问题出在家长身上,流动儿童的家长们没有能力甚至根本不关心孩子的学习,因此再多校方的改善也于事无补,无法提升孩子的学习成绩。那么,政府和社会各界对民办学校的帮助是否真的有效呢?面对众说纷纭,我们想通过严谨设计和实施的量化调查和分析来解答这一困惑,并提供政策建言。

如前所述,要想知道政策变化对民办学校质量的影响,我们首先要清楚民办学校教学质量与学生成绩之间的相关性。该问题已经受到了很多国内外学者的关注,包括 Goodburn(2009),Han(2004),Hao(2006),Kwong(2004)等。然而,其中的大部分研究都是定性研究,缺乏对公办学校和民办学校教育质量的量化评估。

在文献中使用标准化的考试成绩评价流动儿童的学习表现的研究很少。Lai et al. (2009)比较了北京民办学校的学生和陕西农村公办学校的学生的数学成绩。他们发现,城市民办学校学生的表现要优于我国最贫困地区之一的农村公办学校学生。尽管将城市民办学校学生与流出地的农村公办学校学生进行比较是富有新意的,但我们认为城市民办学校和公办学校的比较对政策方面更有实际借鉴意义,毕竟大部分流动儿童都更愿意留在城市。实际上,Lai et al. (2009)也比较了北京民办学校就读的流动儿童和公办学校就读的流动儿童之间的成绩,并发现民办学校学生成绩明显偏低。然而,他们的样本仅包含了四所北京公办学校,而且他们也没有在论文中公布实证结果。

我们在第6章中比较了上海公办学校和民办学校的流动儿童在语文成绩和数学成绩两方面的差距,发现学校类型是影响学生语文和数学成绩的最主要因素,也证明了学校类型与学生学习成绩之间的因果性。

不过,在上述两项研究中,都是进行了截面数据的分析,仅仅研究了流动儿童在一个时间点的学习表现。目前为止,还没有学者在民办学校教学质量变化方面进行过定量研究,而这正是本章想要探讨的。

因此,我们的数据和研究基于团队在2010年和2012年对上海学校的两轮调查对比。其实从2008年的"三年计划"开始,政府民办学校的财政投入已经大幅提升,整体补贴金额呈现增长趋势。之所以选取2010年和2012年作为样本研究,是考虑到资金投入产出的滞后效应,这两年的政府补贴差距并不大,但是前期投入的资金效果已经逐步显现。

我们通过比较公办学校流动儿童和民办学校流动儿童在两年内的学习成绩差距变化来体现两类学校质量的变化,尽可能排除学校类型以外的影响因子。同时,学校质量的变化也会对父母满意度和父母对学校质量的评价产生很大影响,因此我们借助第4章介绍的两套学校质量评价体系来侧面反映学校质量变化。此外,两轮调研中搜集的一些学校基本指标也补充说明了民办学校和公办学校的自身质量变化情况。

虽然我们的研究是基于上海地区的,但是我们相信研究结论在不同城市间具有一定普适性。上海政府大力补贴民办学校的做法与北京、广州等大城市确有不同之处,如果上海的政策有效,那也可以应用于其他城市。从更广阔的国际视野来看,中国民办学校的经验能与其他发展中国家服务底层儿童的低成本私人学校情况互相补充。James Tooley的著作展现了印度和非洲国家低成本私人学校的成功案例(Tooley et al., 2011),中国的经验也能贡献于此,并加深我们对民办学校的认识,包括它们如何与体制、经济和社会环境发生联动。

7.3 两年间变化:民办学校质量改善

7.3.1 学校基本情况:师资力量见长

我们先从能够反映学校基本情况的一些数据指标来分析学校的教学质量变化。表7.1是民办学校和公办学校在2010年与2012年的基本情况对比结果。静态分析来看,在第一轮调查中,按学生教师比来看,公办学校仅仅是民办学校的一半,公办学校的教师相对数量要多于民办学校。班级规模方面,公办学校的班级规模仅是民办学校的60%,且两年间民办学校平均班级人数不减反而微升。我们在实地走访中也发现,市中心公办学校基本已实现小班化教学,且招生政策中对班级人数的控制十分严格,有时班级人数仅是郊区民办学校的三分之一。

表7.1　　　　　　　　　　样本学校中的教师情况

	第一轮		第二轮	
	民办学校	公办学校	民办学校	公办学校
学校数量(所)	9	11	9	11
平均班级规模(人)	47.5	31.5	50	31.1
学生教师比	22.3	11.4	23.6	11.7
教师的教学经验				
少于3年	23%	4%	12%	4%
3～5年	38%	6%	34%	6%
多于6年	39%	90%	54%	90%
教师在本校工作时间				
少于3年	66%	7%	18%	5%
3～5年	27%	10%	69%	12%
多于6年	7%	83%	13%	83%
教师的教育背景				
高中及以下	24%	6%	21%	2%
大学专科	59%	36%	60%	32%
大学本科及以上	17%	58%	19%	66%
教师月收入				
低于3 000元	80%	1%	41%	0%
3 000～4 000元	18%	3%	35%	3%
4 000～5 000元	2%	26%	23%	10%
5 000元以上	0%	71%	1%	87%

注：以上数据均来自在上海进行的调研。

此外,公办学校的教师也更加富有经验,在本校任职时间更长,教师流动率更低。从2010年的数据看,公办学校师资队伍中90%的人有6年以上教学经验,且83%的教师在本校任职超过6年。在民办学校教龄超过6年的比例仅为公办学校一半不到,且很多教学经验丰富的老师是退休老师返聘的,66%的教师都是新进的,在本校工作未满3年。公办学校的教师拥有的教育背景和收入也都明显高于民办学校教师,这使得公办学校教师队伍更加稳定。80%的民办学校教师工资不到3 000元,而71%的公办学校教师月薪超过5 000元。

动态地比较两轮调查,我们发现两类学校在平均班级规模和人均教师数量方面基本变化都不大。但是,民办学校的教师经验和收入却有了明显的提高。虽然仍远落后于公办学校教师的资历,但民办学校中具有6年及以上教学经验的教师比例从39%提高到了54%,而公办学校的这一比例依然稳定在90%。同样,在第一次调查中有66%的民办学校教师在本校工作的时间短于3年,而在第二轮中该比例已经下降到了18%,这说明民办学校教师的流动率有了明显的下降。这也反映出影响教师去留的薪酬问题得到了很大的改善。2010年第一次调查时,近80%的民办学校教师月收入低于3 000元;到了2012年第二次调查时,超过半数的民办学校教师收入已经超过3 000元。[1]

7.3.2 学生家庭反馈:成绩差距缩小　家长评价转好

除了师资队伍情况,反映学校教学质量的一个重要指标就是学生的成绩变化,本小节比较了流动儿童在公办学校和民办学校的两年间成绩差距变动值。表7.2中,我们还是将学生分为三类进行数据汇总:公办学校中的本地儿童、流动儿童和民办学校的流动儿童。该表格汇总了两次调研中完整填写了所有回归中使用到的重要变量的学生样本。三个组的样本量分别为430人、455人和784人。

表7.2的A部分报告了三组学生的平均测试成绩变化。在两轮测试中,民办学校流动儿童相对于公办学校内的流动儿童是进步的。公办学校内部本地儿童与流动儿童的数学成绩的差距不大,但两年间这一差距从2.5分扩大到了4.9分。反观公办学校和民办学校流动儿童数学成绩的差距,虽然静态比较下的差异十分明显,但动态来看,差距从第一次调研的15.5分缩小到了第二次调研的10.7分。

---

[1]　上海市政府规定的月最低工资水平2010年为1 120元,2012年为1 450元。

表 7.2　　　　　　　　　　学生及家长统计数据

	公办学校 本地儿童	公办学校 流动儿童	民办学校
A 部分：测试成绩			
原始数学成绩(第一轮,满分100分)	65.51**	63.03	47.48***
原始数学成绩(第二轮,满分100分)	61.05***	56.19	45.45***
标准化数学成绩(第一轮)	0.55**	0.43	−0.32***
标准化数学成绩(第二轮)	0.54***	0.29	−0.27***
智力成绩(第二轮,满分15分)	11.6	11.61	10.47***
B 部分：家长评价			
父母的满意度(第一轮)			
不满意	6%***	3%	10%***
满意	67%***	53%	67%***
非常满意	27%***	44%	23%***
父母的满意度(第二轮)			
不满意	6%***	2%	9%***
满意	68%***	51%	64%***
非常满意	26%***	47%	28%***
父母对学校教学的评价(第一轮)			
比家乡学校差		5%	12%***
与家乡学校差不多		15%	41%***
比家乡学校好		80%	47%***
父母对学校教学的评价(第二轮)			
比家乡学校差		5%	10%***
与家乡学校差不多		17%	36%***
比家乡学校好		79%	55%***

注：这里的平均成绩与表 6.1 有差异,因为这里的样本限制在两轮调研中都具有有效问卷的学生,共包括公办学校上海学生样本 430 份、公办学校流动儿童样本 455 份和民办学校流动儿童样本 784 份。

本地儿童列中的 *、**、*** 分别表示上海儿童与流动儿童的差异在 1%、5% 和 10% 水平下显著。

民办学校列中的 *、**、*** 分别表示公办学校的流动儿童与民办学校的差异,在 1%、5% 和 10% 水平下显著。

为了更科学地比较两轮调研的测试成绩,我们需要剔除两次考试难度不同带来的潜在偏差,从而更真实地比较学生成绩变化。因此我们采用了标准化成绩,分别用两次测试成绩的原始分数减去每次的均值,再将其除以标准差。这样处理后每次测试的标准化考试分数均值为0,标准差为1。结果中,值得注意的是,两类学校流动儿童标准化成绩的差距依然显示为缩小,说明民办学校学生成绩的确有进步,第一轮调查的差距为0.75个标准差[1],第二轮的差距仅有0.56个标准差[2]。

已有研究表明,智力与基因相关,一定程度上影响了测试成绩。我们的数据显示,智力得分与数学测试得分间的相关性在0.4左右。为了确保之后研究成绩差异的变化值时不受个人智力差异的影响,我们还对学生进行了由15个问题组成的瑞文智力测试作为参考。从结果看,公办学校的本地儿童和流动儿童的智力测试成绩基本相近,民办学校学生虽然表现略差,但是差距不大,仅为1分。除了基因外,这个差距可能源于环境作用,因为学生的测试表现本身会受到其所处学校的影响,如在管束更严格的教育氛围下,学生考试态度更认真,使得测试结果更好,所以学校质量本身也会对智力测试成绩产生一定影响。

表7.2的B部分汇总了一些除考试分数之外的调研结果,从父母评价角度反映学校质量变化,这包括了流动儿童父母对学校质量的主观满意度以及客观比较性评价。首先,我们询问了所有父母对当前子女就读的学校的整体满意度。在三组学生中,公办学校中的流动儿童父母对学校满意度最高。第一轮中,该组44%的父母表示"非常满意",第二轮时上升到了47.4%。虽然民办学校家长的满意度低于公办学校的外地家长,但是从2010年到2012年,觉得"非常满意"的父母占比也上升了4.7个百分点,是提升变化最大的一组。与之相比,上海学生父母中"非常满意"的比例仅为27%,两次调研中的满意度分布几乎没有变化。

其次,我们请流动儿童父母把家乡平均水平的学校与子女当前就读的上海学校进行对比。不出意料地,公办学校的流动儿童父母对当前学校认可度更高,

---

[1] 计算方法:0.43−(−0.32)=0.75,数据来源于表7.2。
[2] 计算方法:0.29−(−0.27)=0.56,数据来源于表7.2。

两轮调查中均有近80%的父母认为当前学校的教学质量优于家乡的中等学校,尽管这种认可在第二轮调研时略有下降。民办学校家长虽然对学校整体的评价是较低的,但是这种观点在第二轮调研中有所改善,其上述好评比例从第一轮的47%提高到了55%。与公办学校中外地家长在2012年评价变差的结果相比,再一次证明了民办学校质量可能是有所提升。

最后,我们统计了电话回访中父母反馈的流动儿童毕业后去向,这将有助于本章之后解释家长满意度和质量评价之间存在差异的原因。小学毕业后,仅有一半的民办学校流动儿童留在了上海,另外有四分之一返回了家乡。公办学校的流动儿童学生里,约72%留在了上海,仅有6%返回了家乡。由于电话号码错误、拒绝回答等原因,我们没能收集到约20%的受访学生的确切毕业去向。

7.4 进步的实证:民办学生成绩变化分析

7.4.1 排除干扰项:学生成绩真的变好了吗?

在上一节的初步比较中,我们发现民办学校学生成绩在两年内有所进步,本节将对这一结论进行更严格的验证。正如第6章所讨论的,除了学校类型以外,影响学生成绩的因素还来自父母、家庭和儿童自身。同理,学生成绩变化也可能受到这些因素影响。为了验证学习成绩是否真的显著提高,我们采用了双差分分析法(Difference in Difference),表7.3列出了将标准化数学测试成绩作为因变量进行OLS回归所得到的结果。由于本章主要关注的是两轮调研中不同学校类型对考试成绩产生的影响,故我们只选取了在两轮调研中都完整回答了问卷的455名公办学校的流动儿童和784名民办学校的流动儿童作为回归的样本。这样就能有效避免两次调研之间因转入的学生与离开的学生不同造成的样本差异对回归结果产生的误差。

表 7.3　　标准化数学成绩的 OLS 回归结果

	(1)	(2)	(3)	(4)
民办学校 * 第二轮(表示民办与公办差距的变化)	0.19** (0.09)	0.25*** (0.09)	0.27*** (0.09)	0.25** (0.10)
民办学校(表示第一轮民办与公办的差距)	−0.75*** (0.12)	−0.68*** (0.12)	−0.61*** (0.12)	−0.50*** (0.11)
第二轮(表示公办的变化)	−0.14** (0.06)	−0.17 (0.43)	−0.43 (0.45)	−0.19 (0.48)
智力				0.14*** (0.01)
农村户口		−0.19 (0.13)	−0.17 (0.12)	−0.13 (0.11)
女孩		−0.08* (0.04)	−0.09** (0.04)	−0.07 (0.04)
年龄(月)		−0.01*** (0.00)	−0.01* (0.00)	−0.00 (0.00)
是否独生子女		0.12** (0.06)	0.10* (0.06)	0.09 (0.06)
是否上过幼儿园		0.07 (0.09)	0.00 (0.09)	−0.03 (0.09)
1～2小时用于课后作业		0.24*** (0.07)	0.24*** (0.07)	0.17*** (0.05)
2小时以上用于课后作业		0.19*** (0.07)	0.17** (0.07)	0.11 (0.07)
家庭月收入				
3 000～5 000 元			0.10 (0.06)	0.06 (0.06)
大于 5 000 元			0.10 (0.06)	0.05 (0.06)
父亲有高中及以上学历			0.06 (0.07)	−0.01 (0.06)
母亲有高中及以上学历			0.17* (0.09)	0.20** (0.08)
离开家乡时间(年)			0.01*** (0.01)	0.01*** (0.00)
来源省份的虚拟变量(控制来源省份)			是	是
父亲职业的虚拟变量(控制父亲职业)			是	是
样本数	2 478	2 478	2 478	2 478
调整后的 R-squared	0.109	0.142	0.162	0.263

注：我们也添加了第二轮虚拟变量与其他所有变量的交互项,但结果未在表中列出。

在这里我们运用双差分分析法来比较两轮考试的成绩差距。"民办学校"的系数,表明了第一轮调研中民办学校与公办学校学生标准化成绩的差距。"第二轮"表明了公办学校学生在两轮中的成绩差距,可以看到通过几次控制变量,两次调研学生成绩变化总体表现并不显著。二者的交叉项"民办学校＊第二轮"则是一个成绩差距的相对值,表示两轮考试之间民办学校与公办学校学生成绩差距的变化量。计算方法是在控制所有自变量以后,用第二轮公办学校和民办学校学生成绩差距减去第一轮的该差距,也就是双差分分析法所得到的系数。若该数值为负,则表明民办学生成绩在第二轮中不升反降,两校差距变大;若该数值为正,则表明民办学生成绩在逐步追赶公办学校学生,且数值越大表明进步越明显。

在表7.3的第(1)列没有控制任何关于学生和家庭背景的变量。结果显示,在第一轮调研中民办学校学生的成绩比公办学校学生低了0.75个标准差,但第二轮的两校学生差距则减少了0.19个标准差,在控制学生和家庭特征变量以后也能看到同样显著的差距缩小。

在第(2)列中,控制了学生的个人特征,包括年龄、性别、是否独生、是否有城镇户口、是否上过幼儿园和每天用于课后作业的时间等。我们同时也包括了这些变量与第二轮中的虚拟变量的交叉项,但为了呈现得更简洁,这些交叉项的系数并没有在表中详细列出。控制变量之后,第一轮两校学生的标准化数学成绩的差距缩小到了0.68个标准差,公办学校学生在两轮测试中的成绩差距则变得不显著了,但两校学生在两轮测试中成绩差距的变化量反而增加到了0.25个标准差。这更加表明民办学校的相对成绩在两轮之间有显著的提升。

在第(3)列中,进一步对家庭因素进行了控制,包括对父母受教育水平、家庭收入、离开家乡时间、来源省份、父亲的职业等。与前一列的结果相似,第一轮调研中的两校学生成绩差进一步减小到了0.61个标准差。公办学校学生在两轮测试中的成绩差距拉大到0.43个标准差,但依然不显著。两类学校学生在两轮测试中的成绩差距的变化量小幅增加到0.27,继续保持显著,再次印证了民办学校学生成绩变好的猜测。

最后,在第(4)列中,将智力测试成绩放入回归中,因为智力水平与我们所测试的数学成绩是高度相关的。结果显示,第一轮成绩的差距大幅下降到了0.5个标准差,但两轮成绩差距变化依旧显著,维持在0.25个标准差。由此可见,民办学校流动儿童的成绩相对提高了,而且提高的幅度与学生自身条件及其家庭背景无关。

根据以上控制变量的情况,我们还设置了第一轮民办学校和公办学校学生成绩差距的误差区间。第4章中详细讨论过,学生在入学阶段对两类学校存在自选择,这很可能导致第一轮调研中成绩差距与学校类型间的相关性出现偏差。因此我们将控制家庭因素的第(3)列中的标准差0.61作为估计的第一轮成绩差距的上界。此外,鉴于智力水平与数学成绩是高度相关并且会受到父母遗传和学习环境的影响,我们将控制智力因素的第(4)列中的标准差0.5作为估计的第一轮成绩差距的下界。在之前解释过,因为智力测试结果一定程度反映了学校质量本身,所以控制智力水平可能会过度控制学校质量产生的成绩差异,即削减了一部分因学校质量变化而导致的成绩变化影响,所以将智力控制前后作为第一轮成绩差距的区间。

在此,很有必要强调的是双差分系数估计的稳健性。在一定程度上,只要它在不同的控制变量的约束下保持不变,我们就可以认为两轮调研中由于非随机选择而产生的偏差已经被完全剔除。

7.4.2 进步的异质性:弱势学生获益更大

第6章中,我们发现成绩越差的学生受学校类型影响越大,那么在学校质量提升的过程中是否也表现出这一特征呢?在表7.4中,我们将样本按照成绩梯队分为多个小组,以探究可能存在的不均匀效用。不仅如此,我们还分别研究了拥有不同个人特征和经历的学生受到学校类型的影响。

在表7.4的A部分,以学生第一轮数学测试成绩排名为标准分成4个小组,第一部分为成绩排在倒数四分之一的学生,第四部分为成绩排在最前四分之一的学生,中间两部分以此类推。我们发现,民办学校中测试成绩相对较差的学生要比公办学校同样水平的学生提高得更多,而成绩最好的一群学生却提高得

表 7.4　　　对样本分组后标准化数学成绩的 OLS 回归结果

	不控制智力	控制智力	样本量	在民办学校占比
A 部分：按第一轮数学成绩分组			
第一部分(成绩最差的 25%)	0.36*** (0.13)	0.35** (0.13)	634	88.3%
第二部分	0.27** (0.11)	0.30*** (0.11)	612	70.6%
第三部分	−0.12 (0.12)	−0.12 (0.12)	654	53.5%
第四部分(成绩最高的 25%)	−0.25 (0.15)	−0.25* (0.15)	578	39.1%
B 部分：按性别分组			
男孩	0.28** (0.11)	0.23** (0.11)	1 418	64.5%
女孩	0.29** (0.11)	0.28** (0.12)	1 060	61.6%
C 部分：按家庭收入分组			
家庭月收入				
大于 5 000 元	0.03 (0.15)	0.06 (0.15)	659	44.8%
小于 5 000 元	0.34*** (0.10)	0.31*** (0.10)	1 819	70.0%
D 部分：按转学经历分组			
曾经转学过	0.31** (0.12)	0.27** (0.12)	1 328	73.8%
没有转学过	0.19* (0.10)	0.18* (0.11)	1 150	51.1%

注：表中列出的是民办学校虚拟变量和第二轮虚拟变量的交互项的相关性和集合后的标准差(括号内)。列 1 和列 2 中的约束条件分别与表 7.3 中列(3)和列(4)一致。

较少。具体来看，对于学生中较差的两组，即成绩最差梯队和倒数第二梯队，其两轮测试的成绩分别提高了 0.35 个标准差和 0.3 个标准差。然而，两类学校中成绩中等和较好的学生,在两轮测试中成绩并没有明显提高。该结果与民办学校教学质量有所提高的观点是一致的,因为民办学校的教学水平明显低于公办学校,结合第 6 章结论,其教学质量的提升更多地让学习能力较弱的学生获益了。

表 7.4 的 B 部分,我们将男孩和女孩的提高进行了对比,结果显示他们是很接近的。因此,我们认为民办学校学生的学习成绩提高背后并不存在任何性别差异。另一方面,我们还按照家庭收入水平对样本进行了分组,正如 C 部分列入的结果显示的那样,民办学校内低收入家庭的儿童提高相对更多。D 部分的结果则说明,曾经转过学的学生的进步显著大于未转过学的学生。在以上例子中,都能看出民办学校中经济地位低、流动性高的一批相对弱势的学生在教育质量改良中会获得更多的成绩提高,这与 A 部分的结论是一致的。

从我们当前得到的所有结果来看,民办学校学生考试成绩和公办学校学生之间的差距的确有了显著的减小,减小幅度约为 0.25 个标准差,以原始分数计算的话,约为原有差距的一半左右(基于表 7.3 列(4)的数据得出)。第一轮测试中成绩相对较差的民办学校学生学习成绩提升最大。由于我们已经在很大范围内控制了学生自身特点和家庭特点产生的影响,以上研究结果可以解释为是民办学校教学质量相对提升的表现。

7.4.3 稳健性检验:剔除分类和定义的潜在偏差

接下来,正如第 6 章考虑到的流动儿童定义问题带来的回归结果偏差,我们进行了一系列的稳健性检验。首先考虑的定义偏差来自户口问题,并非所有流动儿童都是来自相对弱势的家庭。在表 7.5 的 A 部分,我们仅保留了农村户口的流动儿童,即剔除了来自其他城市的流动儿童。在 B 部分,我们剔除了父母在上海拥有房屋的流动儿童,因为他们的家庭经济状况明显更好。同样地,在 C 部分我们剔除了家庭月收入高于 10 000 元的流动儿童。在 D 部分中,我们剔除了父母有大学以上学历的流动儿童。在四种情况下,我们得到的结果均与表 7.3 相似。

表 7.5　　　　　　　　　　　稳健性检验结果

	(1)	(2)	(3)	(4)	(5)	(6)
	未控制智力		控制智力		样本数	在民办学校占比
	民办学校	民办学校*第二轮	民办学校	民办学校*第二轮		
A. 农村户口的流动儿童	−0.66*** (0.13)	0.30*** (0.10)	−0.54*** (0.12)	0.27** (0.11)	2 087	69.1%
B. 父母在上海未购买房屋的流动儿童	−0.60*** (0.12)	0.30*** (0.09)	−0.47*** (0.11)	0.27*** (0.09)	2 240	66.2%
C. 家庭月收入低于10 000元的流动儿童	−0.61*** (0.12)	0.25*** (0.09)	−0.49*** (0.11)	0.24** (0.09)	2 315	65.3%
D. 父母学历为本科以下的流动儿童	−0.61*** (0.12)	0.26*** (0.10)	−0.50*** (0.11)	0.25** (0.10)	2 335	64.8%
E. 将本地儿童添加至样本	−0.66*** (0.12)	0.29*** (0.09)	−0.54*** (0.11)	0.28*** (0.09)	3 338	47.0%
F. 调整两次调研之间的样本缺失	−0.64*** (0.12)	0.28*** (0.10)	−0.54*** (0.11)	0.25** (0.11)	2 478	63.3%

此外,为了确保结果没有受到一些仅仅发生于公办学校流动儿童身上的情况影响,我们将公办学校的本地儿童也加入到了回归中。我们将其结果列在了表 7.5 的 E 部分。在控制智力的情况下,交叉项系数的相关性为 0.28 个标准差,仅比表 7.3 中 0.25 个标准差的结果有了很小的提升。这说明,我们的估计反映了学校质量的相对变化,而不仅仅是因为流动儿童在不同类型学校而产生的不同。

最后,虽然我们仅选取了完全参与两次调研的学生作为研究样本,但我们的估计仍可能因为两类学校中学生转出的模式不同而产生偏差。虽然民办学校的学生更容易流失,且在两类学校的退出机制可能存在系统性差别,例如,如果民办学校的相对质量并没有提高,但民办学校较差的学生更容易退出,也可能得到我们现在的结果。因此,在表 7.5 的 F 部分,我们利用 Fitzgerald et al. (1998) 所设计的参数化方法来修正因学生退出而产生的偏差。我们为每个第一轮参加调研的学生赋予一定的退出概率,将退出概率作为回归方程中的权重重新估计回归方程。结果与原有估计十分接近,也说明由于学生退出而产生的偏差是不存在的。

在所有的稳健性检验中,我们都展示了控制和不控制智力条件的两组结果。正如之前所说,由于在两类学校间存在自选择问题,对于第一次调研结果所估计的相关性会在不控制智力的条件下被高估,而在控制的条件下被低估。在稳健性检验中,民办学校与第二轮测试的虚拟变量的交叉项的系数与是否控制智力无关,这说明通过双差分分析法完全排除了自我选择所可能带来的偏差。

7.5 寻思变化背后:财政到位 制度缺位

7.5.1 再次检验:有其他因素导致成绩变化吗?

尽管我们在回归中已经控制了很多重要的学生家庭和个人特征,但学生测试成绩差距的缩小可能仍然无法完全解释为民办学校的教学质量有了相对提高,因为还有很多难以观测的学生和家庭特征可能在两轮调研中发生变化。例如,如果民办学校的学生因为面临着初中入学压力在第二次调研前更努力地学习,或者父母对学习成绩逐渐重视而加强管教,这些都会造成两种学校间测试分数差距的减小。我们在表7.6提供了一些额外的数据,希望能排除这些可能发生的情况。

表7.6中的回归结果依旧是通过双差分分析法计算而得,所用的解释变量仍然为表7.3所列项,但被解释变量改为了学生和父母的努力程度、期望和态度。我们检验了下列指标:(i)每天用于课后作业的时间(选项为:超过2小时、1~2小时、少于1小时);(ii)在需要时请求老师解答问题的频率(选项为:经常、偶尔、从不);(iii)父母指导其完成家庭作业的频率(选项为:经常、偶尔、从不);(iv)每天用于辅导孩子家庭作业的时间(父母直接填写辅导的小时数);(v)父母是否认为孩子的学习对其未来发展很重要(选项为:很重要、有点重

要、不重要);(vi) 父母希望孩子达到的最终受教育水平(选项为:大学本科及以上、大学专科、高中、初中及以下);(vii) 父母对其子女教育的重视程度(选项为:十分关心、关心、不关心)①。

表7.6　关于儿童和父母的努力、期望和态度的回归结果

		民办学校＊第二轮	
		边际效用	标准差
(i)	每天花费在课后作业上的时间	−0.07*	(0.04)
(ii)	你经常找老师提问么?	0.07	(0.04)
(iii)	父母经常指导你完成课后作业么?	0.05	(0.04)
(iv)	父母花费在指导孩子课后作业上的小时数	0.01	(0.04)
(v)	父母是否认为学习很重要?	0.06	(0.06)
(vi)	父母期望子女达到的最高教育水平	0.02	(0.03)
(vii)	父母是否关心子女学习?	0.03	(0.06)

对于以上所有分选项的问题,我们用orderd probit模型进行回归,并给出了从第二积极的选项变化至最积极选项的边际效用。例如,对于(v)而言,我们给出了父母从认为"有点重要"转变为"十分重要"的边际效用。唯一例外的是(iv),由于父母辅导时间是连续变量,因此我们进行了与表7.3相同的OLS回归。

总而言之,并没有证据能够说明第一轮调查和第二轮调查之间,民办学校的学生和父母比公办学校的学生和父母付出了更多努力或更加重视学习。表7.6列出的所有情况下民办学校和第二轮虚拟变量交叉项系数,只有(i)情况下得到了在10%显著水平下的轻微影响,但它的符号却是"相反"的,其结论认为民办学校学生与公办学校学生相比显著减少了每天用于课后作业的时间。当然,这也并不能说明民办学校学生在第二轮中比公办学校学生更松懈了,因为很多时候花费两小时以上的时间做课后作业可能是因为作业的数量或者难度的增

---

① (i)、(ii)和(iii)项由学生回答,(iv)、(v)和(vi)项由父母回答,(vii)项由班主任回答。

加等。

接下来,我们提供了另外一项证据来说明民办学校教学质量与公办学校相比确实有了提高。在表7.7中,我们用父母对学校质量的自我评价作为被解释变量,同样利用表7.3的双差分分析法进行回归。对于流动儿童父母,在两轮调研中我们都询问他们觉得现在的学校与家乡的学校相比是"更好"、"差不多"还是"更差"。作为从家乡离开的成年人,父母们应该能基于自己的经历和与依然留在当地的居民的持续接触中对当地学校的教育质量作出合理的评价。即便他们对家乡学校的评价有偏差,任何不随时间变化的测量误差都应该能被我们的双差分分析方法消除。例如,如果一位父母在两次调研中都同样程度地低估了学校的质量,那么这并不会使我们的双差分系数估计产生误差。

表7.7第(1)列显示没有附加任何控制条件的双差分分析回归的结果。与公办学校流动儿童父母相比,民办学校父母对子女就读的学校评价更差,在第一轮调研中,其认为现在学校"比家乡学校更好"的比例比公办学校流动儿童父母中的该比例低了30%。然而,在第二轮调研中,这一比例上的差距减小了8%,且在5%的显著性水平上显著。第(2)列则控制了学生的特点以及他们与第二轮虚拟变量的交叉项,第(3)列进一步控制了父母特征,最后一列进一步控制了学生标准化数学成绩以及其与第二轮虚拟变量的交互项。所有结果均表明,与公办学校相比,民办学校在第二轮中得到了更好的评价,该结果也与我们之前对测试成绩的回归结果相一致。

7.5.2 质量提升归因:财政投入功不可没

为了更好地了解民办学校教学质量提高的原因,我们在2013年初对样本中的两所公办学校和四所民办学校进行了深度访谈。每一次,我们与学校的主管(大多数情况为校长)进行约2个小时的访谈。所有受访的民办学校校长都指出政府补贴的增加是学校教学质量提高的最主要原因。在2008年之前,民办学校主要依靠学费收入来支付日常开销和教师薪水,而在2007年,每一名学生每学期的学费在600~800元左右。从2008年开始,学校不再收取学费,但政府提供给每个学生的补助却是原来学费的数倍。这使得民办学校有能力升级教学设

第7章 民办在进步——民办学校教育质量变化分析

表 7.7　父母对学校评价的 Ordered Probit 回归结果

	(1)	(2)	(3)	(4)
民办学校 * 第二轮(表示民办与公办差距的变化)	0.08** (0.04)	0.09** (0.04)	0.11*** (0.04)	0.11*** (0.04)
民办学校(表示第一轮民办与公办的差距)	−0.30*** (0.03)	−0.30*** (0.03)	−0.32*** (0.03)	−0.31*** (0.03)
第二轮(表示公办的变化)	−0.02 (0.03)	−0.33 (0.24)	−0.38 (0.24)	−0.36 (0.23)
标准化数学成绩				0.02 (0.01)
标准化数学成绩 * 第二轮				0.01 (0.02)
智力		0.00 (0.01)	0.00 (0.01)	−0.00 (0.01)
农村户口		0.03 (0.04)	0.03 (0.03)	0.03 (0.04)
女孩		−0.02 (0.03)	−0.02 (0.03)	−0.02 (0.03)
年龄(月)		0.00 (0.00)	0.00 (0.00)	0.00 (0.00)
独生子女		−0.01 (0.03)	−0.01 (0.03)	−0.01 (0.03)
上过幼儿园		0.02 (0.04)	0.01 (0.04)	0.01 (0.04)
家庭月收入				
3 000~5 000 元			0.04 (0.03)	0.04 (0.03)
大于 5 000 元			0.06 (0.04)	0.05 (0.04)
父亲有高中或以上学历			0.00 (0.04)	0.00 (0.04)
母亲有高中及以上学历			−0.02 (0.03)	−0.02 (0.03)
离开家乡时间(年)			0.00 (0.00)	0.00 (0.00)
来源省份的虚拟变量			是	是
父亲职业的虚拟变量			是	是
样本量	2 478	2 478	2 478	2 478

注：我们也添加了第二轮虚拟变量与其他所有变量的交互项,但结果未在表中列出。

施,更重要的是,能够招聘到更好的教师并激励他们更努力工作。Rivkin et al. (2005)的研究曾指出,教师对于教育质量的重要性。由于现在民办学校实际上是由政府资助的,学校没有必要再如之前那样受利润驱动,且政府在执行中确保了所有补助都花费在了改善学校方面而不是落入学校拥有者的口袋。

值得一提的是,政府要求至少60%的补贴必须花费在教师薪水上。在第一次调研之前的三年里(即2007~2009年),平均每个学生每学年的补贴约为1 500元,而在我们第二次调研之前的三年里(2009~2011年),补贴的额度增长了1倍多,达到每人每学年约4 000元。得益于不断增加的补贴水平,中等教师的月收入已经从2009年的约1 500元上升到了2012年的3 500元,增长幅度高达133%。而四年间公办学校教师工资几乎没有变化。接受访谈的校长表示,教师收入的增长使得民办学校教师这一工作变得更有吸引力,且十分有效地降低了教师的流动率并且提高了他们的工作效率。

本章前部分已经论述,尽管民办学校学生比公办学校的流动儿童成绩表现弱一些,但是测试成绩差距在两年内显著减小,而且相比之下,成绩处于平均水平以下的弱势流动儿童从学校质量提升中得益更多。此外,相较于公办学校家长,流动儿童父母对民办学校的质量评价也有所改善。我们认为这不太可能出于学生和家长的主动转变,而是由于民办学校质量的实质性提升,主要源于2008年起上海市政府实施的"三年计划",尤其是不断提升的财政补贴使得学校能够留住教师并适当予以激励。从某种程度上说,资金投入的确会影响学校质量。这个结论并不出乎意料,由于相较于公办学校,民办学校占有的资源极少,因此额外财政投入的边际效应就会相对更大。在北京和广州等大城市并未向民办学校提供必要的资金支持,上海的经验应当成为其他城市的榜样。

7.5.3 外部约束性:体制性障碍仍待破除

尽管种种验证表明民办学校教学质量相对提升,但是这种质量改善似乎并未完全转化为家长对学校更高的满意度。在表7.2中看到,民办学校流动儿童父母对学校教学的评价在第二轮有较大提升,认为"比家乡学校好"的比例上升了7.3个百分点。但是家长满意度的评价改善较小,在第二轮感到"非常满意"的比例仅上升了4.7个百分点。

毕竟学生家长才是教育服务的"客户"和最有话语权的评价者,因此他们的满意度值得重点关注。表7.8是家长的满意度从"满意"变为"非常满意"的边际效应。4列分别代表了不同的控制变量,最后一列控制了所有的学生和家长特征以及标准化数学成绩。

不出意料地,民办学校家长的满意度总体来说显著低于公办学校家长。第(4)列中,其他变量保持不变,如果一个学生从民办学校转到公办学校,则其家长"非常满意"的概率在第一轮调研中将提升22%。然而,在"民办学校*第二轮"的交叉项中,我们并没有看到公办学校和民办学校外地家长满意度的差距在数值或显著度上有明显改善,尽管家长对学校质量的客观评价的确提升了。独生子女及父亲学历水平更高的家长更难感到满意,可能是因为他们的期望也更高。

家长对学校的质量评价提高了,但满意度却并未提升,这种矛盾揭示了民办学校质量约束以外的障碍。也就是说,很有可能无论民办学校质量如何进步,依然有超越学校自身以外的因素在约束着其发展,那就是体制性障碍。在表7.2的结果中显示,民办学校的学生只有53.5%在毕业后进入了上海的中学,25.2%回到了家乡学校;而公办学校学生中71.6%能够升学到上海本地学校。

在第4章的最后一节,我们研究了影响流动儿童进入上海本地中学的因素。我们对可能影响流动儿童升入本地初中的一系列因素都做了回归分析,控制了学生和家长特征、标准化数学成绩以及数学成绩与民办学校的交互项。结果显示,民办学校学生进入本地初中的概率显著低于公办学校学生,且更低的入学概率往往与学习成绩表现等因素无关。这或许是导致民办学校家长满意度较低的关键原因,也能部分解释为什么民办学校的外地家长对学校质量评价变好,但是满意度却有所下降,大概就是由于他们的孩子虽然在民办学校就读但留在上海继续学业的希望仍渺茫。

中国现有教育体制内的低质量民办学校面临着大量制度性障碍。为了真正实现教育体制内的机会平等,政府不仅要提供更多资金补助使之成为更好的教

表 7.8　　　　　　　　　　家长综合满意度的回归结果

	（1）	（2）	（3）	（4）
民办学校 * 第二轮（表示民办与公办差距的变化）	0.02 (0.04)	0.02 (0.04)	0.03 (0.04)	0.03 (0.05)
民办学校（表示第一轮民办与公办的差距）	−0.21*** (0.03)	−0.22*** (0.03)	−0.24*** (0.03)	−0.22*** (0.03)
第二轮（表示公办的变化）	0.03 (0.02)	0.24 (0.22)	0.26 (0.25)	0.27 (0.25)
标准化数学成绩				0.03** (0.02)
标准化数学成绩 * 第二轮				0.01 (0.02)
智商（IQ）		0.01 (0.00)	0.01 (0.00)	0.00 (0.00)
农村户口		0.03 (0.04)	0.02 (0.04)	0.02 (0.04)
女孩		−0.01 (0.02)	−0.02 (0.02)	−0.02 (0.02)
年龄（月）		0.00* (0.00)	0.00 (0.00)	0.00* (0.00)
独生子女		−0.06* (0.03)	−0.05* (0.03)	−0.06** (0.03)
上过幼儿园		−0.01 (0.04)	−0.01 (0.05)	−0.01 (0.05)
家庭月收入				
3 000～5 000 元			−0.01 (0.03)	−0.02 (0.03)
大于 5 000 元			−0.03 (0.03)	−0.04 (0.03)
父亲有高中以上学历			−0.06** (0.03)	−0.06** (0.03)
母亲有高中以上学历			0.03 (0.04)	0.03 (0.04)
离开家乡时间（年）			−0.00 (0.00)	−0.00 (0.00)
来源省份的虚拟变量			是	是
父亲职业的虚拟变量			是	是
样本量	2 478	2 478	2 478	2 478

注：我们也添加了第二轮虚拟变量与其他所有变量的交互项，但结果未在表中列出。

育机构,也应当扫除外部的体制障碍,从而让民办学校和公办学校真正处于平等地位,因为每个儿童享有义务教育的权利是平等的。建议上海能够允许建立民办农民工子弟的初级中学,这样流动儿童就能在此继续完成九年制义务教育。

第8章
隔离与融入——公办学校内部的流动儿童

摘 要

对于民办学校的流动儿童,学校教学质量的提升以及仍然面临的制度障碍是家长们最大的忧虑;而对于公办学校的流动儿童来说,教学质量已经基本满足家长需求,儿童如何融入班级、学校内的小社会成为更值得关注的课题。上海公办学校对于流动儿童是否存在歧视?这些潜在的问题会如何影响儿童的行为表现和心理健康?我们利用2010年和2012年两次调查得到的数据,对比了公办学校中流动儿童和本地儿童之间数学成绩以及学习习惯的差异。结果发现,同一学校内的两类学生在数学成绩、教师评价和担任班干部比例等方面都没有明显差异,说明歧视的情况并不存在。

在学校之间观察到的现象是,流动儿童比例越高,学生的测试成绩就越低。那么流动儿童占比高低,也即"隔离效应",是否为导致全体学生表现更差的原因呢?经过一系列分析得出,隔离效应本身并不产生负面影响,真正原因在于学校质量和儿童家庭背景。本书第4章讨论了学校分选机制,质量较好的学校更愿意招收家庭社会经济地位较高的学生,而平均来看,本地儿童的家庭背景更好一些。因此,流动儿童多、本地儿童少的学校本身的教育质量就相对较差,其学生家庭背景也较差,这两者互相共同作用,才是导致学生在校表现更差的根源所在。

8.1 从封闭到敞开：公办学校变迁史

在2001年国务院提出"两为主"政策之前，根据我国户口制度的规定，流动儿童并不能进入当地的公办学校学习。仅有很小一部分流动儿童能通过支付昂贵的择校费入学，其余很大部分流动儿童只能由农民工子弟学校接纳。自2001年出台"两为主"政策之后，流入地的政府按照国家要求开始逐步承担起为流动儿童提供义务教育的责任。至此，流动儿童进入公办学校就读的比例得到明显提高。根据国务院2012年的调查显示，在我国主要的几个人口流入地城市，大部分流动儿童已经进入公办学校学习。在北京，88%的流动儿童接受公办学校的教育，在上海这一比例约为70%，广州约为41%，而深圳约为46%。

流动儿童能进入公办学校学习，是我国一项重要的教育成就。首先，依法保障流动人口子女接受义务教育的权利，意味着尽可能让所有流动儿童和本地儿童一样在城市中拥有平等的受教育权利。因此，公办学校中流动儿童的人数也将上升。其次，流动儿童成功入学城市公办学校的经验会鼓励更多的流动劳动力将农村中的留守儿童带往城市中生活。根据段成荣(2014)测算，截至2010年我国有6 100万留守儿童生活在农村。研究显示，由于父母不在身边，他们的教育、认知能力和健康状况都出现了明显的缺陷(Zhang et al.，2014)。

然而提升流动儿童在公办学校的入学率并不是简单的物理加减法，这背后还需要顾及教育、社会和儿童心理等方方面面的问题。对于流动儿童，我们无法确保他们在公办学校是否能真的受到平等教育的待遇，也并不知道入学的筛选机制和学校编班方式会对他们产生什么影响。而对于本地儿童，家长间又滋生着一种看法，认为与流动儿童一起学习会给子女带来负面影响，从而使得部分社会经济地位较高的父母努力想把自己的子女送入教学质量较好或者流动儿童比例较低的学校。这种趋势一定程度上造成了流动儿童的筛选和隔离现象。

因此，首先我们想要知道，在一所学校内，流动儿童的融入情况如何，他们的表现与本地学生是否有差异——包括学习成绩、教师评价、成为班干部的可能性和学生的自我心理评价等几个方面。另外,我们也想用实证的方法来验证部分家长的刻板印象——在流动儿童比例较高的学校学习是否会使得本地儿童学习成绩偏低,即流动儿童比例本身是否对学生的学习成绩产生影响。

8.2 隔离效应:同一学校内的学生群体研究

流动儿童教育问题已受到了国内外大量学者的关注,但这类研究大多为公办学校和民办学校中流动儿童的对比(如本书第 5 章中所讨论的两类儿童有何差别),而较缺乏公办学校内部两类儿童的差异比较。

对于两类学校内的流动儿童,其他学者进行过相似的研究。Lu and Zhou (2013)在北京地区进行的研究发现,相比于公办学校的儿童,在民办学校的流动儿童学习表现更差且孤独感更强。Liu et al. (2015)研究发现,对于民办学校的流动儿童而言,其数学成绩受到家庭和学校多方面因素的影响,而公办学校流动儿童的数学成绩却仅受其家庭社会经济条件的影响。

本章讨论对象聚焦在公办学校内部的本地儿童与流动儿童。在国际上类似的研究中,有很多关于同一学校中弱势学生的比例对学校整体学生表现所产生影响的讨论,在文献中称为"隔离效应"(Segregation Effect)。学术圈内把弱势学生占学校整体学生的比例称为"隔离",这会通过多种机制对学生的学习成绩产生影响,其中一个最受广泛关注的渠道是"同伴效应"。这种效应基于一个事实前提,那就是学生的学习成绩取决于其同伴的学习表现,即总体学生成绩与弱势学生比例存在相关性。用中国谚语来解释,就是"近朱者赤,近墨者黑"。然而,想要准确判断混迹于差生之中是否会降低该生的学习成绩或许很困难,因为学生们并不是被随机地分配到各个学校,弱势学生的招收比例或许与学校的质量有着一定的关系(Boozer et al., 1992;Card and Krueger, 1992)。有可能低质量的学校招收的一批学生本身就成绩差,实际上同伴对个体的影响并不大。

已有研究在"隔离是否对学生存在负面影响"这一话题上并没有能达成共识。Card and Rothstein(2007)研究了多个大城市地区的学生在邻居或学校中黑人比例对其 SAT(美国学术能力测验,俗称"美国高考")成绩所产生的影响,发现隔离增加了黑人学生和白人学生间 SAT 成绩上的差距。Flores and da Silva Scorzafave(2014)的研究则发现在巴西,学校的黑人比例越高,会导致黑人学生和白人学生成绩差距越大。Branch et al.（2008）;Hanushek et al.(2002);Hoxby and Rockoff(2004)的研究同样证明与黑人同学相处会有明显的负面效应。Billings et al.（2014)发现少数种族学生比例较高的学区内,无论是白人学生还是少数种族学生的学习成绩都偏低。另一方面,Angrist and Lang(2004)则对一个旨在消除种族隔离的项目 Metco 进行研究,在该项目中,组织者将波士顿市区学校里的学生送至更富裕的郊区学习,这样使得黑人学生可以到白人比例更高的学校上学。他们发现,该实验对白人学生并没有明显的影响,但对黑人学生,尤其是黑人女孩却有着积极的影响。

在这一领域,大部分研究都主要关注了种族间存在的隔离对学生学习成绩产生的影响。也有少部分文献检验了移民的聚集是否会影响其在学校的表现,其结论并不一致。Cortes(2006)研究发现在"飞地学校"(Enclave School,指学校中25%的学生为外来人口)学习并不会对学生成绩产生影响。Nordin(2013)研究则发现班级里较高的移民学生比例会对学生成绩产生负面影响。

虽然我们对于公办学校内部流动儿童和本地儿童的"隔离效应"研究不同于国外学校或社区内因移民、种族产生的隔离问题,毕竟我国的流动儿童是一个国家内部不同城市之间的人口迁徙,且流动儿童与本地儿童从外貌种族上基本没有差异。不过,由于户籍制度的限制,流动儿童在受教育权利、家庭社会经济背景上普遍比本地儿童要更差一些,因此,两者之间具有一定的共通性,都是弱势群体。到目前为止,学术界对于弱势群体比例是否会对全体学生表现产生负面影响仍未有定论,我们的案例也将进一步丰富国际上对相关问题的探讨。

8.3 融入研究：公办学校内的本地儿童和流动儿童

8.3.1 初步简单比较：成绩有差距 领导力相当

表8.1汇总并对比了公办学校内本地儿童和流动儿童的主要统计数据。在A部分，列出了两组学生在测试成绩方面的差异。从两轮测试各自的平均值来看，本地儿童的数学成绩前后都略高于流动儿童，但在第二轮中差距更大了。在第一轮调研中，本地学生的平均数学成绩为65.4分，略高出流动儿童2.2分。在第二轮中，本地学生的平均成绩为60.9分，高出流动儿童4.4分。而在第7章中，民办学校流动儿童和公办学校本地学生的成绩差距在两轮调研中是缩小的。

表8.1 流动儿童与本地儿童各方面比较

	本地学生	流动儿童	
A部分：测试成绩			
原始数学成绩（第一轮）	65.38	63.19	**
原始数学成绩（第二轮）	60.94	56.54	***
标准化数学成绩（第一轮）	0.54	0.44	**
标准化数学成绩（第二轮）	0.54	0.31	***
智力测试（第二轮）	11.59	11.61	
B部分：其他表现			
班干部	0.38	0.38	
政治倾向	3.90	3.87	
教师评价			
非常好	0.26	0.30	**
较好	0.39	0.33	**
平均	0.27	0.25	
较差	0.07	0.09	
非常差	0.01	0.02	

续 表

	本地学生	流动儿童	
C 部分：学生特征			
年龄（第二轮）	11.40	11.60	***
女孩	0.50	0.44	*
农村户口	0.06	0.69	***
独生子女	1.00	0.47	***
上过幼儿园	1.00	0.96	***
D 部分：家庭背景			
父亲有高中及以上学历	0.81	0.44	***
父亲有本科及以上学历	0.14	0.04	***
母亲有高中及以上学历	0.78	0.30	***
母亲有本科及以上学历	0.12	0.01	***
家庭月收入（第二轮）			
低于 3 000 元	0.18	0.17	*
3 000～5 000 元	0.31	0.36	
高于 5 000 元	0.52	0.47	
老师对父母是否关心子女的评价			
很关心	0.43	0.29	***
偶尔关心	0.44	0.51	**
不关心	0.13	0.20	***
拥有目前居住房子	0.89	0.19	***
买书（经常）	0.50	0.34	***
父母对子女教育的期望			
初中毕业	0.00	0.01	
高中毕业	0.03	0.07	**
职业学校毕业	0.13	0.17	
本科毕业	0.83	0.75	***

注：***、**、* 分别表示两组之间的差异在 1%、5% 和 10% 水平下显著。这个表格的样本与第 5 章和第 6 章中有差异，这里包括在任何一轮具有有效样本的学生。

除了测试成绩,我们还对两组学生担任班干部的情况和教师对其的评价进行了对比。如果测试成绩代表了学生的认知能力,那么后两项则代表了非认知能力和教师主观态度。从 B 部分的数据可以看出,本地学生和流动儿童学生中,担任班干部的比例并没有差别。至于教师的评价,流动儿童得到"十分优秀"的比例更高,而本地儿童得到"比较优秀"的比例更高。得到"平均水平及以下"评价的比例在两类学生中基本相同。因此,在担任班级领导和教师的主观评价上两类学生并没有明显的差异,这初步说明教师的主观评价并不存在对流动儿童的歧视。

在儿童自身特征方面,二者的年龄和性别都较为接近,户口和独生子女比例等方面存在差异。约 69% 的流动儿童为农村户口,几乎所有的本地儿童都是非农户口。所有的本地儿童都是独生子女,而流动儿童中仅有一半为独生子女。我们的样本学生大部分是在 2000~2001 年间出生,在此期间国家仍在实行独生子女政策。此外,所有的本地儿童都接受了幼儿园教育,而流动儿童中还有 4% 没有上过幼儿园。

D 部分统计了学生的家庭背景,流动儿童的家长学历相对较低,但家庭收入上差异不大。在是否拥有住房所有权上,两组的差别很大。约 89% 的本地家庭拥有住房,但仅有 19% 的流动儿童家庭拥有住房。而根据老师的评价,流动儿童的父母对孩子的教育显得更不关心。相对于本地家长,外地家长较少为子女买书,他们对于子女教育的期望也较低。本地家长有 83% 的比例期望子女将来本科毕业,而外地家长的该比例不到 75%。

总而言之,本地学生在测试成绩上略优于流动儿童。在担任班干部的情况和老师的评价上二者没有明显差异,但流动儿童的家庭背景要差于他们的本地同学。

8.3.2　差异反映:是否存在歧视

刚才我们只是对统计结果做了简单的数字对比,在这一节会继续用回归分析探究流动儿童在公办学校的适应程度,与本地学生相比他们的表现如何,以及他们是否受到了歧视。具体来说,我们将分析同一学校内流动儿童与本地儿童的认知能力,如考试成绩。同时也会分析他们的非认知能力,如担任班干部情况、老师的评价和学生自我心理评价;并探究在老师或同学之间是否有证据证明存在歧视现象。

首先关注的是两组间是否存在显著的测试成绩差异,毕竟学习成绩是考量学生在校表现的一个重要维度。我们在不控制任何学生个人特征的情况下进行了 OLS 回归,并将结果列在了表 8.2 的第(1)列中。平均来看,上海学生的数学成绩以 0.17 个标准差的优势显著高于流动儿童。但第(1)列中我们将 11 所公办小学的流动儿童和本地儿童混合在一起分析,为了消除不同质量的学校可能带来的影响,我们在第(2)列控制了学校的固定效应,检验了同一学校内流动儿童和本地儿童的差距。结果显示,在同一学校内的两组学生,其考试成绩并没有明显差距。

不过,即使只对于学习而言,我们也很难根据成绩差异不明显的表象而认为不存在针对流动儿童的教育歧视。正如第 4 章所讨论过的,如果流动儿童本身就需要付出更多努力才能进入公办学校,那么,即便对流动儿童的歧视真实存在,我们依然会因为其他因素影响而无法观察到两类儿童测试成绩的明显差异。因此,在第(3)列中,我们进一步控制了测试成绩的滞后项,也就是在假设学生在上年成绩统一的情况下,观察两组学生在成绩提高程度上的差异。回归结果表明,在两组学生间,成绩提高程度并没有明显差异,即流动儿童从四年级升学到五年级的过程中和本地儿童取得了相同的进步。

接下来,我们开始对老师是否对流动儿童学生存在歧视进行检验。如果流动儿童十分努力地学习,那么即使歧视存在,它也难以在测试成绩上反映出来。反而,主观的评价更有可能反映歧视。例如,对流动儿童存在歧视的教师会更不愿意让其担任班干部,而更偏向于本地学生,且对流动儿童的主观评价也会相对较低。因此,我们对流动儿童和本地学生在成为班干部的可能性及老师主观评价两方面存在的差异进行了验证。如表 8.2 中第(2)行和第(3)行所示,两组学生间在这两方面并没有明显差异。OLS 回归结果说明,即使在不同学校间,流动儿童学生担任班级领导的机会是与本地儿童相同的。同样地,在同一所学校中,我们也没有发现两组学生之间担任班干部的可能性存在差异,即使在控制了之前学习成绩这一影响因素后,结果也没有表现出差别。同样地,老师对两组学生优劣的主观评价也没有表现出任何差别。

表 8.2　　同一学校内流动儿童和本地儿童的各方面比较

解释变量	（1）OLS	（2）学校固定效应	（3）学校固定效应 & 成绩滞后项
标准化数学成绩	0.17*** (0.04)	0.05 (0.04)	0.06 (0.05)
班干部	0.00 (0.03)	0.02 (0.02)	0.00 (0.03)
教师的评价①	0.00 (0.07)	−0.00 (0.07)	−0.08 (0.08)
自我评价			
经常问老师问题	0.01 (0.02)	−0.00 (0.02)	0.01 (0.02)
不愿意上学	0.01 (0.01)	0.01 (0.01)	−0.02 (0.02)
在学校觉得无聊	0.02 (0.02)	0.01 (0.02)	−0.03 (0.03)
在学校觉得孤独	0.01 (0.01)	0.01 (0.01)	0.00 (0.02)
与政治相关的观点②			
男生在数学方面天生就比女生好	0.01 (0.02)	0.01 (0.02)	0.01 (0.02)
我们班的学习风气很好	0.01 (0.01)	0.00 (0.01)	0.00 (0.01)
我平时感觉学习压力很大	−0.03 (0.03)	−0.02 (0.03)	−0.02 (0.03)
金钱是万能的，有钱能使鬼推磨	−0.00 (0.02)	−0.01 (0.03)	−0.01 (0.03)
从事体力劳动低人一等	−0.03 (0.03)	−0.03 (0.04)	−0.03 (0.04)
人人平均是最公平的，要穷大家一起穷，要富大家一起富	0.04** (0.02)	0.02 (0.02)	0.02 (0.02)

续表

	（1）	（2）	（3）
贫穷是因为懒惰或无能，与社会无关	0.01 (0.02)	0.02 (0.02)	0.02 (0.02)
这个世界上除了父母，没有人靠得住	0.08*** (0.03)	0.02 (0.03)	0.02 (0.03)
知识不能改变命运	0.01 (0.01)	0.01 (0.01)	0.01 (0.01)
政府官员在电视或报纸上所说的话是可信的	0.01 (0.01)	0.00 (0.01)	0.00 (0.01)
政府所做的事大多数是正确的	0.01* (0.01)	0.00 (0.01)	0.00 (0.01)
政府官员时常浪费老百姓所缴纳的税金	−0.05** (0.02)	−0.03 (0.02)	−0.03 (0.02)

注：报告的是与上海户口的相关性。所有回归都加入了第二轮的虚拟变量。回归的样本量为1886。
① 变量为一个类别，故运用了 ordered probit 模型，并报告了最高类别的边际效应；
② 变量为一个类别，故运用了 ordered probit 模型，并报告了"完全不同意"选项的边际效应。

除了教师的外部评价，我们还从孩子自身感受出发，检验流动儿童自己是否感觉受到了歧视。如果他们受到了来自教师或同学的歧视，他们可能会在学校里觉得被孤立。我们设计选取了"当你遇到困难你是否经常向老师提问？""在学校是否觉得无聊？"以及"在学校是否觉得孤独？"等几个问题用作反映歧视程度的度量衡，并对孩子们的答案进行了分析。这几个问题的答案包括了"经常，至少一周两次""偶尔，一周一次或更少"和"从不"。我们使用 ordered probit 模型估计了流动儿童在这几个问题中回答"从不"的可能性。结果发现，两类儿童无论在同一学校还是不同学校，对以上问题的回答都不存在差异。因此，从孩子的自身体验显示，流动儿童在公办学校内并未受到歧视。

8.3.3 融入情况：两组儿童的政治倾向

我们进一步检验了两类学生在政治意见方面的差别。在调研中，我们对学生共提出了12项问题。详细的问题内容如表8.2所列。学生针对问题给出了他们相应的接受程度,分别为"完全同意""同意""部分同意""不同意"和"完全不同意"。利用 ordered probit 模型,我们得出了学生对以上问题回答"完全不同意"的边际效应。

结果发现,在没有加入学校固定效应的 ordered probit 模型中,本地学生对社会的信任程度更高。例如,他们更反对"这个世界上除了父母,没有人靠得住"这一表述。他们也更不认可平均主义,表中显示他们更倾向于反对"人人平均是最公平的"。但是从另一方面来看,本地学生似乎对于政府的信任度更低一些,他们更容易觉得政府会浪费税收,在"完全不同意""政府官员时常浪费老百姓所缴纳的税金"这一言论的概率更小一些。此外,他们也更倾向于反对"政府所做的事大多数是正确的"这一表述。在其他问题上,本地学生和流动儿童学生并没有表现出太大的差异。然而,当我们控制了学校的固定效应或学生数学成绩的滞后项之后,政治观点上的差异不再显著。因此,总体来看,我们认为在同一学校,流动儿童和本地儿童在政治观点上是一致的。

8.4 隔离研究:公办学校内流动儿童比例的影响

8.4.1 隔离效应检测:比例对成绩的影响

前面我们说过,弱势学生占学校整体学生的比例对学生表现的影响称为隔离效应。在本书的研究中,为了探明隔离效应是否会对学生产生负面影响,我们将验证学校层面流动儿童所占比例对整体学生数学成绩的影响。在表 8.3 的第(1)列,我们仅利用学校的流动儿童比例对数学成绩进行了回归。正如我们所预期的,学校流动儿童比例越高,学生测试的平均成绩就越低。第(1)列并未控制学校这一变量,在不同学校,学校整体流动儿童的比例若提高 10%,学生的平均标准化数学成绩将降低 0.15 个标准差。

然而,流动儿童比例与学生成绩的相关性里包含的不仅有隔离效应,还有学

第8章 隔离与融入——公办学校内部的流动儿童

表8.3 隔离对学生数学成绩的影响

	(1)	(2)	(3)	(4)	(5)	(6)	(7)	(8)	(9)	(10)
学校流动儿童的比例	-1.52*** (0.45)	-1.21*** (0.36)	-1.19*** (0.28)	-0.48 (1.20)	0.86 (1.09)		-0.35 (1.31)	1.03 (1.27)		
班级流动儿童的比例						-1.20** (0.46)			-0.20 (0.12)	-0.23 (0.17)
学校总体质量指标				0.01 (0.01)		-0.32 (0.27)		-0.19 (0.22)		
家长主观评价学校质量指标					0.01*** (0.00)		0.01 (0.01)	0.01*** (0.00)		
IQ		0.14*** (0.01)	0.09*** (0.01)	0.09*** (0.01)	0.09*** (0.01)		0.09*** (0.01)	0.09*** (0.01)	0.13*** (0.01)	0.09*** (0.01)
上一期的数学成绩			0.60*** (0.04)	0.58*** (0.05)	0.58*** (0.05)		0.58*** (0.05)	0.58*** (0.05)		0.58*** (0.04)
学生特征与家庭背景		是	是	是	是		是	是	是	是
学校教师团队稳定变量				是	是		是	是	是	是
学校固定效应									是	是
观测值	1886	1886	943	943	943	1886	943	943	1886	943
调整 R^2	0.058	0.177	0.387	0.414	0.419	0.061	0.414	0.420	0.233	0.428

注：以班级层面聚类的标准差标注在括号内。***，**，*分别表示在1%，5%和10%的水平上显著。

· 127 ·

校教学质量与学生家庭背景等因素,因此,我们并不能单纯地解释为隔离效应。在第(2)列中,我们控制了学生特征、家庭背景和学生的 IQ 成绩,这时学校流动儿童比例前面的系数下降到-1.21,但依然呈显著。学校流动儿童比例每增加 10%,学生平均标准化数学成绩将降低 0.12 个标准分。因此学校流动儿童比例与学生平均成绩的相关性中有一部分是因为家庭背景相对差一些的学生大多进入了流动儿童比例较高的学校的缘故。

为了排除入学时自选择带来的筛选效应的影响,我们在第(3)列进一步控制了学生上一次的考试成绩,这样学校流动儿童比例的系数就表示学生在两年内成绩的进步,从而控制了学生原有特征在不同学校间的差异,即控制了分选效应的作用。结果显示,学生数学成绩依然显著受到影响,不过系数略微缩小。

在第(4)列和第(5)列,我们分别控制了学校的客观质量与家长评价的质量指标,以及教师队伍的稳定性。这时,学校流动儿童比例的系数不再显著,数值也变小了,也就是说隔离效应并不影响学生的成绩。表面上看,流动儿童比例越高的学校平均成绩越低,这实际是因为学校质量的差异和不同学校学生家庭背景的差异造成的;也就是说,隔离效应本身并不会带来负面影响。

由于很多本地家长认为流动儿童应与本地儿童分开教学,部分学校也有把流动儿童单独编班的现象,我们进一步分析了班级层面流动儿童比例对于班级平均成绩的影响。首先,我们从了解学校是如何编班的入手。图 8.1 所展示的是调研 11 所学校 71 个班级流动儿童比例的分布。学校层面的流动儿童比例数字显示在每个图表上方,班级层面流动儿童比例则通过阴影部分表示,其矩形的上下边分别表示了该校几个班级中比例最高值和最低值。矩形越厚,编班越不均;矩形越薄,编班越平均化。我们不难发现,对于一些学校而言,各个班级间流动儿童比例几乎是均等的,以左上角第一幅图——流动儿童比例为 34% 的学校为例,各个班级的流动儿童比例接近学校流动儿童的总比例,说明分配较平均。而在另一部分学校,不同班级的流动儿童比例却差异很大。以右下角最后一幅图——流动儿童占比 82% 的学校为例,有的班级里流动儿童比例接近 100%,有的班级里流动儿童不到一半,说明各个班级分配不均。往往流动儿童比例越高的学校,更倾向于将学生分班教学,图 8.2 对数据的线性回归图验证了这一观察

注：横轴上的数字为每个学校流动儿童的比例。

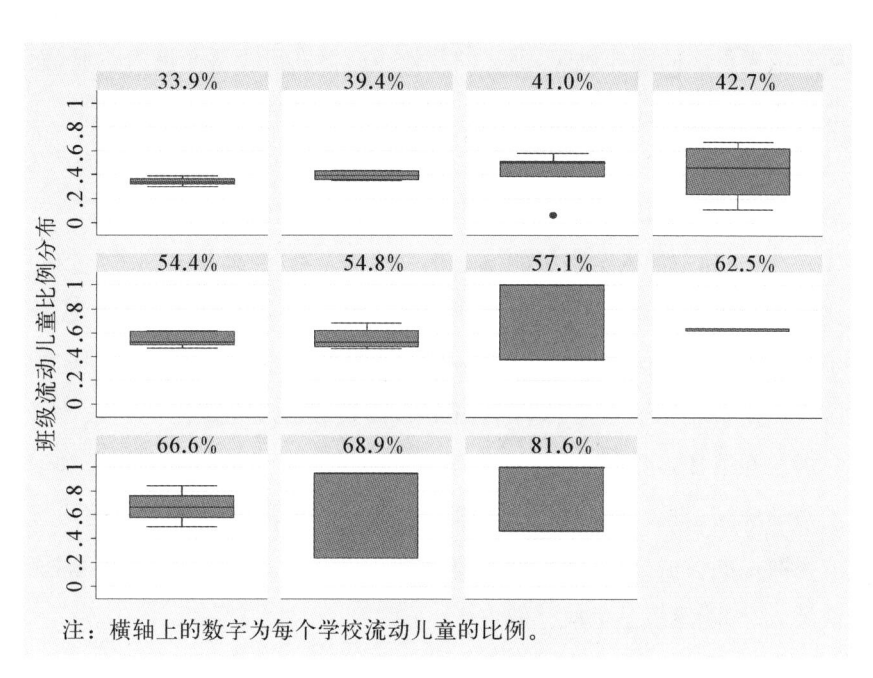

图 8.1　各学校班级流动儿童比例的分布

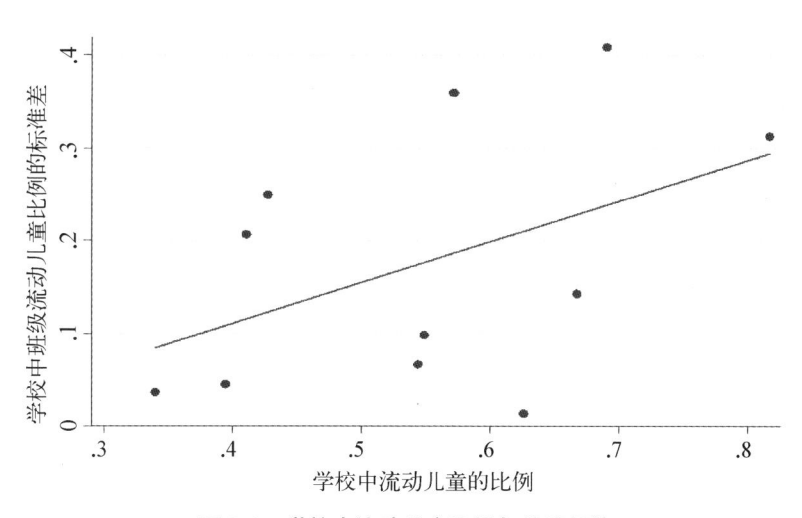

图 8.2　学校中流动儿童比例与编班规律

结论。根据我们对学校领导进行访谈得到的结果,学生班级的分配主要由学校管理层决定。

　　如果隔离的影响真的存在,也就是说,与较高比例的流动儿童一起学习会给周围同学带来负面的同伴效应,那么同伴效应应该在班级层面更为明显,而我们应当能观测到班级层面隔离带来的明显影响。如果编班存在分选机制,即学习成绩越差的学生越容易被分配到流动儿童比例较高的班级中,那么班级流动儿童比例这一变量的系数会被夸大,也就是说隔离效应会被高估。我们在表 8.3 的第(6)～(10)列中加入了班级的流动儿童比例。第(6)列仅控制了学校的流动儿童比例和班级的流动儿童比例,结果显示班级流动儿童比例对数学成绩的影响并不显著。为了确保结果的稳健性,我们在第(7)列和第(8)列分别控制了学校主客观质量指数和学生的家庭背景因素,而班级流动儿童比例的系数仍然呈现不显著。在第(9)列和第(10)列中,我们逐步加入了学校的固定效应和学生上一次的数学成绩,班级的流动儿童比例的系数都不显著,这意味着即使班级的隔离效应系数可能会被高估,我们也没有发现班级流动儿童的比例会影响班级的平均成绩,或影响班级学生成绩的进步。

8.4.2 隔离效应:不同群体影响的异质性

此外,很多文献认为学校教学质量对弱势群体更有影响(Angrist and Lang, 2004; Cutler et al., 1997),在我们的样本中也得到了同样的结论。在表 8.4 中,我们把本地儿童与流动儿童分开进行分析。结果发现,学校质量高低和学校流动儿童的比例对本地儿童成绩的影响都不显著,这也证明了家长和社会对于流动儿童影响本地儿童的偏见是错误的。

然而,学校质量指标在流动儿童的样本中对成绩的影响是显著的。该结论和我们之前几章的结论相呼应。我们在第 6 章中发现,如果让一个流动儿童从民办学校转到公办学校,那么成绩较差的学生受益较大。同样地,在第 7 章中我们发现当学校质量提高时,成绩或者家庭背景较差的学生获益更多。在公办学校内部,流动儿童是相对弱势的群体,把他们放到质量更好的公办学校里面他们也会受益更多。当然,我们并不能说学校质量对本地儿童并不重要,只是我们的样本仅仅局限在流动儿童比例较高的公办学校,学校之间的质量差异比起上海市所有小学之间质量的差异要小得多,因此观测到的影响不显著。

对于流动儿童来讲,在仅控制学校质量指标的情况下,学校流动儿童的比例

表 8.4　隔离对本地儿童和流动儿童数学成绩的影响

	(1)	(2)	(3)	(4)	(5)	(6)	(7)	(8)	(9)	(10)
		本　地　儿　童					流　动　儿　童			
学校流动儿童的比例	−0.76 (0.57)	−0.74 (0.59)	−0.91 (1.36)	0.14 (1.45)		−1.19*** (0.36)	−1.28*** (0.44)	−0.43 (1.58)	1.19 (1.25)	
班级流动儿童的比例					−0.38 (0.23)					0.09 (0.17)
学校总体质量指标	0.02 (0.01)	0.01 (0.01)	0.00 (0.02)	0.01 (0.01)		0.04** (0.01)		0.01 (0.02)		
家长主观评价学校质量指标							0.02** (0.01)		0.02** (0.01)	
上一期的数学成绩			0.56*** (0.06)	0.56*** (0.06)				0.59*** (0.07)	0.58*** (0.07)	
IQ			0.12*** (0.02)	0.12*** (0.02)	0.15*** (0.01)			0.07*** (0.02)	0.07*** (0.02)	0.12*** (0.01)
学生特征与家庭背景			是	是	是			是	是	是
学校教师团队稳定变量			是	是	是			是	是	是
学校固定效应					是					是
观测值	864	864	432	432	864	1 022	1 022	511	511	1 022
调整 R^2	0.016	0.015	0.407	0.409	0.211	0.138	0.126	0.415	0.425	0.255

与他们的数学成绩呈显著负相关,学校流动儿童比例每上升10%,流动儿童平均数学成绩下降超过0.1个标准分。当加入学生特征和家庭背景因素控制后,学校流动儿童比例的系数也不再显著。在控制学校固定效应后,班级流动儿童比例对于两类儿童的成绩都没有影响。

第9章
父母心——家长的态度与期望差异

> **摘　要**
>
> 　　本书前几章已经从学生个人、教师、班级和学校的层面分别对流动儿童和本地儿童进行了考察,这一章试图从家长的角度来看公办与民办学校之间以及公办学校内部的差异,从而对前几章的结论形成侧面补充和解释。我们主要关注父母在两大问题上的想法,即对子女教育的态度和对学校的满意度。与此同时,我们从本地家长对流动儿童的接纳度来考察流动儿童在当地的融入情况。这些比较分析有助于深入了解公办学校本地与流动儿童,以及民办学校流动儿童这三组群体的背景和态度差异,从侧面反映了家长的态度是如何影响到子女的教育情况的。
>
> 　　具体来看,家长教育态度主要从对子女学习的重视度、实际行动和对子女未来教育水平的期望等几个方面反映。通过对比发现三组家长对子女教育态度呈阶梯变化,公办学校内部本地家长优于外地家长,而公办学校外地家长又优于民办学校外地家长。对学校的满意度上,本地家长和民办学校家长满意度都较低,但前者是因为更高的心理标准,而后者是因为较差的学校质量。相比之下,公办学校外地家长是对学校满意度最高的一个群体,可能因为与民办学校相比,能够在上海进入公办学校已经是很好的选择了。

9.1 背景差异：本地父母受教育水平更高

在第 4 章，我们对流动儿童进入公办学校分选机制的讨论发现，在诸多背景因素中，家庭经济条件和父母学历是流动儿童进入优质公办学校的重要影响因子。也就是说，来自经济条件好、父母学历高的家庭的儿童，就更有可能进入优质的公办学校。这一结论在本章的家庭背景调查统计中可以得到印证——公办学校学生的家庭背景普遍优于民办学校学生，无论是从父母受教育水平还是家庭经济条件上来衡量。

由于这一章要提到父母很多方面的差异，其实根本上是因为他们的社会经济地位不同造成的。因此我们简要重述一下我们在第 5 章第 4 节中的主要结论。从父母学历水平上看，公办学校中本地儿童父母受教育水平最高，其次是公办学校的流动儿童父母，民办学校流动儿童父母的教育水平最低。而从家庭收入水平上看，公办学校内部本地儿童和流动儿童家庭收入分布比较相似，而民办学校流动儿童的家庭收入水平就要低得多。

9.2 态度特征比较：怎样的家长更重视教育？

从上一节的讨论初步看到，同样是流动儿童，进入公办学校的儿童家长要明显比民办学校家长综合能力更强。当然，除了高收入和高学历等客观条件会对孩子教育产生正向影响之外，父母的教育观念和行动等主观因素也会对孩子教育产生影响。这一节我们观察了不同组别的家长在对待子女的教育问题上表现出的不同态度特征，并试图考察这些态度背后受到哪些因素的影响。

在对家长的教育态度和行动的测量上，我们设置了学习重视度、对子女关心度、教育期望、功课辅导频次和时间、选择居住地的原因共6个问题。结果发现，本地家长表现出最高的教育重视度，其次是公办学校的外地家长，民办学校家长排在最后。回归分析发现，家庭经济水平和家长受教育程度仍是决定教育态度的主要因素。结合第一节的结论，我们可以清晰地看到自身受过良好教育的家长更关心子女学习，而综合能力强的外地家长能让其子女有更高概率进入本地公办学校。

9.2.1　初步比较：本地家长更重视教育

表9.1中，三组家长在对子女的教育期望、关心度和辅导等行为上的差异与家庭背景差异相吻合——外地家长中，公办学校家长比民办学校家长更重视子女教育；而公办学校内部，本地家长又优于外地家长。

首先来看学习重视度上的差别——家长是否认为学习对孩子的人生很重要。测试结果显示，在公办学校，无论是本地还是外地家长，都有接近70%的父母认为非常重要；与民办学校相比差异非常显著，仅有不到一半的民办学校家长认为学习对孩子很重要。

在对子女受教育程度的期望上，三者之间的差异逐渐拉开。本地家长作为平均学历最高的群体，对子女的教育期望也相应最高——83%的本地家长希望孩子读到大学本科甚至更高水平，在公办学校的流动儿童家长中，这一比例显著下降到75%，而民办学校家长的该期望水平只有62%。36%的民办学校家长觉得能达到高中、中专和大专水平已经足够，持有相同期望的本地家长仅有16%。通常，父母对子女的教育期望将在一定程度上影响到孩子最后实际的受教育水平。

其次来看对子女教育的具体行动上，我们设置了辅导功课、课外书购买和居住地选择三个方面问题，综合来看也是本地家长表现更为积极。50%的本地家长经常给孩子购买课外书，另一半家长偶尔买。公办学校外地家长经常买书的比例显著低于本地家长，仅为34%，民办学校家长的比例更低为20%。所有公办学校家长或多或少都会给孩子购买课外书，只有1%的公办学校外地家长从来不买课外书，这个比例显著低于民办学校的9%。从家庭收入的客观角度来看，民办学校家长的经济水平为三组中最低，文化程度也最低，这可能也是除了教育重视度低之外导致其购买课外书较少的原因之一。但是公办学校内部的两组家长在经济实力上并无较大差异,购买课外书方面体现出本地家长的确对孩子的教育重视度和关心程度更高一些。

在辅导孩子功课频次和时间上,流动儿童父母的行为较相似。51%的民办学校家长每天辅导子女功课,该比例甚至超过了公办学校外地家长,不过差异并不显著,在辅导时长上两者也较为相近。相比之下,本地家长在辅导子女功课上倾注的心血显著多于公办学校外地家长——56%的本地家长每天都会辅导孩子功课且平均时间将近1.4个小时,公办学校外地家长中每天辅导功课的比例相较下降10%,平均时间也略短一些。这可能是因为外来务工人员的工作时间普遍比本地人更长,导致他们没有足够时间在工作之余关心孩子的学习。再加之受限于其自身较低的教育水平,无法对四年级的孩子(我们的调查对象)进行课业辅导。

在表9.1的这组比较中,从居住地选择的理由上看,其特征恰好与总体教育重视度呈现的特征相反——在孩子入学问题上,45%的民办学校家长为孩子读书原因选择居住地,显著高于公办学校外地家长的36%,仅有12%的本地家长会以孩子入学决定居住地,但这并不能说明公办学校外地家长和本地家长不重视孩子的教育问题。

因为子女能够进入公办学校的外地家长很大一部分来自市区,那里的教育资源本身就更为丰富;且2008年"三年计划"出台后,市中心的外来务工人员更加不需要为孩子进入公办学校操心了。因此表中也显示公办学校家长更多根据工作原因来选择居住地。而民办学校家长由于大多居住在教育资源相对紧缺的郊区,因此他们比市中心的家长更多需要"孟母三迁"。

大多数本地家长是由于家庭和其他原因选择居住地的。这是因为本地家长很大一部分是老上海人,长期居住在当地,或者一部分因为政府拆迁而搬家,其子女的教育问题受到政府保障。而且我们所选取的样本公办学校是招收流动儿童比例较多的学校,本地家长不会因为进入这类学校而特地搬家。但外地家庭情况不同,他们本身所处环境流动性高,更需要搬家。因此促成流动人口和本地人口迁移的原因本身就有本质上的不同,故并不能据此一项认为本地家长对子

表 9.1　　　　　　　　　　家长对子女期望及关注度差异

	公办学校		民办学校
	上海儿童	流动儿童	
认为孩子学习很重要	68%	66%	49%***
父母对孩子未来教育程度的期望			
初中	0%	1%	2%*
高中或中专	3%**	7%	18%***
大专	13%	17%	18%
大学本科及以上	83%***	75%	62%***
父母是否每天辅导孩子做作业	56%**	46%	51%
每天辅导孩子做作业时间(小时)	1.39**	1.26	1.23
买课外书的频次			
经常买	50%***	34%	20%***
偶尔买	50%***	65%	71%**
从不买	0%	1%	9%***
选择居住地的原因			
工作	9%***	45%	40%*
孩子读书	12%***	36%	45%***
家庭	39%***	9%	5%**
其他	40%***	10%	10%
父母对子女的关心程度			
非常关心	43%***	29%	45%***
有时关心	44%**	51%	45%*
不关心	13%***	20%	10%***

注：***、**和*分别代表在1%、5%和10%显著性水平下显著。上海儿童一列标记的星号表示公办学校中本地儿童与流动儿童的显著性差异，民办学校一列标记的星号表示民办学校流动儿童与公办学校流动儿童的显著性差异。

女的教育重视程度低。

最后需要补充说明的是，父母对子女的关心度是由各自学校教师来进行评定的。这是教师的主观评价，且每一位教师心中对家长是否关心孩子的教育评价因其所在学校不同而各不相同，因此这个评价仅在同一班级中比较才有意义，在反映比较三者之间的差异上无效。数据显示,公办学校的外地家长在三组中表现最差,很可能是因为公办和民办学校教师各自的评判标准和参照基准不同。一方面公办学校教师可能比民办学校教师有更严格的要求;另一方面,公办学校教师在打分时是以本身就更注重孩子教育的本地家长为参照基准的,因而评级不自觉地偏低了。

9.2.2 进一步比较:"双高"父母更重视教育

表9.1从统计描述的显著性差异来看不同类型家长对子女学习关注度和教育期望的特征,得出了本地家长最重视孩子教育的结论。那么到底是哪些因素可能影响家长对孩子教育问题的态度和行动呢?表9.2进一步通过回归分析拥有不同特征变量的父母在教育观念和行动上的差异,并再次印证了之前的观察结果,户口地、家庭经济条件和父母受教育水平等都是影响父母教育观念和行动的重要因素之一。本地家长的确在绝大多数方面更注重孩子教育,公办学校外地家长对子女的学习重视度、教育期望和书籍购买等方面都非常显著地高于民办学校家长——来自公办学校的父母认为孩子的学习很重要的概率要高出民办学校父母17%,希望孩子将来能够上大学的期望概率高出13%,经常给孩子买课外书的概率高出14%。当然,我们不能据此定论,学校类型是决定家长教育重视度的主要因素。因为这里存在鸡和蛋的逻辑,很有可能是父母本身更关注孩子教育,才会拼命把孩子送往公办学校,而非进入公办学校后对父母态度产生重大影响。

但可以推断的一点是,家庭经济水平很可能是影响父母教育关注度的显著原因——表9.2显示,不同家庭经济水平和受教育程度的父母也会在教育观念和行动上存在显著差异。家庭收入越高,对孩子的教育重视度也越高——如果家庭月收入从3 000元以下提升到3 000~5 000元水平,则认为学习对孩子很重要的概率要上升5%;如果月收入继续增加到5 000元以上,则对学习更重视的概率提升会显著高出11%,期望子女上大学的概率会提升10%,经常买书的概率也将增加7%。

发现比较有意思的特征是,父母双方的教育水平会各自对孩子教育的不同

表 9.2　　　　　各变量对家长教育期望及关注度的影响

变　　量	(1) 认为学习对 孩子很重要	(2) 期望孩子 能上大学	(3) 每天辅导 功课的时间	(4) 经常购买 课外书
上海户口	−0.09** (0.04)	−0.03 (0.04)	0.15** (0.07)	0.09** (0.04)
民办学校	−0.10*** (0.03)	−0.07*** (0.03)	−0.05 (0.05)	−0.09*** (0.03)
农村户口	−0.09** (0.04)	−0.02 (0.03)	0.12* (0.06)	−0.02 (0.03)
女孩	−0.02 (0.02)	0.03 (0.02)	−0.08* (0.04)	0.04* (0.02)
年龄(月)	−0.00 (0.00)	−0.00** (0.00)	0.00 (0.00)	0.00 (0.00)
独生子女	0.03 (0.03)	0.06** (0.03)	−0.02 (0.05)	0.03 (0.03)
上过幼儿园	0.09* (0.05)	0.06 (0.05)	0.01 (0.08)	0.07 (0.05)
家庭月收入				
3 000～5 000元	0.05* (0.03)	0.04 (0.03)	0.01 (0.05)	0.02 (0.03)
大于5 000元	0.11*** (0.03)	0.10*** (0.03)	0.02 (0.06)	0.07** (0.03)
父亲具有高中以上学历	0.07** (0.03)	0.08*** (0.03)	0.05 (0.05)	0.04 (0.03)
母亲具有高中以上学历	−0.00 (0.03)	0.03 (0.03)	0.12** (0.05)	0.05* (0.03)
截距项	0.77*** (0.20)	0.99*** (0.19)	0.83** (0.35)	0.03 (0.19)
样本量	1 771	1 778	1 749	1 772
调整 R^2	0.057	0.066	0.011	0.078

注:括号中列出的数字表示班级层面的聚类方差。***、**和*分别表示在1%、5%和10%显著性水平下显著。

方面产生影响。母亲受过高中以上教育会显著增加对孩子的学习辅导时间和书籍购买频次,而父亲的高学历会相应产生更高的学习重视度和教育期望,在概率上超出低学历父亲7%以上。由此可以初步推测,母亲在实际培养教育孩子的过程中付出更多时间与精力,而父亲则对孩子成长方向把握起到一定作用。

总体来说,无论在公办还是民办学校、本地家长还是外地家长,家长中高收入和高学历的"双高"群体会更加重视子女教育问题。值得一提的是,本节揭示的家庭经济水平和父母教育程度与对子女学习重视度之间的正向关系再次呼应了第4章中的入学分选机制——家庭经济水平和父母受教育程度是两个影响流动儿童进入公办学校的显著因素,公办学校的外地家长也的确比民办学校的外地家长更关注孩子学习。

此外,影响父母对子女教育重视度的因素还有户口类型和孩子的个人特征。拥有城镇户口的家长要比农村户口的家长更加认为孩子学习对未来很重要,也进行更多家庭功课辅导。女孩要比男孩得到的作业辅导更少,可能是因为男生相对更顽皮一些,需要更多家长的强制监管。但女孩会比男孩获得更多课外书购买的机会。同时,独生子女的父母对孩子未来的教育期望更高,这可能符合优生优育的思想。上过幼儿园的孩子家长更加重视学习对未来的影响。

普遍意义上,公办学校的外地家长相比民办学校的家长更加注重孩子的教育问题,这也部分解释了为什么他们的孩子能够进入教育质量更优的公办学校。而无论哪一个群体,家庭经济水平和父母受教育程度越高,对子女的教育就越重视。

9.3 满意度比较:谁对当前学校更满意?

9.3.1 公办学校外地家长:"点赞"公办学校

父母对学校教育的满意度及评价也是反映流动儿童接受教育情况和融入本地情况的一个维度。本节设置了三类问题来测量外地家长对上海学校的评价,分别是满意度评级、与老家质量比较和对学校的改进建议,其中前两类是分别对学校质量进行主观满意度和客观教育质量的评价。测量结果显示,从外地家长组来看,民办学校家长显然更不满意一些,公办学校的外地家长是所有组别中对学校最满意的。但同样是公办学校,本地家长比外地家长对学校的满意度明显更低。总的来说,外地家长进入公办学校比较满意,说明流动儿童在公办学校的受教育和融入情况还是比较好的。

如表9.3所示,我们将满意度分为三个等级,44%的公办学校外地家长对学校"非常满意",显著高于民办学校家长的25%和本地家长的26%;公办学校外地家长对学校"不满意"的比例为2%,显著低于民办学校家长的9%和本地家长的6%。

表9.3　　　　　　　　家长对学校满意度及评价

	公办学校 上海儿童	公办学校 流动儿童	民办学校
父母对学校的满意程度			
非常满意	26%**	44%	25%***
基本满意	68%***	53%	65%***
不满意	6%***	2%	9%***
父母对学校的质量评价			
目前的教学质量好		79%	50%***
差不多		16%	39%***
老家的教学质量好		5%	11%***
学校最需要改进的地方			
校舍和教学设施不够	21%	18%	27%***
同学的学习风气不够好	30%	30%	24%**
教师的水平和教学经验不足	9%***	2%	4%*
教师的责任心不够	4%	3%	4%
学费太贵	0%	1%	2%
学校整体管理水平偏低	9%**	5%	8%*
其他	26%***	40%	31%***

注:***、**和*分别代表在1%、5%和10%显著性水平下显著。上海儿童一列标记的星号表示公办学校中本地儿童与流动儿童的显著性差异,民办学校一列标记的星号表示民办学校流动儿童与公办学校流动儿童的显著性差异。

当然,满意度是一个完全依赖主观判断的因素,为了得出相对客观一些的学校教育质量评价,我们还引入了一个参照项——与老家学校质量的比较。接近80%的公办学校外地家长认为目前学校的教育质量优于老家学校,民办学校仅有50%的家长认为当前学校教学质量更好,认为两者差不多的占39%。因此总体来看,进入公办学校的外地家长对于学校质量的评价更高些,这也与一般大家认为的公办学校优于民办学校的评价是一致的。

家长对于学校的改进建议则体现了两类学校各自的薄弱环节和三组家长对学校条件不同的重视度。对民办学校家长而言,最迫切的是对学校硬件设施的升级需求,27%的民办学校家长认为目前校舍和教学设施不够,该比例远高于公办学校外地家长的18%和本地家长的21%。在公办学校,30%的外地家长和本地家长不满意同学的学习风气;在民办学校这一比例显著较低为24%,排在最高的教学设施之后。这一方面是因为民办学校硬件条件普遍较差,公办学校这方面相对做得很好。重视学习氛围对孩子的影响是两类学校家长都比较关注的问题。

在对学校方面的要求上,民办学校家长和本地家长一样,觉得教师的水平和教学经验以及学校管理水平都需要提高,而公办学校外地家长则较少对这两方面提出建议。三组家长对学费和教师责任心的评价并无显著差异,说明两类学校教师责任心都令家长比较满意,且民办和公办学校都已经实现了九年制义务教育阶段学费全免。

总的来说,公办学校的外地家长是满意度最高的一个群体,而本地家长和民办学校家长在很多地方的不满都较为相似,但是其中具体原因并不相同。

9.3.2 民办学校家长:仍有诸多不满

同样是外地家长,民办学校与公办学校的家长体验却明显不同,是学校质量导致民办学校家长更差的评价吗？表 9.4 展示了 ordered probit 回归和带有工具变量[①]的 ordered probit 回归的结果——学校类型的确是导致截然不同的满

---

① 这里的工具变量与第 6 章中所使用的工具变量一致,即 2008 年学生的居住地。

意度的主要因素。表中的前两列展示了外地家长态度从"满意"变化到"非常满意"所带来的边际概率效应,后两列是其态度从"和老家的教学质量差不多"变化到"目前的教学质量好"带来的边际概率效应。

表9.4 各变量对外地家长总体满意程度和对学校质量评价的回归结果

变 量 名	(1) oprobit	(2) IV-oprobit	(3) oprobit	(4) IV-oprobit
	家长总体满意程度		家长对学校质量的评价	
民办学校	−0.25*** (−0.03)	−0.19*** (−0.05)	−0.34*** (−0.03)	−0.27*** (−0.06)
语文/100	0.00 (−0.09)	0.02 (−0.08)	0.03 (−0.07)	0.05 (−0.1)
数学/100	0.11* (−0.06)	0.15** (−0.06)	0.06 (−0.07)	0.11 (−0.07)
农村户口	0.03 (−0.04)	0.02 (−0.03)	0.03 (−0.03)	0.02 (−0.04)
女孩	−0.02 (−0.02)	−0.02 (−0.02)	0.00 (−0.02)	0.01 (−0.02)
独生子女	−0.07*** (−0.02)	−0.06*** (−0.02)	−0.03 (−0.02)	−0.02 (−0.03)
上过幼儿园	0.01 (−0.04)	0.02 (−0.03)	0.00 (−0.03)	0.01 (−0.04)
离乡外出打工时间(年)	−0.00*** (0.00)	−0.004** (−0.002)	0.00 (0.00)	0.00 (0.00)
家庭月收入				
3 000~5 000元	−0.02 (−0.02)	−0.02 (−0.02)	0.01 (−0.02)	0.01 (−0.04)
大于5 000元	−0.03 (−0.03)	−0.02 (−0.03)	0.03 (−0.04)	0.04 (−0.04)
父亲受高中及以上教育	−0.06*** (−0.02)	−0.06** (−0.03)	0.02 (−0.03)	0.02 (−0.03)

续　表

变　量　名	(1) oprobit	(2) IV-oprobit	(3) oprobit	(4) IV-oprobit
	家长总体满意程度		家长对学校质量的评价	
母亲受高中及以上教育	0.02 (−0.03)	0.03 (−0.03)	−0.03 (−0.03)	−0.04 (−0.04)
来源省份				
江苏	0.05 (−0.05)	0.06 (−0.04)	−0.15*** (−0.05)	−0.16*** −0.05
安徽	0.04 (−0.03)	0.03 (−0.03)	0.02 (−0.03)	0.01 −0.03
江西	0.07** (−0.03)	0.07 (−0.03)	0.00 (−0.05)	0.00 −0.05
河南	0.05 (−0.04)	0.04 (−0.04)	0.04 (−0.04)	0.03 −0.05
四川	0.10*** (−0.04)	0.10** (−0.04)	0.07* (−0.04)	0.06 −0.05
年龄(月)	是	是	是	是
父亲职业	是	是	是	是
样本量	1 633	1 633	1 633	1 633

注：本表报告的是边际效应而非回归系数。对于家长总体满意程度，本表是从"满意"到"非常满意"的边际概率变化。对于家长对学校质量的评价，本表是从"和老家的教学质量差不多"到"目前的教学质量好"的边际概率变化。

普遍意义上，民办学校家长对学校的满意度显著低于公办学校外地家长对学校的满意度。控制住其他变量，如果一个学生从民办学校转学到公办学校，其家长对学校的满意度从"满意"变化到"非常满意"的概率将显著增加19%。由于满意度评价是更加个人化、主观性的描述，因此会受到更多特征变量的影响。比如学生的标准化考试成绩对家长对学校的满意度有着显著影响。如果学生的数学成绩每提高1分，家长对学校"非常满意"的概率就会上升15%。而语文成绩对满意度的影响就不明显，可能是因为理科比文科更易衡量，也更直接反映智力水平和学校教学质量。另外，独生子女的父母和拥有更高教育水平的父母会主观上对学校抱有更高期望,因而更难对学校感到非常满意。最后,离乡打工时间越长,在当地生活时间越多,也会更难对学校感到非常满意。

表9.4的后两列反映了学生家长对学校质量的评估结果,这是更加客观的评价。在其他条件均相同的情况下,民办学校家长认为目前的教学质量比老家教学质量好的概率比公办学校的家长显著低27%。与前面的回归一样,我们同样控制了标准化考试成绩、独生子女、父母是否具有高中及以上学历以及来城市的时间是否更长等变量,但这些对学校满意度产生显著影响的因素在对学校质量评估的影响上并不起多大作用,可能是对学校质量进行评估引入了老家学校作为参照物,因此是相对更加客观的一种度量方法,一些个人特征在这里就不再产生影响。

最后,我们分不同来源地的父母来看其对学校质量的评估,表9.4同样也揭示了一些非常有意思的地域性差异。父母从江苏来到上海,更容易觉得目前的教学质量没有老家的好,而这与江苏省本身的教学质量非常好是完全一致的。在其他条件一致的情况下,四川的父母更容易觉得目前学校的教学质量比老家好,且他们对学校的整体满意度评价也显著更高。

我们可以把这里的分析结果与我们在第7章表7.7和表7.8中关于家长满意度和家长对学校质量评价的分析结合起来。从2010年到2012年的变化上看,尽管两年之间民办学校教学质量有了显著提高,家长对于学校质量的评价改善了很多,但是家长满意度在两年间却没有什么变化。因此,家长对于学校不满意很重要的原因是民办学校在体制上所受到的障碍,从家长的角度来看,主要是在民办学校就读的孩子在上海升学的机会要小得多。

9.3.3 本地家长:不满源于高要求

那么公办学校内部的本地家长和外地家长的态度差异是什么原因导致的呢?表9.5的ordered probit回归展示了不同特征变量使家长对学校态度从"满意"到"非常满意"所带来的边际概率效应。这次我们添加了除个人特征和家庭背景之外的学校特征控制,该表(1)~(7)列展示了通过对不同因素的控制变量来看家长之间的满意度差异。结论非常清晰,无论在何种控制变量的情况下,本地家长都对学校满意度显著更低,这是因为本地家长本身对学校就有更高的要求。

表9.5　各变量对公办学校内部本地和外地家长对学校满意度的回归结果

变量	(1)	(2)	(3)	(4)	(5)	(6)	(7)
上海户口	−0.18*** (0.03)	−0.16*** (0.04)	−0.19*** (0.03)	−0.13*** (0.04)	−0.18*** (0.03)	−0.16*** (0.04)	−0.15*** (0.04)
农村户口		−0.01 (0.04)		0.01 (0.04)		−0.01 (0.04)	−0.01 (0.04)
女孩		0.05* (0.03)		0.05* (0.03)		0.05* (0.03)	0.05* (0.03)
年龄(月)		0.00 (0.00)		0.00 (0.00)		0.00 (0.00)	0.00 (0.00)
独生子女		−0.05 (0.04)		−0.07* (0.04)		−0.05 (0.04)	−0.05 (0.04)
上过幼儿园		−0.05 (0.10)		−0.13 (0.10)		−0.05 (0.10)	−0.05 (0.10)
家庭月收入							
3 000～5 000元		0.05 (0.04)		0.05 (0.04)		0.05 (0.04)	0.04 (0.04)
超过5 000元		0.02 (0.04)		0.01 (0.04)		0.02 (0.04)	0.00 (0.04)
父亲有高中以上学历		−0.01 (0.04)		−0.03 (0.04)		−0.00 (0.04)	−0.01 (0.04)
母亲有高中以上学历		0.01 (0.04)		0.01 (0.04)		0.01 (0.04)	0.01 (0.04)
学校流动儿童人数比例(标准化值)					0.05 (0.03)	0.05 (0.03)	0.04 (0.04)
班级流动儿童人数比例(标准化值)					−0.03 (0.03)	−0.03 (0.03)	−0.03 (0.03)
标准数学成绩							0.04*** (0.02)
学校固定效应			是	是	是	是	是
样本量	937	937	937	937	937	937	937

注：括号中列出的数字表示班级层面的聚类方差。***、**、* 分别表示在1%、5%和10%显著性水平下显著。

第(1)列显示,在不考虑其他任何因素的情况下,本地家长要比外地家长对学校的态度从"满意"变为"非常满意"的概率低18%。第(2)列是控制了子女个人特征、家庭条件和家长双方背景等一系列因素后,本地家长对学校满意度提升的边际概率仍然比外地家长显著低了16%。

第(3)、(4)列是考虑到不同公办学校之间的教育质量不同,因此控制了学校的差异性后重复进行了第(1)、(2)列的操作。相当于假设同一所学校内,测试上海家长对学校满意度的影响程度。结果发现,排除了学校之间的差异后,本地家长仍然对学校满意度较低。此外,结果还显示独生子女家长会对学校的要求更高、满意度更低。再者,男孩的家长对学校的满意度会比女孩更低一些。

最后,我们考虑到第8章中讨论过的歧视问题和隔离效应,那么招收流动儿童的比例是否会影响到本地家长对学校满意度的评价呢?可能流动儿童越多越容易导致本地家长的不满?于是第(5)列分别控制了学校和班级内流动儿童的占比,事实上,学校和班级内流动儿童的人数多少并不影响家长对学校的满意度。第(6)列是在之前控制了子女个人特征、家庭条件和家长双方背景的基础上,加上学校和班级里流动儿童占比控制的条件,上海户口依然是唯一一个显著影响因子。第(7)列考虑到前一节中的结论——子女的数学成绩与民办和公办学校外地家长对学校满意度之间有强烈的正相关,因此控制了成绩因素,我们发现结论依旧成立——本地家长对学校满意度仍然比外地家长低15%。

通过全面细致的回归分析,我们基本可以确认本地家长本身对学校的满意度评价就要低于外地家长,而非其他因素所致。其实,本地家长的"挑剔"心理很容易理解,通常人们对于一件事物的好坏评价都是通过与参照标准或参照物的比较得出的。家长在做满意度评价的时候,不自觉地把自己放在归属群体内进行比较。对于本地家长来说,他们会把自己纳入上海人群体内比较,内心的参照物就是上海市其他更好的公办学校,因此认为自己子女享受的教育是相对较差的。由于我们选择的样本都是上海地区平均水平或以下的公办学校,因此产生这样的结果合情合理。而对于公办学校内的外地家长来说,他们是在外来务工人员群体中自我比较,就会以上海的民办学校或老家的学校为参照物来衡量,因此对于目前所在公办学校的满意度就会更高。我们的研究也显示,上海公办学校的质量基本好于大多数外来务工人员老家的学校和上海的民办学校。

9.4 家长接纳度：本地家长接受流动儿童吗？

在上一节本地家长对学校态度的考察中，我们发现学校招收流动儿童比例对本地家长的满意度评价并无显著影响，这也从侧面反映了流动儿童在本地公办学校内的融入情况。在第8章的研究中，我们已经从学校、教师的角度表明流动儿童在公办学校内部并没有受到歧视，本章能够通过本地家长的态度补充说明这一结论，以本地家长对流动儿童的接受度来评价他们在公办学校内的融入情况。

开始讨论前值得注意的是，这些样本数据都来源于已经招收流动儿童的公办学校，因此我们的调查对象都是留在这些学校的本地家长，有可能一部分态度最激烈的家长已经把孩子转到其他学校，相当于波动更大的极端值被去除了，分析结果是基于这一批仍留在学校的本地家长。

9.4.1 本地家长：完全接纳流动儿童仍需时间

我们通过两个问题来测量本地家长对学校内流动儿童的接受度，第一个是他们是否支持学校招收流动儿童，第二个是他们认为招收流动儿童对学校教学质量的影响。图9.1展示出本地家长仅有6%反对学校招收流动儿童。剩余94%的家长中，支持态度也有很大差异，可分为三类：32%的本地家长支持招收且同意学校把流动儿童和本地儿童混合编班；30%的本地家长虽然支持，但是希望学校能给流动儿童单独编班，与自己的孩子分开教学；另外32%的本地家长持中立态度。

图9.2描述了本地家长认为学校招收流动儿童对学校教学质量的影响。约三分之一的本地家长觉得会降低学校的质量，三分之二的本地家长认为没有影响，约10%的本地家长还是会考虑把孩子转到其他的公办学校去。

普遍意义上，公办学校小学阶段的本地家长是接受流动儿童入学的，但是在具体态度倾向上有差异，真正支持流动儿童接受平等教育且没有歧视的占三分

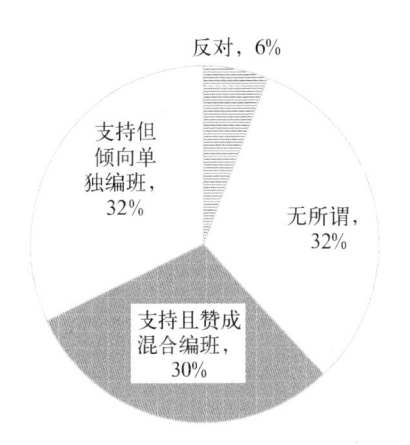

图 9.1 本地家长对学校招收流动儿童的态度

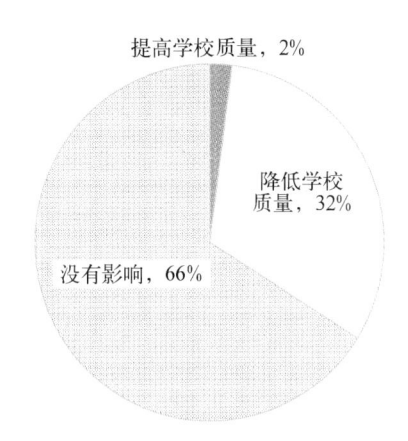

图 9.2 本地家长认为招收流动儿童对学校质量的影响

之一。因此，本地家长完全接受流动儿童进入仍需经历思想和制度上逐渐转变的过程。

9.4.2 态度探因：接纳度与个人或外界因素无关

延续之前对满意度和教育重视度考察的逻辑，本地家长的态度是否会受到一些个人或外界因素的影响呢？比如不同家庭经济条件和教育水平的父母会在接纳态度上呈现不同的倾向吗？或者说，是否会因为学校招收了太多流动儿童而导致家长更多反对呢？

为此，我们考察了各变量对家长态度变化的边际概率效应。回归结果如表 9.6 所示，前三列是对家长反对流动儿童招收的概率的回归分析。第(1)列控制了子女个人特征、家庭背景和父母教育程度，发现与之前教育重视度受家庭背景影响的结论不同，这些因素的变化不会引起家长支持或反对招收流动儿童的概率增加或减少；第(2)列加上了学校和班级招收流动儿童比例的控制条件，结果发现无论学校招收流动儿童是多是少、班级内流动儿童比例是高是低，都不会影响本地家长的态度；第(3)列在第(1)列的基础上增加了标准数学成绩，试图观测子女成绩是否会影响父母对流动儿童的接纳度，结果也不显著。说明家长不会将自己孩子成绩差归因于流动儿童的进入，也不会因此反对学校招收流动儿童。后三列对家长认为招收流动儿童是否会降低学校教学质量的态度做了同样的回归分析,结论与前面一致,不受以上任何一个因素的影响。

表9.6 各变量对本地家长对学校招收流动儿童的态度

变 量	(1)	(2)	(3)	(4)	(5)	(6)
	反对学校招收流动儿童的概率			认为招收流动儿童会降低学校教学质量		
学校流动儿童人数比例（标准化值）	0.01 (0.01)			−0.02 (0.03)		
班级流动儿童人数比例（标准化值）		0.01 (0.01)			−0.01 (0.03)	
标准数学成绩			0.01 (0.01)			0.02 (0.03)
女孩	−0.00 (0.01)	−0.00 (0.01)	−0.00 (0.01)	−0.04 (0.04)	−0.04 (0.04)	−0.04 (0.04)
独生子女	−0.00 (0.02)	−0.00 (0.02)	−0.00 (0.02)	−0.06 (0.07)	−0.06 (0.07)	−0.06 (0.07)
家庭月收入						
3 000～5 000元	−0.01 (0.02)	−0.01 (0.02)	−0.01 (0.02)	−0.02 (0.06)	−0.02 (0.06)	−0.02 (0.06)
大于5 000元	−0.00 (0.02)	−0.01 (0.02)	−0.01 (0.02)	−0.01 (0.06)	−0.00 (0.06)	−0.01 (0.06)
父亲有高中及以上学历	−0.01 (0.02)	−0.01 (0.02)	−0.01 (0.02)	0.06 (0.06)	0.06 (0.06)	0.06 (0.06)
母亲有高中及以上学历	−0.01 (0.02)	−0.01 (0.02)	−0.01 (0.02)	0.01 (0.06)	0.01 (0.06)	0.00 (0.06)
样本量	429	429	429	429	429	429

由此可见,本地家长对流动儿童的接受度都是个人化的态度判断,不受个人教育背景、经济实力、子女成绩等其他特征、学校的流动儿童招收比例等环境和个人因素影响。

政策篇

第10章 体制外——民办学校的制度环境及变化

第11章 体制内——公办学校的制度环境与流动儿童融入

第12章 未来的希望——流动儿童教育政策建议

第 10 章
体制外——民办学校的制度环境及变化

摘　要

从建立之初,民办农民工子弟学校在大城市的教育体系中一直处于尴尬的"体制外"。无论是学校的财政支持、教师的待遇福利还是学生的升学通道,都比公办学校"低人一等"。尽管在政府的支持和社会各界的关注下,近几年民办学校的情况已经大为改善,但是体制内外的鸿沟仍使得民办学校的进一步发展面临自身不可跨越的障碍,这也造成了民办教育体系内师生的诸多不平等。

本章回顾了自 2008 年改制以来,上海地区民办学校的整体环境变化。我们试图从财政政策、监管政策、生源政策、学校体制和教师制度等多方面分析民办学校发展中的进步与不足,全面反映目前上海民办学校的生存现状,反思现有制度设计可能存在的缺陷。

其中,社会各界关注最多的是生源政策和教师编制问题。前者决定了数百万流动儿童的入学和升学机会,后者涉及体制内外教师待遇不平等的问题。由于公办和民办学校两套制度不平等带来的权利伤害不仅发生在学生身上,也包括教师。民办学校若想谋得长足发展,清除体制性障碍是最为关键的一步。

10.1 财政政策：反思教育的投资收益比

10.1.1 改制行动：填补教育资源缺口

根据上海市统计局发布的《2015年上海市国民经济和社会发展统计公报》显示，截至2015年底，上海外来常住人口981.65万人，已经相当于一座特大城市的人口规模，这背后是流动儿童在当地就学的压力。

2015年以前，上海义务阶段教育面临的主要问题之一就是教育资源供给不足。2013年基于上海七区的城市教育容纳度调研预估[①]：到2015年，上海常住居民和外来流动人口相加的学前与义务教育阶段的适龄学生将达212万人，其中小学阶段适龄儿童和少年将达93.4万人。若小学阶段以每班40人计，当时仍有缺口约8 100个班级。

行业预测，义务教育阶段人口数量增长的高峰仍将持续。进入新世纪以来，上海净流入人口连续15年快速增长，但从2015年首次出现"净流出"。稳定下来的外来常住人口陆续进入生育阶段，再加上近年"全面二孩"政策放开，给上海义务教育阶段的资源供给带来压力。但是，政府在长期教育规划中并未配置足够充裕的资源，导致现在城市面临公共教育服务资源紧缺的现状，部分流动儿童入学存在困难。

由于信息不对称、户口限制、父母职业等诸多内外因素，本应人人平等享有的义务教育也出现不同的"含金量"。正如本书前述章节所言，"幸运"的流动儿童能够进入质量相对更优的公办学校，无法获得公办学校名额的流动儿童中，大部分进入了相对差一些的民办学校，更有甚者限于诸如父母身份在流入地的合法性、入学要求不达标等问题而辍学在家，或独自回家成为留守儿童。

---

① 数据引用自：东方新闻网，2013年6月6日新闻，http://sh.eastday.com/m/20130606/ula 7439613.html.

即便能够留在上海本地就学,流动儿童日后面临小升初等升学变化时,依然缺乏相应的教育保障。尽管目前上海正采取逐步向随迁子女开放中职学校等措施,但由于政策受益面太窄,仍未真正解决他们在升学需求、就业出路上的难题。

如何改变义务教育阶段教学资源供需不平衡的状态,成为解决流动人口问题的一项重要议题。早在1996年,我国政府就首次以部门规章的形式对流动儿童教育问题进行规范化管理。原国家教委印发的《城镇流动人口中适龄儿童少年就学办法(试行)》提出可以举办民办打工子弟学校,创办多种办学形式以满足教育需求。彼时,城市教育资源受到农村流入人口冲击的问题逐渐进入政策考量和大众关注的视野。

2001年5月,国家首次提出"两为主"政策。2003年1月,国务院办公厅又印发了《关于做好农民进城务工就业管理和服务工作的通知》(以下简称《通知》),提出"要保障农民工子女接受义务教育的权利"。《通知》继续强调了"两为主"政策,要求流入地政府在接纳流动儿童进入公办学校时,"在入学条件等方面与当地学生一视同仁,不得违反国家规定乱收费,对家庭经济困难的学生要酌情减免费用"。与此同时,《通知》对民办农民工子弟学校也提出监管,"要加强对社会力量兴办的农民工子弟简易学校的扶持,将其纳入当地教育发展规划和体系,统一管理"。"流入地政府要专门安排一部分经费,用于农民工子女就学工作"。

尽管国家出台了一系列原则性条款,但是在执行过程中,由于地方政府与中央政府存在诸多认知上的出入以及利益上的不一致,导致每个地方执行力度和具体标准不尽相同,流动儿童接受义务教育问题始终没有得到全面妥善的解决。

在2003年《通知》里就提到,将农民工子弟简易学校纳入当地教育发展规划和体系,统一管理。但据我们在上海的实地考察,直到2007年以前,这些消纳了大量流动儿童的农民工子弟简易学校从未得到过地方政府的正式监管,而这些学校无论是硬件设施还是师资力量都难以达到公办小学的水平,大多处于野蛮生长的原始状态。

经过多年酝酿,上海从2007年开始试行农民工子弟学校转制计划,逐步将这些学校纳入政府管辖的体制之内,并于2008年全面启动农民工子弟学校转制工程,两年内将151所农民工子弟小学纳入民办教育管理体制。

以流动人口最多的浦东新区为例,2007年3月,浦东新区社会发展局向区内21所民工子弟学校印发了《浦东新区民办农民工子女学校申办暂行办法》(以下简称《暂行办法》),率先推出民工子弟学校"转正"为民办学校的计划。

《暂行办法》要求,各民工子弟学校经过3年左右达到文件规定的必要办学"门槛",方能申办成为民办学校。合格者即可享受政府教育补贴,仍不达标者则予以关闭。"转正"为民办学校后,学校的独立法人地位得以确认,成为非营利组织。浦东新区再通过"政府购买学位"的方式对在校学生进行补贴。

然而各区采取的转制政策和模式不尽相同,即便在同一区内,实际落实到学校也是万象丛生。我们从调查中得到反馈,浦东新区的一所民办小学A校(该校因上海迪士尼乐园建筑征地而被关闭)的校舍属于老板投资,改制后的一段时间内学校仍要向负责国有资产管理的教育局资产管理中心缴纳租赁费,不属于真正的公共教育资源。该校虽在名义上为政府管辖内的民办学校,但学校的实际性质在某种意义上仍属于私人学校。

改制行动从体制上打开了解决流动儿童教育问题的新思路,不过在具体执行过程中,地方政府和学校是否有效使用了专项教育经费?原本的私人学校在转制后如何真正实现体制内部改革?新的民办学校能否提供接近于公办学校质量水平的教育服务?

一线的调查或许能告诉我们一部分答案。

10.1.2 生均经费:补贴逐年提升　教师积极性更高

政府对民办学校最主要的财政支持就是生均经费补贴。生均经费来源于市区两级政府的财政,通常市级补贴对各区都一视同仁,区级补贴因地而异。以2009年为例,上海市级财政统一给予民办学校大约1 500元/学年的生均经费补贴。而各区政府对民办学校的补贴有浮动,造成了不同城区间的差距。当年宝山区区级生均补贴最高为1 500元/学年,最终每生3 000元/学年;而浦东和嘉定最低,区级补贴为每生500元/学年,最终生均经费比宝山区少了三分之一,仅为每生2 000元/学年。

随着地区教育情况和人口流动的形式变化,各区也在逐年调整补贴力度。调研了解到,2009年之后的补贴情况又有所改善。根据市政府批准的相关方案,上海从2011年起调整义务教育公办学校生均公用经费基本标准,具体为:小学生的生均经费调高到1 600元/年;初中从原来的每生每年1 600元调整为1 800元。到了2014年,上海市教育委员会、市财政局发布的《关于进一步加强市对区县财政教育转移支付资金使用管理的意见》规定:"各区县应根据招生人数,按每生5 000元(不含租赁费)的标准(其中市级承担2 000元,区县承担3 000元),对经政府委托以招收进城务工人员随迁子女为主民办小学给予基本成本补贴。"

不过,市级规划反映到各区的状况不尽相同。据我们一线调查显示,浦东新区的最终生均经费近年来增长趋势明显,2012年的改变最大,较前年增长了50%,到2013年已达每生5 000元/年。

正如第7章所讨论的,生均经费带来的最大改观就是教师工资的实质性提升。以闵行区一所民办小学B校为例,在改制前的2007年,教师工资每月仅为800多元,2008年上半年小幅升至960元/月。等到改制后的2010年则达到2 500元/月,2011年是3 000元/月,到2014年已有5 000元/月。而班主任的工资加上岗位补贴等可达到年薪约70 000元/年。即使是新进的教师每月工资也超过4 000元,加上过节费、奖金等,其年薪可达60 000多元。

"近几年教师工资翻了很多番,老师们从原来不乐意在这里工作,到现在都很珍惜这份工作,积极性也自然提高了很多。"闵行区民办小学B校校长在访谈中告诉我们。

同样,浦东新区的民办小学教师薪酬在获得政府生均经费的财政支持后也有大幅提升,但比上述闵行区民办小学B校仍略低一个等级。在浦东新区一所民办小学C校,2008年改制前的教师月薪为700~800元;改制后的2008年有明显提升,为1 100~1 200元/月;2009年为1 500~1 600元/月;2010年大约为1 900元/月;2011年为2 200~2 300元/月;2012年继续提升至2 700~2 800元/月;2013年达到大约2 900元/月。该薪资是每月教师实际到手的税后工资,还未包括学校为教师购买的"五险"——工伤保险、医疗保险、养老保险、失业保险以及生育保险,若加上每月学校代缴的约1 200元保险,2013年的人均月工资大概是4 100元。

之前提到的浦东新区另一所民办小学A校的工资水平也是类似的,但在社保缴纳等福利待遇上稍差一些。2009年改制前,该校教师的工资水平为1 500~1 600元/月,综合保险较少;改制后每年的月薪以200~500元幅度提升,到2013年达到约3 000元/月。这里同样未计入"五险"部分,通常城镇居民保险和农村户籍保险分别为1 100元/月和700元/月,其中学校分别代缴800元/月和555元/月,剩余的需教师个人自行缴纳。这样算来,每位教师最终含社保的工资为3 555~3 800元/月。

由此可见,生均经费的多少直接关系到教师工资的高低。薪酬水平也影响到教师的工作积极性、教师流动率和教学质量。从我们团队走访的三所民办学校中,都能普遍感受到2013年生均经费提升后给学校师资队伍带来的正面改观。

调研反映出,各校教师工资的差异主要源于生均经费的比例分配。在上述闵行区的B校,85%的生均经费用于支付薪酬,在同类学校中属于较高水平;而在浦东新区的C校该比例只有60%,当然这个标准是符合教育局规定的。之所以产生差距,这里又引入了另一个重要财政因素的影响——专项扶持经费,这是我们接下来要讨论的。

闵行区的民办学校除了受到生均经费的支持,还有地方政府下拨的专项经费用以提升学校硬件设备,因此生均经费可以更多投入到教师的福利待遇上。然而,浦东新区的民办学校很少有政府额外的专项经费,学校建设都需要从生均经费中挪用,因此教师薪酬自然就被挤压了。

10.1.3 专项经费:僧多粥少 硬件需求难满足

专项扶持经费作为公办学校享有的常规财政支持,解决了学校除教师工资和日常开销外的大型支出,如学校大型校舍修建、教学设备更新购置等。

2008年正值上海市教委正式提出加强农民工同住子女义务教育的一揽子计划,在将农民工子弟学校纳入民办学校管理体系的同时,加强各方面的监管和扶持力度。在《上海市教育委员会关于进一步做好本市农民工同住子女义务教育工作的若干意见》中,市教委要求市、区县要加大对农民工子弟学校的扶持力度,"市教委将继续加大对农民工同住子女义务教育的专项经费投入,用于帮助民办农民工子女小学添置和改善教学设施设备,专项性经费向财力相对薄弱地区及民办农民工子弟小学集中地区倾斜。同时,要引导民办农民工子弟小学将自己的结余资金用于学校办学条件的改善"。

根据我们的实地调研情况所得,当年转制的一部分民办小学获得了50万元的开办费,但是由于转制前背景不同,使用用途也有所不同——闵行区的B校花了45万元从原来学校老板手中购回校舍和设备,相当于专项经费作为改制的沉没成本,并未对学校硬件配备带来附加值。浦东新区的一所民办小学表示,政府并没有直接下放50万元现金,而是直接将此笔经费用于硬件设施以及体育设施的改善使用。2015年我们走访的几所学校纷纷反映,在此后较长一段时间内都没有收到过专项经费的扶持。

2009年,中央财政部实行了"以奖代补"专项基金形式的支持办法,对地方基础教育进行补贴。《中央对地方基础教育"以奖代补"专项基金管理暂行办法》中第六条明确规定了专项资金的适用范围:"奖励资金重点用于地方改善义务教育阶段学校的办学条件,兼顾高中阶段学校的办学条件,包括教学用房及辅助设施维修改造、教学仪器设备购置、学校日常运转以及教师培训等支出,不得用于行政办公经费或发放津贴补贴、奖金、福利,不得用于平衡财政预算或挪作他用。"

专项经费的落实情况在上海各区参差不齐。有的民办学校可以直接申请,有的则缺乏获取渠道。闵行区民办小学B校的校长和教导主任在采访中均表示,专项经费没有定额,主要由学校提出申请,政府审核通过就会拨款。在奉贤区,2013年曙光小学成为唯一一所申请到教委"校安工程"项目经费的农民工子弟学校,获得400多万元的校舍修缮补贴。

但这对于民办学校来说仍是少数情况,大多民办学校的基建费用只能从生均经费中抽取,势必挤压到教职工薪酬的占比。浦东新区一所民办小学的教导主任对我们表示,生均经费的20%会用于学校基础设施建设,"实际上是远远不够的,但是只有这么多钱,所以就每年循序渐进地改善一两个方面……这可能与民办小学所属的区政策有关,浦东新区没有对民办小学的专项经费拨款。"据2015年调研了解,继2008年转制时收到50万元校舍改善的专项经费之后,该校的一切经费来源都是生均经费,也无任何其他形式的政府经费补贴以及自筹款项等。

民办学校也较少获得非政府的民间资源支持,即使有相关慈善基金支持,这些资源更多倾向于补助特困生,以现金形式直接发放到个人,对学校层面并没有支持。

10.1.4 营养计划:学生等不来"免费午餐"

除了用于硬件设施的专项资金,义务教育阶段学校可获得的另一项专项资金来源于学生营养改善计划。2014年中央财政下发了农村义务教育学生营养改善计划专项资金162亿元,比前一年增加了5亿元,增长3.2%。据统计,2011～2014年,中央财政已累计安排营养改善计划专项资金462.3亿元[①]。

全国公办学校的爱心营养餐工程是从2006年起实施的,而对民办学校的餐补则一直处于滞后状态。上海属于全国较早对民办学校提供补助的地区之一,沪教委、财政局早在国务院办公厅2011年提出《农村义务教育学生营养改善计划》之前的2009年就印发了《上海市义务教育学生营养改善计划实施办法》,对本市义务教育阶段的公办学校(含政府购买学位的民办学校)的部分学生提供免费营养午餐资金,受益人群主要为本市农业户口和非农户口但父母双方中一方为本市或外省市农业户口的学生。然而,这项资金惠及对象为本市户口学生,民办学校虽然在列,但是其生源全部为外省市户口,这意味着他们无法成为营养计划的受益人。

在实地调研中发现,民办小学的午餐质量只能尽量在安全和管饱上达标。我们了解到浦东一所民办小学的午餐是一荤两素一汤,由学校食堂供应。各班

---

① 数据引用自:新华社消息,2014年8月11日新闻,http://www.gov.cn/xinwen/2014-08/11/content_2733513.htm.

学生排队按需盛饭菜,饭量管饱,但是一些菜和汤供应数量有限,不少排第二次队打菜的孩子如果去晚了就添不到汤和菜了。相比之下,公办学校的午餐标准就要高一些。在我们走访的学校中,有的每周都会贴出本周菜单供家长师生参考。以某校周一的菜单为例,鸭块烤洋葱、西芹肉丝、红烧萝卜和番茄蛋汤,荤素搭配较为合理,由于是每人一份足量的营养盒饭,也不存在学生需要添菜的情况。

10.2 监管政策:有限的外部力量

10.2.1 年检制度:挂钩经费 形成激励

国家曾在2002年颁布的《民办教育促进法》中对民办学校的依法管理提出一定标准,要求教育行政部门及有关部门依法对民办学校实行督导,促进提高办学质量;组织或者委托社会中介组织评估办学水平和教育质量,并将评估结果向社会公布。

在上海各区的实地走访中,我们似乎很难看到标准统一、透明公开的民办学校教育质量报告,各区教育部门实施最为广泛的是对民办学校的年检考核。有的区把考核结果与生均经费挂钩,从而起到激励作用。

浦东新区民办小学C校的教务主任向我们具体说明了考核与激励办法。区教育部门每年都必须对所有民办学校进行全面考核,考核内容具体分为5个部分:行政管理、财务与资产管理、教育教学、安全卫生和师资队伍。考核结果共分为4档:优秀、良好、合格与不合格,而评级结果直接决定了部分生均经费的发放。

以2012年为例,当时的生均经费标准是4 500元/人·学年,区教育局直接按照4 000元/人·学年的标准下放到学校,剩下的500元要根据当年年检的考核结果来按比例返还和奖励。被评为优秀的学校能获得700元的返还,相当于在原本500元的基础上多了200元的额外奖励。其他依次为:良好等级返还

500元,合格等级返还300元,不合格就无返还。该所浦东新区民办小学在考核中拿到了A,因此得到700元的奖励。据了解,浦东新区的民办学校中不合格的学校大概有三至四所。

这种模式相当于对学校的绩效考核,在基本经费的基础上增加了绩效激励,对学校的办学质量起到了促进提升的作用。

10.2.2 日常检查:重硬件 轻软件

除了每年最为大型的年检之外,民办学校还要接受教委和其他政府部门的日常考核,内容覆盖到学校安全(包括食品安全)、财务情况、师资质量、学生成绩等硬件和软件各方面。这些检查结果通常不会影响到生均经费的发放,但会要求学校及时整改。

闵行区的民办小学B校校长在接受采访时表示,教委对于学校安全以及食品安全方面经常有突击性检查。不过没有对于学生的考试检查,除了每年一次对五年级学生有成绩抽查。师资方面的检查主要是看校内培训方面以及老师是否有发展的空间等。校方表示,教委的检查对于学校来说比较简单,因为他们已经超过教委的要求。

浦东新区民办小学A校则表示,教委每年有很多检查,比如财务督导,本学期就已经来过3~4次,我们访问当天(2014年5月8日的上午)刚刚来做过财务检查。

浦东新区民办小学C校教导主任表示接受较多的也是财务和食品安全的检查,同时也有教学督导,一般是25个人左右,对教育教学方面进行一些检查。

在浦东新区,除了教委的检查,另外也会有该区的教育发展研究院进行质量调研,每个学期抽一个年级的一个学科来进行考试。

就走访的几所学校反馈的情况来看,教委检查呈现几大特点:一是着重最基础的学校安全、财务方面等硬件考核,在软件考核(如师资情况、教学质量)方面相对降低了频率和力度。二是大多数学校都能通过检查,说明考核标准并不高。即使不合格,政府方面更多是以引导、监督为主,不会进行严厉处罚。

10.2.3 学校体制：有限的权力制衡

不同于公办学校，民办学校由于其特殊的办学体制，理论上存在着董事会和校长委员会两个决策团体的相互制衡。在2008年所有民办小学正式纳入国家教育监管体制前，这些学校都是由当地的企业家、社会人士创办起来的农民工子弟学校，出资方对学校具有决定性的掌控权。在改制以后，校长作为学校法人代表，和原本的学校老板，也即现今的政府委托举办人，形成两权分立的决策格局。

以宝山区民办小学D校为例，在大笔财务支出事项上需要校长与董事长共同决策。该校校长表示，为了确保财政平衡，3 000元以上的大项支出需要董事长签字。不过，这种权力制衡产生的监督效果是很有限的，只体现在财务方面，对于教育、师资质量等其他方面还是缺少第三方的监控。而且有些学校在改制后董事长就是校长，其体制本质没有变化。

总体来看，闵行区改制后的民办学校更规范，政府完全从私人老板处买断学校经营权，以学校原所有者为代表的董事会只是挂名或完全退出，由政府接管办学，其性质也更接近公办学校。而浦东新区的情况略复杂一些，改制后仍存在一些学校是政府委托私人办学性质，校长是外聘来管理学校的，重要的财务决策依然需要通过董事会，其性质介于私立学校与公办学校之间。

10.3 生源政策："教育控人"的政策影响

10.3.1 小学入学：政策口子逐年收紧

在整个教育体系中，决定孩子入学和升学的生源政策是最为关键的一环。流动儿童入学和升学政策的制定就更为复杂，由于流出地和流入地之间的教育环境、经济水平、政策背景等往往大相径庭，再加上地方政府各自的利益考量，使得两地教育制度衔接上可能出现断档。要想规划出一整套适用全国的入学政策在当前条件下仍难以实现。因此，国家政策也只能设定目标和方向，具体规则制定和执行仍要因地而异。

迄今为止，涉及流动儿童入学的中央政策也只是确定基本框架和原则，缺少具体实施办法。1998年原国家教委、公安部颁布的专门针对随迁子女入学政策的《流动儿童少年就学暂行办法》于2007年被废止，为的是重新修订《义务教育法》。但在2006年修订的法案中并未给出参考制度，第2章第十二条规定，当地政府应当为外来务工人员子女提供平等接受义务教育的条件，但具体办法由各个地方自己决定。

以上海为例，不同地区、不同学校类型的入学政策都不尽相同且逐年变动。2013年颁布的《关于来沪人员随迁子女就读本市各级各类学校的实施意见》中对义务教育入学规定是："持《上海市居住证》人员，或连续2年在街镇社区事务受理服务中心办妥灵活就业登记（逐步过渡到3年）且持有《上海市临时居住证》满3年人员。"据了解，对于获得《上海市居住证》的前提要求是连续缴满6个月社保。

具体到各区的情况，甚至很难从网上找到公开信息，只能凭借走访中每年该区教委发布的纸质文件来了解。总体来说，市区的一批公办学校是最早将流动儿童入学制度统一稳定下来的，郊区由于流动人口众多，就学压力较大，其情况就更为复杂。

据调研情况反馈，郊区民办小学的流动儿童入学政策松紧更多取决于周边流动人口数量，也即当地对这所学校教育资源的需求情况。往往学校周围居住的流动人口越多，需要入学的流动儿童越多，学校的入学要求就会越高。如果该学校办学质量高于附近同类型民办小学，那么学校也不得不提高门槛以对想要入学的流动儿童进行必要的筛选。

以闵行区民办小学B校为例，由于附近的外来人口很多，该校已经没有足够的学位接受所有的学生。从2009年开始，该校就要求学生家长必须缴纳社保才能入学。2010年秋季招生时，学校要求社保必须缴满1年以上才能入学，而整个闵行区从2013年起才开始全面实行这一入学政策要求。2012年，该小学一共有1600多名学生，但该校按标准只能容纳800个学生，已经严重超负荷，因此有许多当地学生不得不回老家上学。

我们了解到，政策收紧后受到主要影响的是在小型工厂、小微型企业上班的合同工等。按规定，企业需要为员工支付每月900多元的社保，个人缴纳400多元。对于部分企业来说,工人的社保费用也是过重的人工成本负担。因此,一些小厂和企业并没有为上班的打工者缴纳社保,这直接导致他们的孩子入学存在困难。反而从事家政服务、医院护工或者种菜卖菜等职业的家长,虽然没有正规单位为其缴纳社保,但他们可以去当地政府申请灵活就业证明,从而让子女满足入学条件。

再看浦东新区的郊区,情况又有所不同。在2013年秋季招生前受访的两所民办小学都表示,基本能做到接受周边辖区内所有学生。相比于闵行区B校缴纳社保满1年的规定,浦东新区民办小学需要提供的证件要求低一些:(1)父母和孩子的临时居住证;(2)父母的务工证明(由居委会或者工厂开具均可以);(3)小孩必须满6周岁,并且需要出具户口簿的原件。

对于大多数流动儿童来说,满足上述条件并不困难,但是从2015年开始,浦东新区的义务教育入学口子也进一步收紧。政策规定,对于非本市户籍的来沪人员随迁子女,要求在浦东新区就读小学的学生本人必须持有《上海市临时居住证》,同时学生父或母须持有有效期内的《上海市居住证》,或者学生父或母连续2年在街道社区事务受理服务中心办妥《就业失业登记证》并具有《上海市临时居住证》满3年,以上证件的居住地址必须在浦东新区范围内。对于父母持有有效期内《上海市居住证》且达到标准分值、有浦东新区房产证的可以优先分配子女入学。

在宝山区的民办小学D校,流动儿童入学门槛也在2013年被提高。由于当年入学政策执行突变,许多父母来不及为此准备而导致孩子不能及时入学。2012年时,学校一年级新生入学共7个班,经历2013年的政策变化后缩减至4个班级,到2014年又略微恢复到5个班级。校长表示,其实政策本身没有大变动,只是2013年开始执行更严格明确,"两证"的考核和信息入网使得一些不符合新条件的家长没法达到子女入学规定。当年的政策从严执行也留下了"后遗症",由于区教委对于孩子入学年龄有严格时间段规定,当年无法上学的孩子,第二年如果超过规定的年龄范围,即使其他证件齐全也不能入学了。那么这部分孩子的选择就只有赋闲家中,或者回老家上学。

目前的趋势是,民办小学入学政策执行标准将会日趋统一和严格化执行。

全上海从 2014 年开始要求流动人口必须缴满 6 个月社保或持灵活就业登记证,其子女才有入学资格。当时,很多从事低技能职业的外地家长为孩子入学特地在学校招生前到当地社区补缴社保,他们中有些人过了入学季后因为生活拮据而不再继续缴纳费用。到了 2016 年,政策进一步要求必须每年连续缴纳社保,且每年都会严格检查,否则其子女会被退学。

特大城市逐年收紧的流动儿童入学门槛已经使得京沪两地流动儿童入学率连续降低。这直接导致了一些主要招收流动儿童的民办学校生源减少,其生存面临危机。对于原本就存在教育资源紧缺问题的特大城市来说,这不仅使得现有教育资源大量浪费,更减少了潜在的教育供给。

值得反思的是,大城市的洼地效应在吸引来更多城市建设者的同时,需担负起他们子女的教育责任。一方面,城镇化趋势下的人口压力不应当通过"堵"的方式来解决,以"教育控人"不仅无法缓解人口压力,还会造成诸多伤害;另一方面,以居住证、社保缴纳、房产证等一系列指标为门槛的入学条件也反映出目前教育制度依附并服务于户籍制度的现实,由此带来的制度歧视损害了社会底层民众本应享有的基本权利。上一辈父母的社会经济地位不应当成为下一代子女享受义务教育权利的前提甚至门槛。

10.3.2 升学初中:堪比"蜀道之难"

在讨论流动儿童在本地升学的问题之前,先来看一组数据或许可以从侧面反映现状[①]。2012 年 PISA(Program for International Student Assessment)数据报告显示,15 岁的上海学生总数仅有 10.8 万,与葡萄牙和希腊的该年龄段人口数量差不多,而这些国家的人口还不到上海市当年 2 400 万常住人口的一半。为什么 15 岁的上海少年人数骤减呢?除了生育文化和制度差异外,可能还存在其他原因。

根据 2010 年人口普查数据显示,上海流动适龄儿童的人口年龄分布呈两头

---

① 数据引用自:腾讯网,2014 年 10 月 25 日新闻,http://view.news.qq.com/original/intouchtoday/n2957.html。

多、中间少的趋势,幼龄儿童和17岁青少年人口居多,而13～15岁年龄阶段的分布最少,相比其他年龄阶段占本地同类型人口80%的高比例,这个年龄段的流动儿童数量只占了一半不到。极有可能的原因是,学龄前儿童大多被父母带在身边抚养,17岁的青少年已经不属于九年制义务教育服务对象且到了可以务工挣钱的年纪,也多待在上海。而13～15岁的年龄正好是上初中的阶段,上海无法提供足够的学位,且由于无法异地中、高考,这些孩子初中阶段只能回到家乡。

表10.1显示的另一组数据或许能更清楚地解释这一现象。根据PISA上海项目负责人提供的研究数据,除去非义务教育的高中阶段,上海义务教育阶段的流动儿童中人数最少的是初中三年级,且人口分布在小学和初中分别呈年级越高数量越少的态势。再来看小、初、高三个阶段的总人数,小学阶段流动儿童在校人数有39.6万人,初中降至13.84万人,而高中更是凤毛麟角,仅有不到2万人。由此可见,升学的两道筛选门槛将大批随迁子女拦在了门外。按上述数据计算,流动儿童想在上海本地小升初的概率为35%,而初升高的概率仅有13%。

表10.1　　　　2012年上海市1～12年级非沪籍人口在校生数　　　单位:万人

	一年级	二年级	三年级	四年级	五年级	六年级	合 计
小学	9.60	8.71	7.56	6.85	6.24	0.65	39.60
初中	4.23	3.97	3.29	2.34			13.84
高中	0.58	0.57	0.62				1.77

注:上海小学多为五年制,2012年仍有少数民办学校设有六年级。
数据来源:国际学生评估项目(PISA)上海项目数据。

图10.1显示的是2009年流动儿童在各年级占在校生的比重,同样可以看出年级越高,流动儿童的占比越少。图中显示,2009年,小学一年级的流动儿童比例接近18%,之后开始逐级下降,到了初中三年级,流动学生仅剩下了3.71%,下降了近14个百分点。

2008～2010年的"三年行动计划"期间,上海共建设中小学和幼儿园363所,

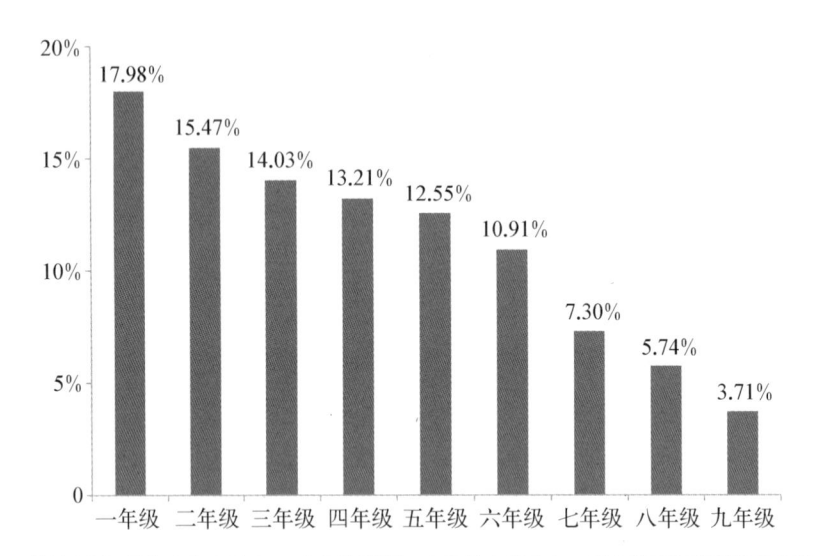

数据来源：民进上海市委 2009 年调研课题：上海外来流动人口子女教育问题研究报告①。

图 10.1　2009 年义务教育阶段上海流动儿童年级分布情况

（一年级 17.98%，二年级 15.47%，三年级 14.03%，四年级 13.21%，五年级 12.55%，六年级 10.91%，七年级 7.30%，八年级 5.74%，九年级 3.71%）

其中义务教育学校 144 所，提供约 15 万个学位。可是这样的供给量还是无法满足流动儿童庞大紧迫的就学需求。本书第 4 章中提到过，上海市政府不允许民间举办初中学校，缺少了民办教育为公办体系分流的初中阶段，随迁子女升学成为一大难题。中国民主促进会上海市委员会于 2011 年发表的研究报告显示，2009 年上海在校的流动儿童人数，一年级有 7.2 万人，但到了初中三年级只剩 1.6 万人，减少 5.6 万人。而在大约相同的年龄段，人口迁出（回乡）只有 3 万人。这中间这批滞留在上海、既没迁出也没入学的儿童数达到 2.6 万人；在 14 岁的流动儿童中，失学率可达一半。报告中没有包括高中一年级的人数，因为民工子弟不可能在上海本地中考进入高中。

在我们所调查的所有民办学校中，无论地理区域、学校质量的差异，一致的现象就是小学阶段年级越高，学生人数越下降。大多数民办学校五六年级的人数萎缩至原本的一半，大多是因为无法在上海本地升入初中。走访中校方也向我们反映，在公办小学就学的基本都能升入公办或民办初中，但在民办小学的流

---

① 数据引用自：中国民主促进会上海市委员会专题调研主页，http://gov.eastday.com/node809/node827/node829/userobject1ai1731844.html.

动儿童就很难再向上流动。这与我们2012年10月根据电话回访信息作出的回归结果是一样的,小学的学校类型是唯一显著决定升入公办初中概率的变量。

在宝山区的民办小学D校,个别成绩优异的学生可以通过校长推荐进入好的公办小学以及初中,但是大多数学生只能进入该校附近的一所职业培训学校。校长对家长推心置腹地说:"成绩好的孩子尽量送回老家念初中,别留在这儿了。"

对于异地高考的问题,上海市教委2012年就制定了《进城务工人员随迁子女接受义务教育后在沪参加升学考试工作方案》,主要采取居住证积分制管理的方法。由于上海作为高考移民流入地大省,教育资源相对紧缺,这份规定中的积分制在全国范围内属于要求较高的。设置门槛本身对于缓解当地就学压力和优化教育资源分配是有益的,但是不应忽略教育公平是每个国民的权利,保障公平也是流入地升学政策需要努力的方向。

国家教育研究院吴霓主任曾表示:"相关门槛应紧紧围绕着随迁子女在当地考试和录取的需要进行设置,而非其父母的工作性质、收入、住房等非直接相关条件……各地诸多门槛却集中在流动家长身上,让随迁子女来承担流动家长自身的责任,这在某种意义上成为对随迁子女的一种歧视,成为一种新的不公。"

10.4 教师制度:一套编制定乾坤

10.4.1 编制问题:人人想要事业编制

一所优质学校往往建立在一支稳定的师资队伍上。但由于政策风险、资源劣势等诸多因素,民办学校难留人,几乎是界内心照不宣的一个事实。在"三年行动计划"实行的2007~2009年间,沪上民办学校数量锐减,个别民办学校的骨干教师流失率也随之走高。

待遇、环境、资源,教师们离开的原因有很多,最终可以归结为一点——没有事业编制。"去年我们学校走掉了8个最好的老师,都进公办学校了。"宝山区D校校长在访谈中告诉我们:"其实站在我们老师的角度换位思考,公办学校那里教师有编制、工资待遇更好,就像自己的子女,肯定是希望要他们去好地方的。人手不够,我们再招人,再培训。"

同样为教育事业做出重要贡献,民办学校教师由于身处"体制外",其享受到的待遇与"体制内"的公办学校教师有天壤之别。在工资补贴、社会保障、退休待遇、职称评定、课题申请、评先选优、业务培训等各方面,民办教师的待遇都面临诸多不平等。他们没有职称评定资格,无法申报课题,缺少职业培训等自我提升的机会,且退休养老金也与公办学校教师差距巨大。此外,民办学校本身能提供的就业稳定性也远远无法与公办学校终身保障的"金饭碗"相提并论,甚至不少民办学校教师只是合同工。

宁做凤尾不做鸡头,这是大多数教师的职业选择。大家普遍认为,即便在公办学校做一个等待编制空位的编外人员,也要强过做民办学校里的骨干教师。在D校,进入公办学校拿到事业编制成为教师们最大的激励机制。用D校校长的话说,"我们就像一个教师培训部,不断往公办学校输送优秀人才。"其实D校的情况还属于"幸运的例外",通常民办和公办学校之间并没有正规的流通渠道,D校校长是利用之前就职于公办学校的个人资源积累,将表现优秀的教师推荐到各所公办学校入职,为人才打通了一条向上流动的渠道。

没有事业编制的民办学校不知不觉已经沦为了公办教育体制的"补给站"。好的人才资源会向上流动,长此以往,民办学校的教育质量无法有实质性的提升,它们将永远被困在体制的下游。而体制性禁锢之下,民办学校学生似乎也成了教育培训的试验品。从一出身开始,民办学校就像是公办教育的配角,承担了缓解入学高峰、为外来民工子弟提供教育的"拾遗补阙"任务,但这并不意味着流动儿童享受义务教育的权利也应"低人一等"。

如果不从根本上解决该问题,民办学校的教育质量就无法上一个台阶。"民办教育机构教师事业编制问题不解决,就无法解决公办教育与民办教育的相对公平性,而这一问题困扰我国民办教育发展。"全国政协委员、广东外语外贸大学副校长顾也力曾公开表示。

到目前为止,国家并没有统一制度为民办学校教师提供事业编制。在某些地区,曾采取过为民办教师单独核编的制度。比如在浙江德清市,政府为民办学校单独核编,民办学校教师的养老、失业、医疗等保险和住房公积金等均由民办学校参照公办教职工标准办理。即使教师合同到期,被校方解聘,教育局也会对教师负责,并予以安置。

但是在上海和全国大多数地区,民办小学的教师仍是没有编制的园丁,学校内部无法提供向上流动的机会,如果失业,教师只能自谋出路,或者干脆转行改业。长期缺乏稳定的师资队伍给学校的正常教学带来了很大困扰。

10.4.2 薪酬福利:体制内外隔沟壑

体制内外带来的最大差距之一体现在薪酬待遇上。那么"事业编制"的公办教师与"企业编制"的民办教师差距到底有多大呢?

首先从工资待遇方面来看,民办学校教师普遍低于公办学校。根据我们团队走访的调研显示,各所民办小学之间的工资水平有差异,但普遍偏低。以2013年为例,差的学校月薪不满4 000元,较好的能达到5 000元。其中包括了一部分社保,大概800~1 000元不等,所以拿到手的是3 000~4 000元。加上奖金和社保缴费,普遍民办学校教师年薪在60 000元左右。

而上海公办小学教师待遇相对高一些,主要归功于2009年起绩效工资制度的实施。《关于义务教育学校实施绩效工资的指导意见》规定,从2009年1月1日起,在全国义务教育学校实施绩效工资,确保义务教育教师平均工资水平不低于当地公务员平均工资水平,同时对义务教育学校离退休人员发放适当的生活补贴。

根据受访的上海市某公办小学教务主任所言,该校教师平均年薪在70 000元左右,自从实行绩效工资后,全市教师待遇基本处于同一水平,差别并不大。据了解,再加上平时一些奖金和其他形式福利补贴,公办小学待遇要远高于民办小学。这样比较下来,民办小学中待遇最好的老师刚好达到公办小学教师工资的平均水平。不过上述教务主任也反映,近十年来公办学校的教师工资待遇几乎没有上浮。

除了薪酬待遇,退休后的养老金也是体制内外差异悬殊的另一方面。其实对于一部分民办教师而言,月薪本身已经足够,他们大多数居住在郊区,物价水平和生活开支相对市区便宜些,但更大的担忧来自未来的养老压力。民办学校教师作为企业员工,购买的是企业养老保险,由学校出资补贴和教师本人缴纳;而公办学校教师属于国家事业单位编制,其事业单位养老保险要高出民办教师不止一个数量级。以30年工龄的中小学高级教师为例,退休后每月可拿养老金6 700元,而民办教师的养老金每月仅有2 500～2 600元,民办教师的养老金还不足公办教师的四成。

虽然教育部2011年印发的《关于鼓励和引导民间资金进入教育领域促进民办教育健康发展的实施意见》中明确指出,民办学校教师在资格认定、职称评审、进修培训、课题申请、评先选优、国际交流等方面与公办学校教师享受同等待遇。此前《民办教育促进法》也规定,民办学校教师"与公办学校教师具有同等的法律地位"。但在现实中,这一"同等"地位却很难保障。

我们调研了解到,对于民办教师来说,能有机会与公办学校结对、享受其培训资源已经是同等学校中比较优质的待遇水平,更毋庸说参与公办教师享受的学分制度和区级、市级教研培训了。更多民办小学校长表示,教师真正的成长来自学校内部的培训,新老教师结对、听课活动、授课经验分享等会起到实质性效果。浦东新区教育发展研究院也曾为民办小学教师组织过大型定期培训会,但是有校长表示这只是理论上的补充,真正的经验还要从实战中获取。对比公办学校新进教师每周2天左右在外集训、回学校继续上课的培养制度来看,民办学校的教师锻炼和培训还是弱化简单了不少。

至于职称评选更是民办教师可望而不可即的。在采访中,他们表示更多是做好本职教学工作,职称评选几乎没有可能。而评上职称后能够带来的高薪酬待遇等自然也无法享受到了。

10.4.3 激励机制:实行绩效工资制度

虽然民办小学无法纳入事业单位的绩效工资体制,但是在民办小学内部也都设置了激励机制,而评定内容也与公办学校大致相似:根据职务岗位、任务课时、教学成绩、综合评估等来分项核定补贴。公办学校还会有科研课题申报、立项、答辩的奖励,但在民办学校没有申报课题的条件。

不同学校的绩效激励体制不同,有的通过分档分类明显拉开工资差距,有的则还是一碗水端平。各所学校的基础工资范围大概在2 000~2 700元之间,绩效机制最终反映到月薪上,差距较大的有1 000元,而差距小的只有200~300元。其实在公办学校内部就存在绩效工资名不副实的现象,同一体制下大家依然平分秋色,实际工资差距并不大。有一些民办小学情况也是类似,以浦东新区民办小学C校为例,每一小项评估可能只有20~30元,综合计算下来差距不过200~300元。在访谈中从任课教师方面得知,这种激励模式效果并不明显,反倒是其中对教学成绩的奖励让人更有动力。比如某校对于学校月考、期中考、期末考中第一名班级的任课教师有500元奖励,教师们会去尽力争取。

另外,具体看各校评定的名目也不尽相同,闵行区等靠近市区的民办小学会对竞赛、兴趣组等教学附加分进行奖励,而浦东新区等郊区小学则是比较传统的基于常规教学和生活开支的一些补贴。

表10.2详细列出了2014年宝山区民办小学D校的教师工资激励制度。该校校长表示,他们学校的待遇在同行中算高的,也是努力向当地政府争取财政支持的结果。

表10.2　　2014年宝山区民办小学D校教师每月工资激励制度

项目名称	金额(每月)	说明
基本工资	2 700元	
公积金、保险		学校全包,教师个人不用缴纳
校龄补贴	80元	按校龄逐年递增
骨干补贴		由评委会进行测评,评得骨干教师的会有一定补贴。评委会两年一届
租房补贴	50元	
岗位补贴	100~350元不等	如大队辅导员等特殊职位

续 表

项 目 名 称	金额(每月)	说　　明
跨班补贴	50元/班或80元/班	教授多个班级,同年级为每班50元,跨年级的为每班80元
护导补贴	80元	护导负责监督课间学生安全问题
班主任补贴	5元/生	按所教班级人数算
交通补贴	400~500元不等	外出活动多的教师多得

第 11 章
体制内——公办学校的制度环境与流动儿童融入

> **摘 要**
>
> 为了与前一章的民办学校情况形成参照,本章详细描述了公办学校的入学政策、学校设施、教师待遇等制度环境。受益于"体制内"的资源优势,公办学校在硬件和软件上都具有天然优势。
>
> 此外,本章还重点探讨了流动儿童在公办学校的融入问题。从学校和教师两个层面切入,通过调研学校案例反映目前教育中的流动儿童融入工作情况。由于不同区的教育部门对这一问题的重视程度不尽相同,反馈到学校层面的实施力度和具体方法也各有千秋。总体而言,市区公办学校无论对学生还是家长、本地儿童还是流动儿童都进行了相应的融入教育,涵盖了心理、学习、生活和家庭上的多项辅导。教师也在促进融合中扮演着引导者的重要角色。

11.1 入学政策:逐年规范 基本稳定

与招生政策变动而导致招生规模波动较大的民办学校不同,长期以来市区公办学校的生源较为稳定。2014年11月,我们走访了两所市区公办小学,了解到的情况基本相似。其中一所黄浦区公办小学E校教导主任表示:"公办学校目前的入学门槛与过去相比,本质上变化不大,因而在涉及学生人数方面也变化不大,总体与往年比较数量相当。"

不过,她表示,2014年9月的新规仍然要比往年更严格一些,区教委规定学生入学条件之一是父母一方持有《上海市居住证》,或者同时持有《上海市临时居住证》和《就业失业登记证》内的灵活就业登记。而在此之前,对于仅持有《上海市临时居住证》的家长并没有严格要求具有灵活就业登记证。到了2015年,对灵活就业登记要求连续满两年。

所谓"上有政策,下有对策"。据悉,2014年新出的灵活就业证要求出台后,催生了很多办假证的机构和个人,并且价格不菲。但是家长们大多愿意掏钱办假证以确保当年孩子能够入学。

在通过了相关证件审核和网上申请步骤后,政府会根据流动儿童所在地区进行电脑派位。上海市户口的学生按照"就近分配入学"的原则,随迁子女则遵循"相对就近分配入学"的原则。当所在学区的学校位置不够时,他们会被分配到附近学区的学校。目前黄浦区公办小学E校的随迁子女人数已远超本地学生,达学校总人数的85%以上,属于流动儿童比例较高的市区公办小学,其生源基本都是居住在附近的外来务工人员子女。

据了解,从2014年开始,上海市公办小学和民办小学的入学门槛基本统一,只是一些热门的公办学校在入学排序上会增加筛选条件以区分先后,但基本保证片区内孩子都有学上。

我们走访的几所公办小学的流动儿童占比基本在一半以上,学校均处于全市公办学校平均水平以下。用某校老师的话说:"有本事的上海家长都搬走了,不留在这里。"相比于进入优质的公办小学,流动儿童进入这些学校是较容易的。不过,不能以此认定流动儿童的生源更差。也有教师反映,部分流动儿童家长的素质比较高,反倒是一些住在棚户区和弄堂里的上海生源学生家庭背景条件并不太好。有些学生家长的父亲受限于自身条件,很难娶到本地人,就会与年龄相差较大、学历较低的外来人员结婚,所以会见到一些老夫少妻的组合。一些教师反映,这些家庭对于子女学习的关注度反而不如流动儿童家庭。

11.2 学校条件：软硬件配套完善

11.2.1 硬件设施：基建完善　经费充足

要论公办学校和民办学校的不同,最直观的感受就是校园硬件设施了。一走进市区公办小学,校方营造出的浓郁的文化氛围从各个细节流露出来。

在一所公办小学,我们看到学校建筑的墙面油漆崭新,教室地面用木地板铺就,走廊的墙壁上贴满了学生作品和创意装饰。美工室里摆满了学生的手工艺品,木制桌上陈列着绘画和各式工艺工具。洗手间也十分干净敞亮,台面上放置着绿色的植物盆栽。

与整所学校没有一套多媒体设备的民办小学相比,电脑、多媒体投影仪和功放音响是公办小学每间教室的必备。这种差异也体现在课堂教学上,公办小学的一节英语课上,老师要用到多媒体投影的课件系统、动画片播放、歌曲教学寓教于乐,还会时不时地用吸铁石将彩色的单词纸贴在黑板上。但在民办小学,英语老师全程仅靠一本教科书和练习册,间或在黑板上用粉笔拼写几个单词。

班级内的人数也影响到教学活动的开展。往往民办小学一间教室里的学生人数都是达到班级规定上限50人,位置一个紧挨一个。由于学生从座位上进出不便,教师所采取的最常见也是唯一的互动,就是课堂提问和同桌两人讨论,然后学生举手回答。而在公办学校,大概每个班级二三十人,空间宽裕,每个位置间都可以容人自由通行。一堂课上,小组四人讨论、大组多人组队讨论、按组上台展示成果,老师混合使用各种形式的学生间团队配合和师生互动活动。

我们在走访民办学校时,宝山区D校校长曾表示,近两年高年级人数减少,因此班级数量少了,正好可以空出几间教室用作活动室,不然学生连一间上副科的教室都没有。在该校的一个班级里,我们问起孩子们怎么上计算机课,他们回答:"讲台上有一台电脑,我们每个人轮流去试几下。"

而这些基础设施在公办小学都一应俱全,计算机房、美工室、音乐教室、学校报告厅等活动室配备齐全。在另外一所以民乐为特色的公办小学,学校还为学生配备了大量民乐乐器,且乐器都可供学生带回家练习。

之所以校方能够投入大量资金在学校硬件配备上,主要是因为教委有常规的专项经费用于校园设施更新。除了教师的工资和学校基建都有统一财政拨款,每名流动儿童还有额外的每学年 3 400 元的生均经费,更加充实了办学资金。再算上教师的工资与福利,政府在每个流动儿童身上的资金投入可达每学年 17 000 元。

调研了解到,公办小学的生均经费全部投入在学生的日常活动开支上。然而,民办小学的生均经费主要用来支付教师工资,在基建投入上就捉襟见肘了。黄浦区 E 校教导主任表示:"流动儿童在我们学校是很幸福的,他们享受着和本地儿童完全一样的教育,还有政府和学校投入的额外关注。"

11.2.2 软件情况:教师工资和培训考核

事业编制几乎是所有人向往公办学校教师职位的关键原因。正如上一章所言,体制内最大的好处就是工资、丰厚的社保和稳定的工作保障。以黄浦区的公办小学 2014 年的情况为例,教师工资人均 7 万元,每月缴纳"五险一金"后还能有 5 000~6 000 元。另外,6 月与 12 月各发一次奖金,每次 5 000 元左右。有学校教导主任表示,虽然有绩效工资,但是每个人的工资水平差异并不大,毕竟教师们都很辛苦,工资差距大会打击工作积极性。不过走访中另外一个现象是,有教师埋怨工资 10 年未变,上海物价水平一直在涨,自己的工资却不见涨,处于"饿不死,也吃不饱"的状态。

在教师培训和工作考核上,公办学校也有一套更为完善的标准体系。教师的教研培训活动涉及了校级、区级和市级三个层面。教研活动分为学校的和全区的,校级教研活动是由教研员开展的一系列活动,区级教研活动的主要形式为区级联动,如教学质量监控等。此外,还有培训活动,主要分为校级培训、区级培训以及市级培训。这三部分内容均需要进行上课检验才算完成,对教师有 5 年内需达到 36 学分的标准,由教育学院相关机构负责评分。可见,教师们自身的学习压力也不小。再者,教师还有申报课题的要求和激励,从立项到中期到结项,每个环节都有小额奖金。

除了这些市区层面的统一规划和校级常规,每个学校还有自己的内训体系,比如"温馨之家"评比、"周五论坛"等,通过互评、汇报和分享等形式促进教学与交流经验。

11.3 校方促融合:多方位融入政策

调研中,我们从教师方面了解到,在不少流动儿童家长的观念里,公办学校就像"保险箱",只要进入就不用担心其他问题了。可是他们忽略了孩子在公办学校内部的融入情况,这关系到孩子学习技能、人格培养、心理健康等各方面的综合成长。如果不能在孩子成长的关键阶段处理好这些问题,可能会有适得其反的教育结果。

虽然流动儿童作为"农民工第二代(或第三代)",相比其父母更早地接触城市生活,但是他们所处的家庭和社区环境还保留着农村生活的烙印,使得这些孩子对城市的教学模式和生长环境仍处于不适应的过渡阶段。对于中途转学来的学生而言,学习上和心理上的融入更是面临挑战。而学校和当地政府在其中的角色往往对流动儿童的社会融入有着不可忽视的作用。

首先,学校层面对待流动儿童的态度。学校对流动儿童身份的认识和定位往往反映了其教学理念和方法。虽然在一部分学校仍然存在流动儿童独立编班的现象,但近年来已经逐渐减少。有些公办学校基本不会对流动儿童单独编班,以黄浦区一所公办小学F校为例,分班规则是按男女、分数和教师的平均比例来分配。入学前会有一次成绩检测,尽量把每个班级的学生成绩水平控制在同一起跑线上,老师教哪个班级也是摸牌决定的。

其次,除了对流动儿童与本地儿童一视同仁,学校和区教委还在流动儿童的心理和社会融入问题上着重下功夫。杨浦区教委的做法是一个可供参考的典范,2009年10月,杨浦区成立了农民工同住子女教育工作课题研究协作组,一共有12所小学、4所初中、1所职业技术学校加入,形成了一个"16+1"的研究共同体,参与的都是流动儿童占比超过50%的学校。在杨浦区教育局的带领下,学校内部和学校之间开展了一系列以流动儿童融入为主题的课题研究、教学活动和经验分享。关注问题主要聚焦在三个方面:学习能力、行为习惯和家庭教育。

针对小学和初中阶段的流动儿童融入问题,该课题组分别编制了相应教材。小学学段是以家庭教育指导为研究重点,编撰了一套家庭教育百问读本,一共由100个问题、50个故事组成。该书以牛牛——一名外来务工家庭的孩子为主人公,讲述了他从一年级入学开始的故事。牛牛经历着每个流动儿童都会面临的阶段——选举班委、戴上绿领巾、参加运动会等,这个过程中父母、老师、社区邻居共同帮助牛牛适应和融入新环境。学校老师会结合课堂、家校活动和家访等不同机会将这本书带入流动儿童家庭教育中,以寓教于乐的故事化方式来让孩子和父母共同学习。截至2015学年第一学期,该书的第三册已经正式出版。据介绍,课题组计划编写五年,涵盖幼小衔接、小初衔接。相应地,初中学段的教材则以学习适应、心理适应为主,被称为"生存宝典"。

除了针对家长的教育读本,"16+1"课题组还专门针对教学者配套了一本微型教育手册,指导老师如何处理融入问题。老师们会依托此教材组织个别化指导和集体化指导。以杨浦区一所公办小学G校为例,针对流动儿童的课外家校活动几乎每月一次,得到了教育局专项经费的支持,受到家长和学生的欢迎。

据校方介绍,这些教材不仅停留在纸面上,还要融入到校园文化和课程中去。G校就在校园内部的文化景观设计上融入了牛牛这个人物,让同伴教育在潜移默化中渗透。在此基础上,该校还提出了"小溪流文化"的理念——所有的孩子就像是来自各个地方的小溪流,最终都要融入学校、社会大家庭的海洋。"小溪流文化"设置了专项课程,比如"阳光少年"计划,需要完成十个"我能",其中就要求孩子们交一个异乡的朋友。

课程背后对接了该校的育人目标。第一要做拥有开放心态的少年。学校基于融入教育的研究得出,要让流动儿童融入一座城市,需要双方孩子们都有开放的心态和多样的表达。本地儿童要学会接纳,而流动儿童要有开阔的胸襟面对社会上可能有的不同声音。第二要做有规则意识的少年。上海是法制化程度较高的城市,流动儿童可能在学前教育上相对缺失城市文明方面的行为习惯培养,需要老师帮助孩子形成规则意识。第三要做拥有基础学习能力的少年。流动儿童要掌握基本的学习能力,这样才能适应不同地区教材的变化,顺利进入下阶段的学习。这三大目标融入"小溪流成长体验课程"的七个大类,从民乐艺术培养到节日活动,在寓教于乐中促进流动儿童和本地儿童的双向融入。

在流动儿童的心理融入和行为习惯上,杨浦区有两所初中分别进行了策略研究。来到一座新城市,流动儿童缺乏心理上的"归属感"是很正常的表现,甚至很容易产生自卑心理或不满感。这里关键在于学校和教师应如何打开心门,消除排斥感,增进孩子在当地的融入。最核心的方法还是增强沟通与理解,孩子有渴望被关注呵护的天性,教师通过不同形式的辅导能够帮助流动儿童主动探索周围的环境,再加上正确引导同伴间的平等交流和互相尊重,从而促进流动儿童的社会化过程。针对不同的学生个案,学校还编排了一本《心理导航——教育案例集》,供师生们共同分享学习。

最后,在学习方面,学校也根据流动儿童特征和需求因材施教。流动儿童在公办学校的学习障碍并不像公众想象的那么简单,除了教材和学习内容上的不适应,这些孩子受限于家庭背景的限制,不会像大多数上海学生那样继续义务教育阶段以后的学习,他们中一部分一毕业就要进入职业技术学校或直接就业。这使得流动儿童对未来的人生规划和定位较为消极,对学习的兴趣提不起来。再加上学习习惯和能力上的暂时落后,更加打击了他们的学习积极性。杨浦区一些学校的做法是,一方面,开展班级、学校活动,帮助孩子树立更好的人生目标和方向,激发求知欲,提升自我预期和要求;另一方面,改善教学安排,因材施教,针对每个人的学习情况给孩子设立单独课表,教师利用课余时间给流动儿童"开小灶"。双管齐下,让流动儿童从心理和行为上都能够适应本地的教学环境。

11.4 教师引导：家长学生双重教育

"既当老师，又当爹妈。"这可能是大多数一线义务教育工作者的感受，其实对于培育小学阶段流动儿童的老师们来说，更是如此。"家庭教育缺失的部分，我们学校来弥补。一定程度上，我们还承担了一部分家庭教育的责任。"杨浦区公办小学 G 校的一名班主任对我们如此说道。

的确，很多外来家长对孩子的教育理念还停留在"放羊"的层面。在许多农村的观念里，孩子的成长如同自然规律，父母不需要花费太多心思。来到城市之后，加上外地家长在上海的生活压力巨大，更加无暇顾及孩子的学习和心理了，能保障基本温饱就算尽到了父母的责任，其他的事情就都交给学校。这时候，教师的责任就尤为凸显。

"我们不仅要教育孩子，还得教育家长。"上述班主任对我们表示，"我们也看到家长需要提升自己的水平，才能带动孩子的学习成长。"家庭教育往往是决定孩子成绩和各方面表现的首要因素，这是我们从走访调研的数所小学的老师口中得出的一致结论，外地家长往往受限于自身文化和经济水平，无法兼顾孩子的教育成长。其实无论本地还是外地家庭，只要家长注重子女教育问题，孩子的成绩和各方面表现都不会差。所以要提升孩子的学习成绩，还得从根源上的家庭教育做起。

在杨浦区的 G 校，"培训家长"成了教师们的一项额外任务。在家长会上，除了反馈学生成绩情况，教师们还会针对部分家长不文明的着装习惯进行指导，大人不能穿拖鞋、背心进学校，孩子上学需要为其购置学习用品等细枝末节一概需要普及。"有的小孩拎着个塑料袋就来上学了，这就是家长没给他们做好学习准备工作。"G 校的某位班主任说。

平时，教师会每月组织一次"超级家长会"的家校活动，主要针对流动儿童家长，活动内容涵盖了 3D 打印技术、乐高玩具、巧克力制作等较为时尚有趣的亲子互动课程,也会有向家长宣传上海城市文明等内容。无人缺席的火爆场面和课后的家长感言分享都体现了课程的受欢迎程度,有家长向老师表示,不是不想教好孩子,而是不知道怎样教孩子,从学校的课程活动中真能学到关于教育的知识。设计这些活动一方面是为了增加流动儿童与家长之间的接触互动机会,他们平时早出晚归可能很少有时间陪孩子;另一方面也是给孩子增长见识、开阔眼界,让家长意识到应该在平时给予孩子怎样的综合素质培养。

学校对家庭教育的后天补足是一种方法,还有一种就是提升家长自身文化水平。其实局限家庭教育的重要原因就是家长的文化素养,从本书前几章的研究中也发现,教育素养较低的家长通常不会对子女提出更高的教育期望。部分外来人员婚配生育较早,缺乏教育孩子的经验,更有甚者从未接受过九年制义务教育而目不识丁,导致家校基本沟通时而产生问题,更毋庸子女教育了。在这方面,杨浦区为家长提供了更多便利。据了解,区内学校与一所成人高校有合作,有意向的家长可以申请进入成人高校升级学历,且不用缴纳学费。在学校内的调查中,凡是接受过中专、高中等教育的家长都非常积极地想要继续深造。

除了针对外地孩子和家长的教育,学校老师也需要关注本地家长的心态。其实孩子之间对本地和外地的地域身份并没有显著的区分,往往是一些家长会灌输一些"上海人"的优越意识,戴着有色眼镜看待外地人。这时候就需要教师努力抹平观念上的不平等,这体现在教师对流动儿童的肯定褒奖以及一视同仁的态度上。有教师表示,无法左右校园外的社会大环境,但至少在学校里,要为孩子们创建一个公平公正的成长环境。在课堂上,流动儿童生性羞涩内敛,教师就要给予更多鼓励,让他们也有表达自我的勇气和空间;在课后,宁可多花点时间精力,也要为暂时跟不上学习进度的孩子辅导;在课外活动上,鼓励所有孩子同台演出,让所有人有站上舞台的机会,家长们也能看到每个孩子优秀的一面。

教师在学校和家庭教育中的融入工作可能是琐碎的,小到生活习惯的细节都要亲力亲为,但付出也收获着相应的回报。随着孩子一年一年升级,流动儿童和本地儿童之间原本的差异在缩小。教师对家庭教育的影响也将伴随着这些流动儿童一生的成长。

第 12 章
未来的希望——流动儿童教育政策建议

摘　要

　　流动儿童的教育问题不仅关系到这一代孩子的健康成长,也影响了一座城市的未来发展。如果因为教育制度的缺陷与不合理的规划而造成伤害,那将是长期且无法弥补的。不仅是流动儿童本人及其家庭将受到影响,可能整个社会都需要在未来为此买单。因此,政府应当从教育"供给侧"的角度进行结构改革、统筹规划,确保流动儿童教育资源的充分有效供给。

　　本章从不同层面讨论了可执行的教育政策,希望能为政府制定流动儿童教育政策提供借鉴。在义务教育阶段,政府一方面需要进一步加大公办学校向流动儿童开放的力度,尤其是在城市中心区等公办教育资源仍有富余的地方。同时要兼顾流动儿童家庭背景的特殊性,多管齐下,促进公办学校中流动儿童的融入与全面发展。另一方面,民办学校仍然是流动儿童教育的重要补充,有必要延续以往对于民办学校包容扶助的政策,切忌盲目要求民办学校达到公办的标准。即使不能进入城市公办学校,能够进入质量略逊的民办学校仍不失为一个非常不错的选择。

　　此外,正如本书之前研究讨论,户籍限制依然是制约流动儿童教育发展的"瓶颈",尤其体现在高中教育以及高考升学体制上。流入地政府需权衡教育的资源紧缺和教育公平,通过设立专门高中或者与流出地政府合办学校的方式,解决流动儿童在初中后阶段的教育问题。

第 12 章 未来的希望——流动儿童教育政策建议

12.1 综述：流动儿童教育问题特点

随着我国经济的蓬勃发展和城市化进程的不断推进，从农村到城市的流动人口规模空前庞大。人口的城乡流动模式也逐渐由 20 世纪 80 年代中期的个体化、短期性迁徙，转变为 90 年代中期之后的家庭型、长驻型迁移模式。根据流动儿童蓝皮书——《中国流动儿童教育发展报告（2016）》显示，当前进城务工人员共有 2.45 亿人，也就是说不到 6 个中国人中就有一个是在非户籍地工作或者生活的。与这些进城务工人员一同来到城市生活的随迁子女或称流动儿童也超过 3 800 万。如何解决流动儿童的教育问题已经成为我国转型期发展过程中的一个重大社会问题。

本章综合本书研究，我们公开媒体上的报道（冯帅章，2014；陈媛媛等，2014；田国强、陈媛媛，2015；冯帅章，2016a、b），以及最新发展趋势，就流动儿童教育问题的特点和政策建议进行梳理与总结。

首先，城乡人口流动的现实与当前制度安排之间的不协调，是流动儿童教育问题产生的根本原因。在计划经济时代，政府以户籍制度为核心，设计了限制人口流动的相关安排。直到目前，这一情况仍未得到根本改变，严重滞后于客观形势的发展。户籍制度思维下，义务教育的具体实施以区县为基本单位；高等教育按省分配名额统一招生；地方政府与中央政府的财政分权机制中，对于非户籍人口也不存在中央对地方的转移支付。在这些制度安排下，随迁子女由于不具有流入地户口，其受教育权利无法得到充分保障，也就不足为奇了。

其次，流动儿童教育问题将长期存在，东部沿海大城市矛盾将最为突出。从趋势来看，由于户籍制度的限制，城市内部新二元结构已形成并将长期存在。绝大多数目前居住在城市的流动儿童，已经不太可能再回到农村。对于东部沿海大城市如北京、上海、广州等，由于洼地效应，其对流动人口具有巨大吸引力，流动儿童教育问题也异常突出。

第三,各地区针对流动儿童教育问题的政策呈多元化发展,民办学校将长期存在。许多城市规模较小、人口流入不多的地区,已经基本实现了公办学校接纳流动儿童,义务教育问题并不突出。而以北上广为代表的人口流入热点地区,公办学校不能完全满足流动儿童的需要,民办学校仍大量存在。各地对于民办学校的管理政策和态度也不尽相同。例如,上海主要采用民办改制、政府买单的办法将民办学校合法化。而在北京,部分民办学校仍处于不被承认的简易学校阶段。广州的民办学校则大部分在市场环境下运作,政府较少介入。

再者,义务教育阶段各地区与以前相比普遍取得相当进展,但仍缺乏与义务教育阶段后的良好衔接。由于义务阶段结束后的教育非强制性,导致许多学生初中甚至小学毕业后就回老家成为留守儿童,或者在尚未准备充分的情况下进入社会,引发诸多家庭和社会问题。这还是因为流动儿童严重缺乏上升通道。一方面,尽管各地已经纷纷开始出台异地高考方案,但在北上广等地,短期内随迁子女实现异地高考前景仍不容乐观;另一方面,流动儿童在职业教育、在职培训等方面的需求也被忽视。

最后,目前北上广等超大城市出现了"教育控人"的政策趋势。为控制城市人口增长,政府通过限制流动儿童在当地入学,以减少未来的新增人口,甚至倒逼外来人口回流,然而结果却得不偿失。由于流动儿童入学门槛显著提高,京沪两地小学入学率连续下降。这一方面导致宝贵教育资源的浪费,甚至将威胁到这些民办学校的生存问题;另一方面,也会进一步缩减城市的教育资源潜在供给。而且,控人本身也不符合人口流动的洼地效应,逆势而为也很难达到目标效果,反而造成孩子没学可上的恶性影响。

12.2 建言一:深化公办学校的主渠道作用

流入地公办学校应该而且也已经成为流动儿童义务教育的主渠道。然而在人口控制的背景下，许多地方公办学校对于流动儿童的开放程度仍然偏低。政府应当转变计划经济时代的思维模式，顺应人才市场变化，为流动儿童在流入城市提供更多教育资源。此外，政府应将义务教育经费的来源与支出明确对应起来。如此，则可以通过转移支付等方法解决流动儿童义务教育的经费问题，确保教育供应的可持续性。

12.2.1 公办学校应进一步开放大门

在现阶段需要进一步开放公办学校，扩大开放层面，建立义务教育阶段的开放机制，促进教育公平。

承认公办学校的教学质量确实比民办学校要高，其实是对流动儿童教育问题政策讨论的前提。诚然，出于教育公平的角度，应该给予流动儿童平等的待遇。但解决这些问题并非一蹴而就，无论是一个国家、一座城市或一家企业都是追求自身利益的，在目前的条件下对于流动儿童全部开放公办学校并不现实。在过渡期间，我们可以通过制定相关的准入标准，尤其是把中心城区一些富余的公办学校资源充分利用起来。

12.2.2 提供更适合流动儿童的教育服务

目前，上海流动儿童能进入的公办小学主要是教育质量处于中等或以下水平的学校，几乎不可能进入较好的重点小学。在许多接纳流动儿童的学校里，流动儿童的比例超过90%，这是因为许多上海本地家长会主动将自己的孩子转到其他较少接纳流动儿童的公办学校。即使在同一所公办学校，流动儿童也可能被单独编班。尽管通过本书研究可知"隔离"现象并不对整体学生产生负面影响，但是这的确阻碍了流动儿童与本地儿童的融入，加深了孩子对于身份差距的认识，造成他们长大以后仍然是城市中特殊群体的意识。此外，在流动儿童比例较高的学校，教师普遍觉得工作压力较大，他们需要付出比其他公办学校教师更多的努力来弥补流动儿童与本地儿童的差距。

因此，上层教育部门在分配公办学校接纳流动儿童人数时应注意避免过度集中。同时，对于流动儿童比例较高的学校，应适当调整考核目标，把考核重点从单一的考试成绩变得更多元化,更注重学生行为习惯、心理健康和道德品质培养的考核。

12.2.3 多管齐下促进流动儿童的融入

为了真正给予流动儿童公平学习的机会,还需要更进一步关注他们进入公办学校后的融入情况。这意味着不仅要重视他们的学习成绩,更要关注其心理健康,避免歧视现象的出现。联合国教科文组织要求教给学生:学会做人,学会生存,学会求知,学会发展。对于流动儿童,我们更应该努力促进他们融入城市,学会做城市人、文明人。

首先,少先队、团组织应该加强对他们的关怀和吸纳。通过丰富他们的社会实践、参与志愿者活动、组织艺术文化讨论等多样的方式来帮助他们开阔眼界、陶冶身心、塑造品质、树立正确的价值观。

其次,以社区和学校为主要平台促进他们的社会融合,通过开放社区服务中心、社区图书馆等资源促进流动儿童与城市同龄人的交往,同时解决流动儿童家庭环境较差、没有良好的学习空间和学习资料等困难。

12.3 建言二:发挥民办学校的重要补充功能

12.3.1 避免盲目关闭民办学校

民办学校作为公办学校之外的重要教育补充资源,在当前情况下亟须得到政府的保护和扶助。由于"教育控人"的政策思路,即使是民办学校的入学门槛也越来越高,以至于近两年京沪两地民办学校入学率大幅下降。学生数量萎缩直接导致民办学校划分到的生均经费减少,造成部分学校正常运营难以为继,面临关停风险。

而在二孩放开的人口政策背景下,人口增加将使得教育供应资源更趋短缺,民办学校的补充作用显得尤为重要。政府不仅有必要延续以往对这些学校的帮扶政策,切忌盲目要求民办学校达到公办的标准,而且还应当加大对这些学校的扶持,确保其生存。政府应充分理解对于教育的梯度需求,对于流动儿童而言,即使不能进入城市公办学校,能够进入质量略逊的民办学校仍不失为一个非常不错的选择。此外,政府也需要向流动儿童放开民办中学、职业中学等升学机制。

其实,如今的民办学校质量已与过去的情况不可同日而语了。就上海而言,近几年来,受益于政府补贴的上升,大部分民办学校的教学条件都得到了较好的改善。当前的民办学校与 10 年前相比已经有了很大的改善。

造成民办学校与公办学校最大差距的还是在现存体制内外所受到的不平等待遇。民办学校及就读于民办学校的学生依旧处于"体制外",且面临重大的制度性障碍。正如本书研究发现,在成绩相同的情况下,民办学校学生进入上海初中的机会远远低于公办学校的流动儿童。民办学校原本在生源、硬件、师资、管理等方面都有一定先天不足,如果在教育体制内部再受到歧视性对待,那么期望其在流动儿童教育中发挥更为积极和持久的作用是不太可能的。

在条件允许的情况下,地方政府应积极考虑针对民办学校的特殊优惠政策。

其一,提高民办学校的师资水平。一方面,政府可以出台专项措施鼓励本地户籍老师,包括公办学校退休或富余老师到民办学校任教,鼓励公办学校骨干教师到民办学校挂职;另一方面,对于非本地户籍的民办学校老师,应视为本地需要的特殊人才,在户口、社保等方面给予优惠。尤其是在编制上与公办学校接轨,允许体制内的职称评级等,给予他们和公办学校老师同样的上升空间,避免民办学校沦为公办学校的师资"补给站"、"培训所"。

其二,民办学校的学生在升学方面应尽可能与公办学校一视同仁。起码在小升初阶段,在同等条件下,不应该将学校类型与升学机会挂钩。

其三,放开民办学校的准入门槛。只要符合办学条件,就应当鼓励而不是限制民办学校的建立与壮大发展,包括小学和初中阶段。

其四,放低民办学校的入学门槛,允许一部分民办学校由民间资本运营。

12.3.2 更多财政支持和监督管理

正如本书前面章节所述,通过政府补贴和监管,民办学校的教学质量完全可以得到大幅度提高。因此,在条件允许的情况下,地方政府应积极考虑针对民办学校的特殊优惠政策。

第一,加大对民办学校的财政支持。首先要提高民办学校老师的待遇,吸引一批教学经验丰富的教师人才到民办学校教书,并采取适当的奖金激励和其他鼓励政策以提高他们的教学积极性。另外还可以采取为骨干教师购买城镇保险的方法留住优质师资,从而提高民办学校教师队伍的整体素质,保障师资稳定。此外,对于当前民办学校由于生源萎缩而面临的生存问题,政府应当增加民办学校的生均经费以支持学校继续运营。2016 年,上海把民办学校的生均经费提高到每学年 6 000 元,但是仍有不少学校由于生源的下降而面临关闭的风险。再者,还应当补充对民办学校的专项经费落实。在第 10 章中曾讨论到民办学校由于缺乏专项经费而硬件设施落后的情况,政府应该建立专项基金,为学校提供校舍修建、教学设备更新配置等大型支出费用。

当然,对于拥有大量流动儿童数量的特大城市,可能在一定时期内存在财政上的挑战。在财政经费的来源上,应当厘清流动儿童教育经费的收支对应关系,确保教育供应的可持续性。除中央财政需转移支付一部分这些流动儿童的教育费用外,考虑到地区教育经费的差异,流入地政府也可通过向雇用外来人员的企业征税,允许民办学校向学生收取一定的学杂费等方式,来解决经费不足的问题。当然,在财政资金充裕的情况下,像上海那样,对于符合条件的民办学校直接进行生均经费的补贴,也是一种行之有效的好办法。

第二,加强对民办学校的监管。首先,在财务等硬件监管方面仍需进一步规范化。有些民办学校欺诈上级政府,例如某学校曾到北京开了 27 万元的图书假发票私吞经费,事后主管部门并没有查到这批书籍。政府应该加强对学校财务账目和资金用途流向的审计,与公办学校标准对标,确保每一笔资金拨款落到实处。其次,在教学质量等软件考察方面,更应该加强重视度。最基本的是保障民办学校办学的规范性,应要求民办学校的老师持教师资格证上岗。在具体教学检查上,也应从学生成绩、品质养成、综合特长等多方面进行考察。据了解,有学校为了抢生源而教学成绩造假,纵容或者帮助学生作弊,或者直接捏造虚高的学生成绩。应当在日常化的教学检查中发现这些问题,及时更正以确保教学质量。

综合来讲,为了更有效合理地统筹安排资源,可以尝试定期对民办学校进行考核,并把学校考核成绩同财政拨款相挂钩,做到逐步地优胜劣汰,提高民办学校的办学质量,缩小其与公办学校间的差距。

12.3.3 发动社会力量帮助民办学校成长

提高民办学校的教学质量,除了政府在财政上要给予支持,还可以多发动社会力量。由于家庭条件、父母工作、资源缺乏等原因,导致在民办学校的流动儿童所接受的课后辅导很少。结合实际,随着各大高校的大学生支教组织发展壮大,更应该鼓励并积极引导这些社会组织为流动儿童提供教育和社会服务,包括更加个性化的服务。民办学校也应该为这些组织进入学校提供便利,与之开展有质量的合作,实现双赢——既提升了学校的教学质量,又提高了大学生服务社会的积极性和实践能力。

12.4 建言三:未雨绸缪　长远规划增加供给

政府决策应将潜在的流动儿童教育问题放在一个相当的战略高度加以考虑。人口流动和大规模城镇化进程已经成为中国发展的新常态,中央也明确提出要加快农民工市民化进程,扩大有效需求。因此,地方政府在进行教育规划时一定要有远见,把这些不具有本地户口的常住人口的需求充分考虑进去。在学校建设、师资培养、升学通道等方面提前规划,尽量创造条件以便于有朝一日进行难度更大的高考制度、户籍制度等方面的改革。

例如,在发展城郊新的住宅小区时,应预留学校用地。政府在经济发展、产业政策导向等方面也应该考虑到人口流动的因素。对于当地计划大力发展的产业,可以发展相应产业的职业教育学校,鼓励本地儿童和流动儿童报名学习,使他们的就业需求与当地经济的长远发展相配合。此外,政府可以成立跨部门的流动人口领导小组,统一协调规划与人口流入相关的工作。

12.4.1 义务教育阶段前后的通盘考虑

当前流动儿童融入城市最大的障碍在于初中毕业后的出路问题。现阶段随迁子女在流入地参加中考甚至高考是不能实现的,这就导致他们的进退两难:回到老家教材不配套,还不得不跟父母分隔两地;如果留在城市,能否进入"三校"(中专、职校、技校)都成为问题,没有出路的初中毕业生有的不得已走上歪路,从而影响了社会和谐。因此,对于流动儿童的教育吸纳必须要突破9年制义务教育的框架,向初中后延伸,办好职业技术教育,给予他们向上流动的空间,使流动儿童克服升学和就业的瓶颈。

"三校"作为放开高考制度前流动儿童过渡性政策中重要的升学渠道,应当予以重视。与此同时,就整个中国劳动力市场来看,目前大学生已经饱和,而具有一技之长的技术工却仍然短缺,填补这一供应缺口的方式之一就是完善职业技术教育。首先要做的就是要降低入学门槛,目前像上海这样的特大城市对技校生的入学要求也已提高至积分制度,在本地"三校"资源供应过剩的情况下,应当对流动儿童予以放开。

除了义务阶段后的教育,对流动儿童学前教育的关注更为欠缺。在开放学校的范围上,不仅要涉及小学、初中等基础教育,更要涉及幼儿园等学前教育。正如本书前章所言,如果流动儿童此前在上海就读幼儿园,他的表现就相对更优秀一点,行为习惯也比较好。假如流动儿童在外地就读幼儿园,甚至没有读过幼儿园,这些孩子就存在起点的差距,其学习基础和行为习惯相对较差,而且普通话带有较重的乡音,跟同学老师沟通起来都比较困难。在这种情况下,公办小学会优先选择在上海读幼儿园的流动儿童,因为他们的学前教育能与义务阶段教育更快衔接统一起来。所以放开学前教育,对于实现流动儿童的教育公平以及缩小他们与上海本地学生间的差距非常有帮助。

总而言之,对流动儿童的教育规划要进一步纳入义务教育阶段前后的资源供给,做通盘考虑。

12.4.2 城市发展规划兼顾教育需求

在调研中有学校反映,开发商拖欠了学校的教育用地,土地资源这一重要教育资源的流失,导致了学校规模无法扩大。一些学校的学位紧缺、班级拥挤现象也由此产生,加大了流动儿童入学的难度。

因此,流动儿童的教育规划应当与城市发展规划相结合,两者联动完成教育供给端的结构性调整。尤其是在土地资源紧缺、价格疯涨的一线城市,政府在实施城市规划的同时,应该首先保障教育用地,做好与该地域人口和需求相匹配的教育供给长期规划。为学校办学提供优越的政策环境,解决学校"后顾之忧"。此外,提前规划也有助于政府削减教育成本。如今土地成本高企,政府回购土地建学校也是一笔沉重的财政负担,应当尽量减少本可以避免的财政支出。

12.4.3 多种方式试点突破现行户籍体制束缚

考虑到城市教育资源紧缺,可以建立分层、分类、有梯度的教育公共服务制度,保障教育公共服务供给。以上海为例,政府以"稳定就业、稳定居住"为前提,根据权利义务对等原则,综合考虑外来务工人员的工作年限、工作履历、参保情况、纳税记录、诚信记录、履行法定义务情况等,在对公共服务进行分类分级设置的基础上,向不同持证来沪人员随迁子女提供相应类别和水平的教育公共服务。对于"稳定就业、稳定居住"外来人员随迁子女,政府无条件提供义务教育服务,逐步向其子女开放高中,有条件地提供高中阶段教育服务。

与此同时,可以采取综合考核制,将父母的条件与子女的学习情况综合起来进行考核。针对父母,以"双稳"为基本条件,同时要求子女在上海完整接受了小学教育。在初中二年级时对随迁子女进行考核,可将德智体美诸方面表现特别优秀的学生推荐参加上海中考。

到义务教育后的高中阶段,可以在上海设立专门高中,对于流动儿童单独进行中考,符合条件的初中生进入专门高中学习。最终在上海参加全国卷高考,并由教育部安排专门的招生指标,让他们在上海参加考试和填报全国高校志愿。

除此之外,政府也可以考虑与邻近省市合作的方式来解决流动儿童的教育问题。在解决随迁子女继续接受高中教育问题上,建议与外省市合作举办联合高中。据了解,现阶段上海正与长三角地区的省份进行合作,设立上海安徽学校、上海江苏学校、上海浙江学校。这些学校校舍由上海负责,师资由所在省负责委派,教材也是使用原所在省的教材,合作解决随迁子女的高中教育问题。高中毕业后,孩子参加当地的高中招考,招生指标也由这些地方负责,通过这种方式解决随迁子女想继续升学、高考的问题。

12.5 结语：路在何方
——解决升学障碍下的体制性问题

流动儿童的教育问题不仅涉及教育公平,从微观层面来看,还对儿童个体的人生成长具有深远影响。因为流动儿童在义务教育阶段的人力资本积累是其初期发展的基础和起点,能否接受义务教育以及接受的义务教育的好坏,直接影响他们能否有机会接受更高层次的教育,关乎他们未来能否顺利就业,以及就业后的物质生活水平。从宏观层面来看,这样一个规模巨大的流动儿童群体作为未来社会发展的动力之一,不仅直接关系到现在社会的和谐有序发展,同时也关系到我国未来的经济发展和社会文明前进的步伐。

解决流动儿童教育问题的关键,在于流入地政府要解放思想。大多数政府只看到人口流入对当地的不利影响,如义务教育开支上升,城市基础设施不堪重负等,尤其在一线城市更是如此。这种观念导致了政府的消极不作为,甚至采取一些做法试图将流动人口挤走。如今"教育控人"的政策趋势就是一种短视的做法。

事实上,只要应对得法,人口流入对于一些发达地区来说未必是坏事,特别是在那些户籍人口老龄化严重的地区,源源不断流入的人口可以为城市可持续发展提供强大的动力。

首先,人口流入有利于特大城市保持较为合理的年龄结构。对于特大城市来说,户籍人口老龄化程度明显大于常住人口老龄化,相对年轻的流动人口能够缓解整体老龄化问题。按照户籍人口来看,京、沪60岁以上人口占总人口比例在2014年分别为23％和29％,已经大大超过国际通行的10％的老龄化社会的标准。从这个角度来看,特大城市应将人口流入视为宝贵的资源而非负担。

其次,人口流入也有助于均衡当地的经济和人才结构。特大城市往往偏好留学归国人员等高端人才,但城市的发展同样离不开低技能人员的贡献。而且源于经济学中的互补效应,高技能人员催生对低技能人员提供的服务的需求。排斥外来务工人员无疑将推高许多服务项目的收费,甚至影响城市的正常运转。

老吾老及人之老,幼吾幼及人之幼。流入地政府必须将流动儿童当作"自己人",把他们的义务教育和未来的工作生活等问题当作城市自身的问题,主动解决引导。其实只要积极行动,就可以在现有政策框架下实现流动儿童教育的平等。

要想真正实现教育平等,绕不开问题的症结所在——户籍体制。"流动儿童升学政策不是机制问题,而是体制问题。"中国教育科学院教育政策研究中心主任、流动人口随迁子女升学考试政策制定者吴霓曾如此指出。正如本书第2章所言,中国的整套社会福利制度都是在户籍制度的基础上建立起来的。而设立之初,以限制人口流动为目的的户籍制度就把这种特性也传导到了教育制度上,从而产生了如今流动儿童所面临的种种教育困境。

当体制问题无法在短时间内改变时,可以通过机制的优化来纾解问题。国家层面的流动儿童升学政策要考虑方方面面的因素,需要协调包括教育行政部门在内的国家发展和改革委员会、人力资源和社会保障部、公安部、财政部、国家税务总局等多个政府机构,建立多方参与、凝聚全社会共识的决策机制。

目前来看,最容易解决的就是户籍制度带来的教育财政投入错配。吴霓引入"教育券"理念,以解决教育经费在区域间的"支出流动"问题。流动儿童可凭"教育券"在全国任何一个地区就学,国家根据学校提供的"教育券"进行财政拨款。这既可以有效解决城市地区高中阶段教育经费的不足,也可以消除户籍制度对学生自由流动带来的不利影响,进而提高城市接纳流动儿童的积极性。

较难解决的是中、高考的升学制度问题,这也是流动儿童入学难的根本原因。吴霓教授认为,需要在国家层面改革高考计划招生体制,打破集中录取的制度,建立分类考试、综合评价、多元录取的考试招生制度,实现招考分离。一方面,逐步推行按地区考生人数投放高考招生计划,减少重点高校对部分地区的"照顾",从源头上实现公平、公正;另一方面,把高考现在的选拔功能转变为评价功能,适当增加高校自主考试招生的权力,使高校能够更合理地选拔符合需要的人才,使考生能有更多符合自己个性化发展的考试录取机会、途径和方式。其次是改革"借考"制度。推行中考与高考成绩的省际认证制度,对考试成绩进行标准化处理以实现不同省市间考生成绩的可比性,保障跨省流动的随迁子女能够在异地参加中考与高考。在高考政策调整乃至开放的前提下,统筹规划并开放中考政策,实现异地考试体系的一致和一贯。

最后,各地的教育资源规划配置也需要配套。吴霓教授提出以常住人口为统计口径,将随迁子女纳入到本地的教育规划中,科学预测本地适龄高中阶段人口的发展趋势,并进行资源的合理配置,满足随迁子女在流入地参加升学考试的需求。与此同时,加大招生计划的宏观调控力度,对接纳随迁子女参加高考数量较大的省份根据相应报考和招生比例,适当增加招生计划指标。

其实,解决流动儿童教育问题的要旨就是均衡化发展,需要消除城市特权、地域特权、群体特权等导致的不公。"流动儿童问题长期难解决,背后是由于我们对于人口迁移、人口流动的认识的定位不准确。我们可能尚未从根本上理解均衡化的意义和重要性,从而导致了公众需求和现有政策之间的错配。"中国人民大学社会与人口学院段成荣教授曾在我们举办的流动儿童会议上指出。

流动儿童教育改革的过程并非一朝一夕,就如同所有城镇化进程中产生的社会问题一样,需要漫长的权利博弈和认识打磨,最终依靠政府、学者、媒体和社会各界长久的努力,给城市的未来一个希望。

附　录

附录A　学校质量的评价指标

学校教学质量评价维度	变量	评价标准	得分
1　学校历史	学校历史	≤5 (5～10] (10～50] >50	3 5 8 10
2　学校规模	学生人数	≤300 (300～500] (500～1 000] >1 000	2 4 7 10
3　师生比例	师均学生数	≤8 (8～16] (16～20] >20	10 6 4 2
	班级规模	<30 (30～45] (45～50] >50	10 8 6 4
4　教师学历	具有本科以上学历的教师比例 具有中学学历的教师比例	该比例乘以10倍后取整数,再加1 该比例为正,则减1	调整项 调整项
5　教师经验	具有10年以上教学经验的老师的比例	(0.75～0.85] (0.85～0.95]或(0.6～0.75] >0.95或(0.5～0.6] (0.4～0.5] (0.3～0.4] (0.2～0.3] ≤0.2	9 8 6 5 4 2 1
	具有6～9年教学经验的教师比例 具有1～2年教学经验的教师比例	若该比例高于20%,加1 若该比例高于20%,减1	调整项 调整项

续 表

学校教学质量评价维度	变 量	评价标准	得分
6 教师任期	具有 10 年以上任期的教师比例	(0.75~0.85]	9
		(0.85~0.95]或(0.6~0.75]	8
		>0.95 或(0.5~0.6]	6
		(0.4~0.5]	5
		(0.3~0.4]	4
		(0.2~0.3]	2
		≤0.2	1
	具有 6~9 年任期的教师比例	该比例在 0.2~0.4 之间,则加 1	调整项
7 教师质量	具有教师资格证的教师比例	1	10
		(0.95~1)	8
		(0.9~0.95]	6
		(0.85~0.9]	4
		<0.85	3
	从正规学校毕业的教师比例	1	10
		(0.9~1)	9
		(0.8~0.9]	8
		(0.6~0.8]	6
		(0.5~0.6]	5
		<0.5	3
8 教师流动率	去年转入的教师比例	(0~0.02]	10
		(0.02~0.04]	9
		(0.04~0.10]	6
		>0.1	4
	去年转出的教师比例	(0~0.02]	10
		(0.02~0.05]	9
		(0.05~0.10]	6
		>0.1	4
9 教师收入	月收入高于 5 000 元的教师比例	1	10
		(0.9~1)	8
		(0.8~0.9]	7
		(0.7~0.8]	6
		(0.6~0.7]	5
		(0.3~0.6]	3
		(0~0.3]	2
		0	1

续表

学校教学质量评价维度	变 量	评 价 标 准	得分
9 教师收入	月收入低于3 000元的教师比例	该比例大于0,则减1	调整项
10 家长对学校质量的评价	认为该学校好于自己家乡学校的流动儿童父母比例	>0.85	10
		(0.8~0.85]	9
		(0.7~0.8]	8
		(0.6~0.7]	7
		(0.5~0.6]	6
		(0.4~0.5]	5
		(0.3~0.4]	4
		(0.2~0.3]	3
		(0.1~0.2]	2
		≤0.1	1

注:"("表示不包含这个数字,"]"表示包含,如(0.8~0.85]表示0.8<x≤0.85。

附录B 上海市2012年小学生教育问卷调查：学校问卷

访员姓名：_____

1. 学校名称：_____ 地址：_____ 区/县_____

   问卷回答人姓名：_____ 联系电话：_____ 职务：_____

2. 学校性质：1) 公立学校　　2) 民办学校　　3) 非正规学校

   　　　　　4) 其他，请注明_____

3. 最初办学时间_____年。若为民办学校，转制时间为_____年。

4. 学校预算情况：自筹款项占_____%（含学生收费等项目）；

   　　　　　　　政府拨款占_____%。

   　　　　　　　其中政府拨款平均每名学生每学期经费为_____元。

   　　　　　　　包括：来自市里的_____元，来自区里的_____元，其他_____元。

5. 学校是否包括：1) 学前部：____班_____人

   　　　　　　　2) 小学部：____班_____人

   　　　　　　　3) 中学部：____班_____人

   　　　　　　　4) 其他，请注明：(_____)，____班_____人

6. 本学期小学各年级基本人数情况：

	班级数（个）	上海户籍学生（人）	非上海户籍学生（人）	转入学生（人）	转出学生（人）
一年级					
二年级					
三年级					
四年级					
五年级					
六年级					

"转入学生"为：上学期不在本校就读，这学期新转入本校就读的学生；

"转出学生"为：上学期在本校就读，这学期转出不在本校就读的学生。

7. 学校是否配备以下设施？

　　学生用电脑房：1) 有　2) 无

　　图书室：　　　1) 有　2) 无

　　操场：　　　　1) 有　2) 无

以下问题只针对小学部

8. 学校教师人数情况（只包括本学期在学校上课的老师）：

　　教师总人数：_____人；

　　其中：具有高级职称教师：_____人；

　　具有教师资格证的教师：_____人；

　　师范类学校毕业教师：_____人

9. 以上教师的教龄分布情况：（采用四舍五入法，如 2 年至 2 年 5 个月的按 2 年统计，2 年 6 个月的按 3 年统计）

	1年以下	1~2年	3~5年	6~9年	10年及以上
教师人数					

10. 以上教师在本校工作时间分布情况：（采用四舍五入法，如 2 年至 2 年 5 个月的按 2 年统计，2 年 6 个月的按 3 年统计）

	1年以下	1~2年	3~5年	6~9年	10年及以上
教师人数					

11. 以上教师的学历分布情况：

	初中及以下	高中(中专/中师/职业技术学校)	大学专科	大学本科及以上
教师人数				

12. 以上教师的全年月平均工资收入(含奖金、津贴等)分布情况:

	1 000元以下	1 000~2 000元	2 000~3 000元	3 000~4 000元	4 000~5 000元	5 000元以上
教师人数						

13. 目前本校教师中,本学期转入教师人数:_____人;转出教师人数:_____人。

   "转入教师"为:上学期不在本校,这学期在本校教课的教师(包括新聘);

   "转出教师"为:上学期在本校,本学期不在本校教课的教师(包括退休)。

14. 非上海户籍学生入学的要求(主要指进城就业务工农民子弟):请以文字具体说明:

   _____
   _____
   _____
   _____
   _____
   _____

15. 上学期对学生的总共收费(含学费、书本费、伙食费、其他杂费等学生必交费用):

   上海籍学生:_____元/人

   非上海籍学生:_____元/人

16. 小学五年级是否有哪个班属于从已经关闭的民工子弟学校整体转入?若有,请填写具体的班级:_____

附录 C　上海市 2012 年小学生教育问卷调查：班级问卷

（请该班任课老师填写）

访员姓名：_____

感谢您回答本问卷。我们将对您的所有回答进行保密。您的回答将仅仅用于我们的研究项目。学校方面或者其他不相关任何人不会获得您的回答。

1. 学校名称：_____　班级：_____年级_____班
2. 受访教师姓名：_____　联系电话：_____
3. 您是这个班级的：1）班主任　　2）语文老师　　3）数学老师
　　　　　　　　　4）其他：_____
4. 您所带的这个班学生总人数为：_____人。
　　其中：男生：_____人；女生：_____人。
　　　　　上海本市户口：_____人；非上海本市户口：_____人。
5T. *本学期到现在为止，您所带的这个班学生是否经常发生迟到、早退、旷课、课堂纪律不好等情况？

　　1）经常发生/普遍现象　　　2）有时发生/个别现象

　　3）极其偶然或从未发生

6T. 本班主要任课老师情况：（包括被访者本人。若班主任不是语文、数学、英语老师，请在表格最后空行中列出。）

	是否班主任	性别	学历	年龄	教龄（年）	在本校工作时间（年）	在本班工作时间（学期）	本学期每周课时数（所有任课班级）	是否上海户口	若无上海户口，到上海的年数（年）
语文老师										
数学老师										
英语老师										

　　学历说明：1）初中及以下；2）高中(中专/中师/职业技术学校)；3）大学专科；4）大学本科及以上。

---

* T 代表在 2010 年调查问卷中未出现，在 2012 年问卷中新的问题。下同。

7. 根据上周的课时情况来回答以下问题：(如果上周不是一个正常周，请选择另外一周作为参考。)

上一个正常周的课程安排为：总课时：_____；

其中：语文：_____；数学：_____；英语：_____；

音乐：_____；美术：_____；体育：_____；

其他课程：课程名称：_____；课时：_____；

　　　　　课程名称：_____；课时：_____；

　　　　　课程名称：_____；课时：_____；

　　　　　课程名称：_____；课时：_____。

(请列出所有课程名称，包括固定的课外活动时间、课时。)

下面问到的几个问题有关您目前工作及您个人的一些看法。您所提供的信息对于我们研究流动儿童的教育问题将非常有价值。我们将对您的所有回答进行保密。您的回答将仅仅用于我们的研究项目。学校方面或者其他不相关任何人不会获得您的回答。

8T. 一般而言，你对于目前的工作满意吗？

　　1) 非常满意　　　2) 基本满意　　　3) 不太满意

9T. 过去一年内，你是否参加过学校或其他机构提供的<u>正式</u>的教师培训活动(如：教育局组织的教师培训活动；个人报名参加的教学培训班等)？

　　1) 经常参加或参加过时间较长的培训　　2) 偶尔参加时间较短的培训

　　3) 从来没有参加过

10T. 过去一年内，在正式的教师培训外，学校是否对你进行过<u>非正式</u>的教师培训(如：教研组内的关于教学的讨论，教师之间互相教学经验的交流等)？

　　1) 经常　　　2) 偶尔　　　3) 从来没有过

11T. 相对于学校的其他老师平均水平而言，你认为自己：

　　A. 在学术水平上　　　　1) 更好一些　2) 和大家差不多　3) 稍差一些

　　B. 在教学经验与方法上　1) 更好一些　2) 和大家差不多　3) 稍差一些

　　C. 在关心学生方面　　　1) 更好一些　2) 和大家差不多　3) 稍差一些

D. 在工作努力程度方面 1) 更好一些 2) 和大家差不多 3) 稍差一些

E. 在实际获得的工资上 1) 更高一些 2) 和大家差不多 3) 稍低一些

12T. 你觉得学校是否提供了足够的奖惩机制来调动老师的工作积极性?

1) 是的　　2) 一般　　3) 没有,干好干坏一个样

13T. 按照你目前的判断,一年后你是否会仍然在本校从事目前的教师工作?

1) 一定会的　　2) 非常可能　　3) 不太可能　　4) 基本不会

14T. 如果目前有另外一所与现在学校类似的学校教师职位,需要月收入**至少**要达到多少你才会考虑离开目前的学校?

1) 2 000~3 000 元　　2) 3 000~4 000 元　　3) 4 000~5 000 元

4) 5 000~7 000 元　　5) 7 000~10 000 元　　6) 10 000 元以上

15T. 如果目前有另外一份私营企业的其他工作,需要月收入**至少**要达到多少你才会考虑离开目前从事的教师工作?

1) 2 000~3 000 元　　2) 3 000~4 000 元　　3) 4 000~5 000 元

4) 5 000~7 000 元　　5) 7 000~10 000 元　　6) 10 000 元以上

16T. 在您个人看来,目前学校最需要改进的地方是什么?

1) 校舍和教学设施不足　　　2) 同学的学习风气不够好

3) 教师的水平和教学经验不足　4) 教师的责任心不够

5) 学生整体素质偏低　　　　6) 学校整体管理水平偏低

7) 其他,请填写(_____)

附录 D　上海市 2012 年小学生教育问卷调查：公办学校本地家长问卷

学校名称：_____；班级：_____年级_____班；

学生姓名：_____

(若孩子与父母同住，以下问卷必须由父亲或母亲回答；若孩子不与父母同住，以下问卷由孩子临时监护人回答。)

(选择题均是单项选择；请在数字 1)　2)　3)上画适当大小的圈。)

您的姓名：_____　　　联系电话：_____

1. 您和孩子的关系：

    1) 父亲　　2) 母亲　　3) 父母以外的其他监护人　　4) 父母共同填写

2. 您觉得孩子现在的学习对他/她的未来影响大吗？

    1) 非常大　　2) 有一些影响　　3) 基本没有影响

3. 综合而言，您对目前孩子就学的学校满意程度如何？

    1) 非常满意　　2) 基本满意　　3) 不满意

4. 您希望孩子未来的教育程度至少能达到：

    1) 初中　　2) 高中或中专　　3) 大专　　4) 大学本科及以上

5. 您或小孩的其他家长平均每天辅导孩子学习的时间大约是_____小时。

5.1 T. 您经常给孩子买辅导书或课外书吗？

    1) 经常买　　2) 偶尔买　　3) 从不买

6T. 您目前居住的地方是：

    1) 自有住宅　　2) 租房

    您是从哪一年开始居住在目前的住址的？_____年

    当初选择住在这里的原因是：

    1) 工作原因　　2) 为了小孩能够到目前的学校读书　　3) 家庭原因

4) 其他

7T. 请问您 2006 年 8 月(小孩上小学前一年)住什么地方?

　　1) 就在现在的住址　　2) 和现在同一个区/县

　　3) 在上海另外一个区/县,请具体填写(　　　　)区/县　　4) 在外地

8. 您的家庭月收入(包括小孩父母双方收入)大概在什么水平?

　　1) 1 000 元以下　　2) 1 000～3 000 元　　3) 3 000～5 000 元

　　4) 5 000～10 000 元　　5) 10 000 元以上

9. 请填写下表有关小孩父母的一些基本情况。

	小孩父亲	小孩母亲
年龄	(　　　　)岁	(　　　　)岁
学历	1) 初中及以下;2) 高中/中专/职校;3) 大专;4) 大学本科及以上	1) 初中及以下;2) 高中/中专/职校;3) 大专;4) 大学本科及以上
目前工作状态	1) 在政府部门或事业单位工作;2) 在企业(公司/工厂/商店等)工作;3) 从事个体经营;4) 没有工作	1) 在政府部门或事业单位工作;2) 在企业(公司/工厂/商店等)工作;3) 从事个体经营;4) 没有工作
在目前工作单位的时间	(　　　　)年	(　　　　)年

10T. 在您的小孩进入目前的学校的过程中,

　　　A. 是否有考试　　　　　　　　　1) 有　　2) 没有

　　　B. 是否有额外的收费(赞助费等)　1) 有　　2) 没有

　　　C. 是否有通过熟人关系联络　　　1) 有　　2) 没有

11T. 您觉得目前孩子学校最需要改进的地方是什么?(请只选一项)

　　1) 校舍和教学设施不足　2) 同学的学习风气不够好

　　3) 教师的水平和教学经验不足　4) 教师的责任心不够

　　5) 学费太贵　6) 学校整体管理水平偏低

　　7) 其他,请填写(　　　　)

12T. 您目前对小孩小学毕业后的去向问题是如何计划的? 如果已经知道小孩要上的中学的具体名字,请写在相应选项后面的括号里:

1) 在上海上公立初中(＿＿＿＿)　　2) 在上海上私立中学(＿＿＿＿)

3) 回老家上初中(此选项仅适用于老家不在上海的同学)

4) 辍学,小学毕业后不继续读书了　　5) 不清楚

附录 E 上海市 2012 年小学生教育问卷调查：公办学校外地家长问卷

学校名称：_____；班级：_____年级_____班；

学生姓名：_____

(若孩子与父母同住,以下问卷必须由父亲或母亲回答；若孩子不与父母同住,以下问卷由孩子临时监护人回答。)

(选择题均是单项选择；请在数字 1) 2) 3)上面画适当大小的圈。)

您的姓名：_____   联系电话：_____

1. 您和孩子的关系：

    1) 父亲   2) 母亲   3) 父母以外的其他监护人   4) 父母共同填写

2. 您觉得孩子现在的学习对他/她的未来影响大吗？

    1) 非常大   2) 有一些影响   3) 基本没有影响

3. 综合而言,您对目前孩子就学的学校满意程度如何？

    1) 非常满意   2) 基本满意   3) 不满意

4. 您希望孩子未来的教育程度至少能达到：

    1) 初中   2) 高中或中专   3) 大专   4) 大学本科及以上

5. 您或小孩的其他家长平均每天辅导孩子学习的时间大约是_____小时。

5.1 T. 您经常给孩子买辅导书或课外书吗？

    1) 经常买   2) 偶尔买   3) 从不买

6 T. 您目前居住的地方是：1) 自有住宅   2) 租房

    您是从哪一年开始居住在目前的住址的？_____年

    当初选择住在这里的原因是：

    1) 工作原因   2) 为了小孩能够到目前的学校读书   3) 家庭原因

    4) 其他

城市的未来

7T. 请问您2006年8月(小孩上小学前一年)住什么地方？

　　1) 就在现在的住址　　2) 和现在同一个区/县

　　3) 在上海另外一个区/县，请具体填写(＿＿＿＿)区/县

　　4) 在外地

8. 您的家庭月收入(包括小孩父母双方收入)大概在什么水平？

　　1) 1 000元以下　　2) 1 000～3 000元　　3) 3 000～5 000元

　　4) 5 000～10 000元　　5) 10 000元以上

9. 请填写下表有关小孩父母的一些基本情况。

	小孩父亲	小孩母亲
年龄	(＿＿＿＿)岁	(＿＿＿＿)岁
学历	1) 初中及以下；2) 高中/中专/职校；3) 大专；4) 大学本科及以上	1) 初中及以下；2) 高中/中专/职校；3) 大专；4) 大学本科及以上
目前工作状态	1) 在政府部门或事业单位工作；2) 在企业(公司/工厂/商店等)工作；3) 从事个体经营；4) 没有工作	1) 在政府部门或事业单位工作；2) 在企业(公司/工厂/商店等)工作；3) 从事个体经营；4) 没有工作
在目前工作单位的时间	(＿＿＿＿)年	(＿＿＿＿)年

10T. 在您的小孩进入目前的学校的过程中，

　　A. 是否有考试　　　　　　　　　　　　1) 有　　2) 没有

　　B. 是否有额外的收费(赞助费等)　　　1) 有　　2) 没有

　　C. 是否有通过熟人关系联络　　　　　1) 有　　2) 没有

11T. 您觉得目前孩子学校最需要改进的地方是什么？（请只选一项）

　　1) 校舍和教学设施不足　　2) 同学的学习风气不够好

　　3) 教师的水平和教学经验不足　　4) 教师的责任心不够

　　5) 学费太贵　　6) 学校整体管理水平偏低

　　7) 其他，请填写(＿＿＿＿＿＿＿＿)

12T. 您目前对小孩小学毕业后的去向问题是如何计划的？如果已经知道小孩

要上的中学的具体名字,请写在相应选项后面的括号里:

1) 在上海上公立初中(_____)　　2) 在上海上私立中学(_____)

3) 回老家上初中(此选项仅适用于老家不在上海的同学)

4) 辍学,小学毕业后不继续读书了　　5) 不清楚

13. 你目前打工的行业是:

1) 建筑　　　　　2) 制造业(工厂生产车间)　　3) 餐饮,酒店,娱乐

4) 家政服务,保洁　　5) 服务业(商店,理发店,保安等)

6) 个体经营,如开店,卖菜,摆摊,收废品等　　　7) 其他

14. 您觉得目前孩子在上海读书和他(她)如果继续在老家读书相比如何?

1) 目前的教学质量好　　2) 差不多　　3) 老家的教学质量好

15T. 如果该孩子不是独生子女,请填写他/她的弟兄姐妹的情况,按年龄从大到小排列。

姓名	年龄	性别	是否在上海	是 否 在 上 学
			1) 是　　2) 否	1) 是,在公办学校 2) 是,在民办学校　　3) 否
			1) 是　　2) 否	1) 是,在公办学校 2) 是,在民办学校　　3) 否
			1) 是　　2) 否	1) 是,在公办学校 2) 是,在民办学校　　3) 否
			1) 是　　2) 否	1) 是,在公办学校 2) 是,在民办学校　　3) 否

16. 您的上海话熟练程度如何?

1) 很好,基本能说　　2) 不错,不能说但绝大部分能听懂

3) 一般,能部分听懂　　4) 不好,基本听不懂

17. 您计划在五年内离开上海回老家或其他地方定居发展吗?

1) 是　　　　　　2) 不是

如果是,那么促使你计划离开上海的主要原因是:(可多选)

1) 小孩受教育问题　　2) 工作不稳定或其他事业上的原因

3) 上海生活成本太高　　4) 不适应上海的生活方式

5) 老家需要照顾　　　　6) 其他原因

18. 您的小孩是如何进入目前的学校学习的?

    1) 从小学一年级开始就在该校就读

    2) 从老家的学校直接转入该校就读

    3) 从上海的其他公办学校转入该校就读

    4) 原来在上海的民工子弟学校就读,因原来学校关闭或其他原因,按政策统一转入该校就读

    5) 从上海的民工子弟学校通过自己联系转入该校就读

附录 F 上海市 2012 年小学生教育问卷调查：民办学校家长问卷

学校名称：_____；班级：_____年级_____班；

学生姓名：_____

(若孩子与父母同住,以下问卷必须由父亲或母亲回答;若孩子不与父母同住,以下问卷由孩子临时监护人回答。)

(选择题均是单项选择;请在数字 1) 2) 3)上面画适当大小的圈。)

您的姓名：_____ 联系电话：_____

1. 您和孩子的关系：1) 父亲 2) 母亲 3) 父母以外的其他监护人
   4) 父母共同填写

2. 您觉得孩子现在的学习对他/她的未来影响大吗?
   1) 非常大 2) 有一些影响 3) 基本没有影响

3. 综合而言,您对目前孩子就学的学校满意程度如何?
   1) 非常满意 2) 基本满意 3) 不满意

4. 您希望孩子未来的教育程度至少能达到：
   1) 初中 2) 高中或中专 3) 大专 4) 大学本科及以上

5. 您或小孩的其他家长平均每天辅导孩子学习的时间大约是_____小时。

5.1 T. 您经常给孩子买辅导书或课外书吗?
   1) 经常买 2) 偶尔买 3) 从不买

6T. 您目前居住的地方是：1) 自有住宅 2) 租房
   您是从哪一年开始居住在目前的住址的?_____年
   当初选择住在这里的原因是：
   1) 工作原因 2) 为了小孩能够到目前的学校读书 3) 家庭原因
   4) 其他

7T. 请问您 2006 年 8 月(小孩上小学前一年)住什么地方?

　　1) 就在现在的住址　　2) 和现在同一个区/县

　　3) 在上海另外一个区/县,请具体填写(　　　　)区/县　　4) 在外地

8. 您的家庭月收入(包括小孩父母双方收入)大概在什么水平?

　　1) 1 000 元以下　　2) 1 000~3 000 元　　3) 3 000~5 000 元

　　4) 5 000~10 000 元　　5) 10 000 元以上

9. 请填写下表有关小孩父母的一些基本情况。

	小孩父亲	小孩母亲
年龄	(　　　　)岁	(　　　　)岁
学历	1) 初中及以下; 2) 高中/中专/职校; 3) 大专; 4) 大学本科及以上	1) 初中及以下; 2) 高中/中专/职校; 3) 大专; 4) 大学本科及以上
目前工作状态	1) 在政府部门或事业单位工作; 2) 在企业(公司/工厂/商店等)工作; 3) 从事个体经营; 4) 没有工作	1) 在政府部门或事业单位工作; 2) 在企业(公司/工厂/商店等)工作; 3) 从事个体经营; 4) 没有工作
在目前工作单位的时间	(　　　　)年	(　　　　)年

10T. 在您的小孩进入目前的学校的过程中,

　　A. 是否有考试　　　　　　　　　　　　1) 有　　2) 没有

　　B. 是否有额外的收费(赞助费等)　　　1) 有　　2) 没有

　　C. 是否有通过熟人关系联络　　　　　1) 有　　2) 没有

11T. 您觉得目前孩子学校最需要改进的地方是什么?(请只选一项)

　　1) 校舍和教学设施不足　　2) 同学的学习风气不够好

　　3) 教师的水平和教学经验不足　　4) 教师的责任心不够

　　5) 学费太贵　　6) 学校整体管理水平偏低

　　7) 其他,请填写(　　　　)

12T. 您目前对小孩小学毕业后的去向问题是如何计划的？如果已经知道小孩要上的中学的具体名字,请写在相应选项后面的括号里：

1) 在上海上公立初中(_____)　　2) 在上海上私立中学(_____)

3) 回老家上初中(此选项仅适用于老家不在上海的同学)

4) 辍学,小学毕业后不继续读书了　　5) 不清楚

13. 你目前打工的行业是：

1) 建筑　　　　　　2) 制造业(工厂生产车间)　　3) 餐饮,酒店,娱乐

4) 家政服务,保洁　　5) 服务业(商店,理发店,保安等)

6) 个体经营,如开店,卖菜,摆摊,收废品等　　　　7) 其他

14. 您觉得目前孩子在上海读书和他(她)如果继续在老家读书相比如何？

1) 目前的教学质量好　　2) 差不多　　3) 老家的教学质量好

15. 如果该孩子不是独生子女,请填写他/她的弟兄姐妹的情况,按年龄从大到小排列：

姓名	年龄	性别	是否在上海	是否在上学
			1) 是　2) 否	1) 是,在公办学校 2) 是,在民办学校　3) 否
			1) 是　2) 否	1) 是,在公办学校 2) 是,在民办学校　3) 否
			1) 是　2) 否	1) 是,在公办学校 2) 是,在民办学校　3) 否
			1) 是　2) 否	1) 是,在公办学校 2) 是,在民办学校　3) 否

16. 您的上海话熟练程度如何？

1) 很好,基本能说　　　　2) 不错,不能说但绝大部分能听懂

3) 一般,能部分听懂　　　4) 不好,基本听不懂

17. 您计划在五年内离开上海回老家或其他地方定居发展吗？

1) 是　　　　　　　　　2) 不是

如果是,那么促使你计划离开上海的主要原因是：(可多选)

1) 小孩受教育问题　　2) 工作不稳定或其他事业上的原因

3) 上海生活成本太高　　4) 不适应上海的生活方式

5) 老家需要照顾　　6) 其他原因

18. 您的小孩是如何进入目前的学校学习的?

   1) 从小学一年级开始就在该校就读

   2) 从老家的学校直接转入该校就读

   3) 从上海的其他公办学校转入该校就读

   4) 原来在上海的民工子弟学校就读,因原来学校关闭或其他原因,按政策统一转入该校就读

   5) 从上海的民工子弟学校通过自己联系转入该校就读

19. 您的小孩没有在公办学校就读的原因是:

   1) 附近没有公办学校

   2) 联系过公办学校,但没有成功

   3) 目前的学校对小孩更合适

   4) 无所谓在什么学校上学

附录 G 上海市 2012 年小学生教育问卷调查：学生问卷

学校名称：_____；班级：_____年级_____班

学生姓名：_____

(以下问卷内容由学生回答,请访员逐题解释,班主任老师协助说明。)

1. 你读过幼儿园吗?

   1) 读过,在上海　　2) 读过,在外地　　3) 没有读过

2. 你从小学一年级开始转过几次学?

   1) 一直在现在学校,没有转过学　　　2) 转过一次

   3) 转过两次　　　　　　　　　　　4) 转过三次或更多

2.1. 如果你转过学,请回答下面几个问题:

   A. 请问你是从哪个学期开始转入现在的学校学习的?

   1) 一年级上学期　2) 一年级下学期　3) 二年级上学期

   4) 二年级下学期　5) 三年级上学期　6) 三年级下学期

   7) 四年级上学期　8) 四年级下学期　9) 五年级上学期

   10) 五年级下学期

   B. 请问你在开始上小学一年级时住在哪里?

   1) 上海,和现在一个区

   2) 上海,另外一个区,请填写区名(_____)

   3) 外地

   C. 请问你转学到现在学校的具体情况属于下列哪项?

   1) 从外地学校转入　　2) 从上海的公办学校转入

   3) 从上海的民工子弟学校转入(原来学校关闭或合并)

   4) 从上海的民工子弟学校转入(其他原因)

3. 你平时每天上学回家后时间是如何安排的:

3.1. 玩电子游戏和上网?

　　　　1) 不会　　2) <1 小时;　　3) 1～2 小时;　　4) >2 小时

3.2. 看电视?

　　　　1) 不会　　2) <1 小时;　　3) 1～2 小时;　　4) >2 小时

3.3. 做家务?

　　　　1) 不会　　2) <1 小时;　　3) 1～2 小时;　　4) >2 小时

3.4. 帮父母工作或做生意?

　　　　1) 不会　　2) <1 小时;　　3) 1～2 小时;　　4) >2 小时

3.5. 到外面玩?

　　　　1) 不会　　2) <1 小时;　　3) 1～2 小时;　　4) >2 小时

3.6. 做作业和温习功课?

　　　　1) 不会　　2) <1 小时;　　3) 1～2 小时;　　4) >2 小时

3.7T. 在学校的正常学习之外,你有参加任何课外辅导吗?

　　　　1) 有　　　2) 没有

　　　　如果有,平均每周参加各种辅导总共(_____)小时,

　　　　其中数学(_____)小时

4. 你父母经常辅导你做作业吗?

　　1) 经常(至少每周两次)　　2) 偶尔(每周一次或不到)　　3) 从不

5. 你认识的大人当中(包括邻居、父母的朋友),读过大学的多吗?

　　1) 很多,超过5个　　2) 有但很少,5个或以下　　3) 没有

6. 对于下列的每一项说法,请你回答是否符合你的情况(在相应的数字上划圈)

	经常 (至少每周两次)	偶尔 (每周一次或不到)	从不
a. 我遇到问题就向老师求助	1)	2)	3)
b. 我上学时觉得饿	1)	2)	3)
c. 我上学时觉得很累	1)	2)	3)
d. 我不太愿意去上学	1)	2)	3)
e. 我在学校感到没意思	1)	2)	3)

f. 我在学校感到孤独　　　　　　1)　　　　　　2)　　　　　　3)

g. 我上课时打瞌睡　　　　　　　1)　　　　　　2)　　　　　　3)

7. 你家里人(主要指父母)平时在家互相之间交流主要说什么话?

　1) 普通话　　　　　2) 上海话　　　　　3) 其他地方方言

　4) 普通话和上海话　　5) 普通话和其他方言

8. 你平时和父母说话主要说什么话?

　1) 普通话　　　　　2) 方言　　　　　3) 普通话和方言都有

9T. 小学毕业后你会继续读书吗? 如果已经知道要上的中学的具体名字,请写在相应选项后面的括号里:

　1) 在上海上公立初中(　　　　)　　2) 在上海上私立中学(　　　　)

　3) 回老家上初中(此选项仅适用于老家不在上海的同学)

　4) 辍学,小学毕业后不继续读书了　　5) 不清楚

10T. 对以下的看法你是否赞同(请在相应的数字上打勾):

观　点	完全赞同	赞同	部分赞同	不赞同	完全不赞同
男生在数学方面天生就比女生好	1	2	3	4	5
我们班级的学习风气很好	1	2	3	4	5
我平时感觉学习压力很大	1	2	3	4	5
金钱是万能的,有钱能使鬼推磨	1	2	3	4	5
从事体力劳动低人一等	1	2	3	4	5
人人平均是最公平的,要穷大家一起穷,要富大家一起富	1	2	3	4	5
贫穷是因为懒惰或无能,与社会无关	1	2	3	4	5
这个世界上除了父母,没有人靠得住	1	2	3	4	5
知识可以改变命运	1	2	3	4	5
政府官员在电视或报纸上所说的话是可信的	1	2	3	4	5
政府所做的事大多数是正确的	1	2	3	4	5
政府官员时常浪费老百姓所缴纳的税金	1	2	3	4	5

请仔细检查是否每题都回答过。

附录 H 上海市小学生教育调查：学生情况统计表

学校名称：　　　　　　　班级：　　　　　　　年级　　　　　班

No.	学生姓名	性别(男/女)	出生日期(年/月)	户口所在地(省/市县)	户口状态(参见注释)	身高(厘米)	体重(公斤)	是否有健康问题/残疾影响到正常学习生活?(Y/N)	期中考试成绩 语文 数学 英语	在校平时表现(参见注释)	是否本学期转入?(Y/N)	是否班队干部?(Y/N)	家长是否关心其学习?(参见注释)

填表注释：(填编号即可)
- 户口状态：1. 城市户口；2. 农村户口；3. 其他（请说明）
- 在校平时表现：1. 优秀；2. 较好；3. 一般；4. 较差；5. 很差
- 家长是否关心其学习？1. 非常关心；2. 有时关心；3. 不关心

参考文献

陈媛媛等.如何让农民工真正"进城"——由农村劳动力城乡转移状况调查引发的思考[N].上海财经大学"千村调查"课题组,光明日报,2014-06-17.

丁维莉,陆铭.教育的公平与效率是鱼和熊掌吗?——基础教育财政的一般均衡分析[J].中国社会科学,2005,6:47-57.

杜娟,叶文振.流动儿童的教育状况及其影响因素[J].中共福建省委党校学报,2003,(9):54-59.

段成荣,梁宏.关于流动儿童义务教育问题的调查研究[J].人口与经济,2005,1:11-17.

段成荣,梁宏.我国流动儿童状况[J].人口研究,2004,1:53-59.

段成荣,吕利丹,王宗萍.城市化背景下农村留守儿童的家庭教育与学校教育[J].北京大学教育评论,2014,12(3):13-29.

范先佐.民工子弟学校存在的问题及对策[J].教育导刊:上半月,2006,(1):17-19.

冯帅章,陈媛媛.学校类型与流动儿童的教育——来自上海的经验证据[J].经济学(季刊),2012,11(4):1455-1476.

冯帅章.教育控人是误入歧途[N].财经,2016-01-25.

冯帅章.流动儿童教育路在何方?[N].东方早报·上海经济评论,2016-11-17.

冯帅章.重视随迁子女教育问题[N].财经,2014-09-21.

郭良春,姚远,杨变云.公立学校流动儿童少年城市适应性研究——北京市JF中学的个案调查[J].中国青年研究,2005,(9):50-55.

韩嘉玲.流动儿童教育与我国的教育体制改革[J].北京社会科学,2007,4:98-102.

侯娟,邹泓,李晓巍,等.流动儿童家庭环境的特点及其对生活满意度的影响[J].心理发展与教育,2009,2(40):78-85.

华灵燕.流动人口子女教育问题的背景分析[J].民族教育研究,2007,18(3):67-70.

雷万鹏,杨帆.流动儿童教育面临结构转型——武汉市流动儿童家长调查[J].教育与经济,2007,(1):59-63.

李兰兰.上海进城农民工子女学习适应性调查——基于公办民工子弟学校、简易小学和普通小学的比较分析[J].教育理论与实践,2009,5:16-18.

宋光辉.民办学校进入对公办学校效率的影响:考虑择校费和教育券的效应[J].世界经济,2009,(12):63-76.

田国强,陈媛媛.推进农民工市民化[N].财经,2015-06-05.

王中会,蔺秀云,方晓义.公办学校和打工子弟学校中流动儿童城市适应过程对比研究[J].中国特殊教育,2011,(12):21-26.

文喆.北京市流动儿童教育问题决策的伦理困境和出路[J].教育科学研究,2012,(5):10-13.

谢建社,牛喜霞,谢宇.流动农民工随迁子女教育问题研究——以珠三角城镇地区为例[J].中国人口科学,2011,(1):92-100.

谢尹安,邹泓,李小青.北京市公立学校与打工子弟学校流动儿童师生关系特点的比较研究[J].中国教育学刊,2007,(6):9-12.

曾守锤,李其维.流动儿童社会适应的研究:现状、问题及解决办法[J].心理科学,2007,30(6):1426-1428.

张绘,龚欣,尧浩根.流动儿童学校选择的影响因素及其政策含义[J].人口与经济,2011,(2):95-100.

张俊良,黄必富.城市化进程中农民工子女受教育问题探析[J].农村经济,2004,(11):79-81.

赵树凯.边缘化的基础教育——北京外来人口子弟学校的初步调查[J].管理世界,2000,5:70-78.

郑桂珍,陈艳梅.城市流动儿童健康成长问题探析[J].南方人口,2004,19(1):28-31.

中央教育科学研究所课题组.进城务工农民随迁子女教育状况调研报告[R].教育科学院.2009.

周皓,荣珊.我国流动儿童研究综述[J].人口与经济,2011,(3):94-103.

周皓,巫锡炜.流动儿童的教育绩效及其影响因素:多层线性模型分析[J].人口研究,2008,4:22-32.

周皓.流动儿童心理状况及讨论[J].人口与经济,2006,(1):48-54.

Abdulkadiroğlu A., Angrist J. D., Dynarski S. M., Kane T. J., Pathak, P. A. Accountability and flexibility in public schools: Evidence from Boston's charters and pilots[J]. The Quarterly Journal of Economics, 2011, 126(2): 699-748.

Angrist J. D., Lang, K. Does school integration generate peer effects? Evidence from Boston's Metco Program [J]. The American Economic Review, 2004, 94(5): 1613-1634.

Bianco M., Bressoux P., Doyen A.-L., Lambert E., Lima L., Pellenq C., Zorman, M. Early training in oral comprehension and phonological skills: Results of a three-year longitudinal study[J]. Scientific Studies of Reading, 2010, 14(3): 211-246.

Billings S. B., Deming D. J., Rockoff J. School segregation, educational attainment, and crime: Evidence from the end of busing in charlotte-mecklenburg[J]. The Quarterly Journal of Economics, 2014, 129(1): 435-476.

Boozer M. A., Krueger A. B., Wolkon, S. Race and school quality since Brown vs. Board of Education[R]. Technical report, National Bureau of Economic Research.

Branch G. F., Hanushek E. A., Rivkin S. G. Principal turnover and effectiveness. Unpublished manuscript.

Buchinsky M. Changes in the us wage structure 1963-1987: Application of quantile regression[J]. Econometrica: Journal of the Econometric Society, 1994: 405 - 458.

Card D., Krueger A. B. Does school quality matter? Returns to education and the characteristics of public schools in the United States[J]. Journal of Political Economy, 1992, 100(1): 1 - 40.

Card D., Rothstein J. Racial segregation and the black - white test score gap[J]. Journal of Public Economics, 2007, 91(11): 2158 - 2184.

Chan K., Buckingham W. Is China abolishing the hukou system? [J]. The China Quarterly, 2008, 195: 582 - 606.

Chen Y., Feng S. Access to public schools and the education of migrant children in China[J]. China Economic Review, 2013, 26: 75 - 88.

Chen Y., Feng S. Quality of migrant schools in China: Evidence from a longitudinal study in Shanghai[J]. Journal of Population Economics, 2016, 4.

Chen Y., Feng S. The education performance of migrant students in urban public schools in China[N]. Working Paper, 2016.

Chen Y., Jin G. Z., Yue Y. Peer migration in China[N]. NBER Working Paper, 2010, w15671.

Chernozhukov V., Hansen C. Instrumental quantile regression inference for structural and treatment effect models[J]. Journal of Econometrics, 2006, 132(2): 491 - 525.

Chernozhukov V., Hansen, C. Instrumental variable quantile regression: A robust inference approach[J]. Journal of Econometrics, 2008, 142(1): 379 - 398.

Clark D. The performance and competitive effects of school autonomy[J]. Journal of Political Economy, 2009, 117(4): 745 - 783.

Clotfelter C. T., Ladd H. F., Vigdor J. L., Diaz R. A. Do school accountability systems make it more difficult for low-performing schools to attract and retain high-quality teachers? [J]. Journal of Policy Analysis and Management, 2004, 23(2): 251.

Coleman J. S., Campbell E. Q., Hobson C. J., McPartland J., Mood A. M., Weinfeld F. D., York, R. Equality of educational opportunity. US. Department of Health, Education and Welfare office of Education, 1966: 1066 - 5684.

Cortes K. E. The effects of age at arrival and enclave schools on the academic performance of immigrant children[J]. Economics of Education Review, 2006, 25(2): 121 - 132.

Cutler D. M., Glaeser E. L., Vigdor, J. L. The rise and decline of the American ghetto [R]. Technical report, National Bureau of Economic Research, 1997.

Datcher L. Effects of community and family background on achievement[J]. The Review of Economics and Statistics, 1982: 32 - 41.

Ermisch J., Francesconi M. Family matters: Impacts of family background on educational attainments[J]. Economica, 2001: 137 - 156.

Figlio D. N., Hart, C. Competitive effects of means-tested school vouchers[N]. NBER Working Paper, 2010, w16056.

Fitzgerald J., Gottschalk P., Moffitt, R. An analysis of sample attrition in panel data: The

Michigan Panel Study of Income Dynamics[J]. Journal of Human Resources, 1998: 251 - 299.

Flores R. M. V., da Silva Scorzafave L. G. D. Effect of racial segregation on proficiency of brazilian elementary school students[J]. Economica, 2014, 15(1): 20 - 29.

Goodburn C. Learning from migrant education: A case study of the schooling of rural migrant children in Beijing[J]. International Journal of Educational Development, 2009, 29(5): 495 - 504.

Han J. Survey report on the state of compulsory education among migrant children in Beijing [J]. Chinese Education & Society, 2004, 37(5): 29 - 55.

Hanushek E. A. The economics of schooling: Production and efficiency in public schools[J]. Journal of Economic Literature, 1986: 1141 - 1177.

Hanushek E. A. The failure of input-based schooling policies[J]. The Economic Journal, 2003, 113(485): 64 - 98.

Hanushek E. A., Kain J. F., Rivkin S. G. New evidence about Brown V. Board of education: The complex effects of school racial composition on achievement[N]. NBER Working Paper, 2002, w8741.

Hanushek E. A., Kain J. F., Rivkin S. G., Branch G. F. Charter school quality and parental decision making with school choice[J]. Journal of Public Economics, 2007, 91(5): 823 - 848.

Hao Z. Discussion and policy implication of psychological status of migrant children[J]. *Population & Economics*, 2006, 1: 009.

Hill C. R., Stafford F. P. Allocation of time to preschool children and educational opportunity[J]. Journal of Human Resources, 1974: 323 - 341.

Hoxby C. M. The effects of class size on student achievement: New evidence from population variation[J]. Quarterly Journal of Economics, 2000, 115(4): 1239 - 1285.

Hoxby C. M. Does competition among public schools benefit students and taxpayers? Reply [J]. The American Economic Review, 2007: 2038 - 2055.

Hoxby C. M., Rockoff J. E. The impact of charter schools on student achievement[D]. Department of Economics, Harvard University Cambridge, MA.

Imberman S. A. Achievement and behavior in charter schools: Drawing a more complete picture[J]. The Review of Economics and Statistics, 2011, 93(2): 416 - 435.

Kanbur R., Zhang X. Fifty years of regional inequality in China: A journey through central planning, reform, and openness[J]. Review of Development Economics, 2005, 9(1): 87 - 106.

Krueger A. B. Economic considerations and class size[J]. The Economic Journal, 2003, 113(485): 34 - 63.

Kwong J. Educating migrant children: Negotiations between the state and civil society[J]. The China Quarterly, 2004, 180: 1073 - 1088.

Lai F., Liu C., Luo R., Zhang L., Ma X., Bai Y., Sharbono B., Rozelle S. Private migrant schools or rural/urban public schools: Where should China educate its migrant children? [N]. REAP Working Paper 2009: 224.

Lai F., Liu C., Luo R., Zhang L., Ma X., Bai Y., Sharbono B., Rozelle S. The education of China's migrant children: The missing link in China's education system [J]. International Journal of Educational Development, 2014, 37: 68 – 77.

Liang Z., Chen Y. P. The educational consequences of migration for children in China[J]. Social Science Research, 2007, 36(1): 28 – 47.

Liu T., Holmes K., Albright J. Predictors of mathematics achievement of migrant children in Chinese urban schools: A comparative study[J]. International Journal of Educational Development, 2015, 42: 35 – 42.

Lu Y., Zhou H. Academic achievement and loneliness of migrant children in China: School segregation and segmented assimilation[J]. Comparative Education Review, 2013, 57 (1): 85 – 116.

Nordin M. Immigrant school segregation in Sweden[J]. Population Research and Policy Review, 2013, 32(3): 415 – 435.

Rivkin S. G., Hanushek E. A., Kain J. F. Teachers, schools, and academic achievement [J]. Econometrica, 2005, 417 – 458.

Rockoff J. E., Turner L. J. Short run impacts of accountability on school quality[J]. American Economic Journal: Economic Policy, 2010, 2(4): 119 – 147.

Tooley J., Bao Y., Dixon P., Merrifield J. School choice and academic performance: Some evidence from developing countries[J]. Journal of School Choice, 2011, 5(1): 1 – 39.

Zhang H., Behrman J. R., Fan C. S., Wei X., Zhang J. Does parental absence reduce cognitive achievements? Evidence from rural china [J]. Journal of Development Economics, 2014, 111: 181 – 195.

Zhang X. Fiscal decentralization and political centralization in China: Implications for growth and inequality[J]. Journal of Comparative Economics, 2006, 34(4): 713 – 726.

Zhao Y. Leaving the countryside: Rural-to-urban migration decisions in China [J]. The American Economic Review, 1999, 89(2): 281 – 286.

Zimmer R., Buddin R. Is charter school competition in california improving the performance of traditional public schools? [J]. Public Administration Review, 2009, 69 (5): 831 – 845.

致　谢

本书纳入了我们从 2008 年以来在流动儿童教育方面调研的主要成果。书稿完成之际,不得不感叹有太多感恩需要表达。

首先,感谢家人对于我们的无私支持,让我们可以安心投入在研究工作之上。

其次,我们非常感谢来自各方面的研究资助。冯帅章感谢国家自然科学基金青年项目(项目号:70803029),上海财经大学创新团队项目(项目号:2014110310),国家自然科学基金杰出青年基金项目(项目号:71425005),教育部长江学者特聘教授奖励计划(项目号:T2012069),教育部新世纪优秀人才支持计划(项目号:NCET-12-0903)的资助。陈媛媛感谢国家自然科学基金(项目号:71303149),上海宋庆龄基金会——鲁家贤、高文英专项基金,上海财经大学创新团队项目(项目号:2014110310),上海市自然科学基金(项目号:13ZR1413300)和上海市教育科学研究重点项目(项目号 A1311)的资助。

再次,我们的书籍中提到的很多政策建议来自我们历年举办的"城市的未来——外来儿童教育政策研讨会"的会议中所总结的精华。我们衷心感谢参加会议的各位专家与学者,包括周纪平、唐晓杰、熊丙奇、韩嘉玲、吴霓、段成荣、周皓、熊易寒、范元伟等。我们也感谢上海财经大学高等研究院及田国强院长给予我们会议所提供的资金与人员方面的大力支持。

我们的问卷设计工作得到了许多学术界同仁的大力帮助,特别是复旦大学的熊易寒老师,不仅参与了第二轮调查,并且帮助设计了学生问卷中的政治倾向部分的问题。与此同时,我们的大型跟踪调研之所以可以顺利完成,也得益于所有受访学校的校领导、老师、同学们和家长们的支持和配合。

最后,可能也是最重要的,我们要感谢许许多多参与项目调查的来自上海财经大学和其他学校的同学们。在调研的组织工作上,我们要感谢马丽、张嘉宁在项目起步阶段及第一轮的调查中的帮助和投入。在预调研与第一轮的调研中,王夏怡同学承担了相当部分的协调工作。在第二轮调查中,乔晶开始参与本项目,并在后期的几次调查和电话调研中都发挥了主要的组织作用。以下为历次调查的访员名单(若有疏漏,万分抱歉):

2008年预调查:(主管)马丽、张嘉宁、王夏怡;(访员)何乔维、郭新强、宋双杰、李婷婷、陈沛伊、汪利锬、陈令朝、尹晨光。

2010年第一轮调查:(主管)陈菲菲、鲍欣欣、袁文红、胡燕喃、唐利佳、剡亮亮、高静文、梅寒、刘鑫;(访员)荣光、韩煜、施意、张溪、刑梁立博、王守柏、毛朝选、谢瑞莹、许亦晶、张姝舒、胡燕喃、徐铭梽、徐真、王华、王琦、王珍、王懿欣、张莫、徐超锐、毛朝选、张广玲、石林、张艳琳、舒思辰、李柏阳、孙逍悦、郑艺颖、岳阳、于弘扬、胡煜、王懿欣、惠佳、刘青林、张广玲、王宇宁、高汝逸、孙世超、张波、陈蓝、赵德生、顾春波。

2012年第二轮调查:(主管)韩煜、张溪、许亦晶、王晋文、黄奕、乔晶;(访员)金丽娜、章琳菲、王宇宁、张姝舒、张艳琳、李彦霏、荣光、徐超锐、于滔、钱婷婷、吴洁、何不韦、惠佳、董艺超、张霄、李瑞超、冯瀚文、刘兵、吴洁、孙诗伟、刘雨湉、张珊、徐铭梽、孙逍悦、蒙庭柱、胡晓斌、朱苏畅、纪金芝、胡越、徐芳、金士骐、刘睿智。

2012年9～10月电话调查:(主管)乔晶;(访员)刘庆光、张翀、杨婷、牟劲龙、董艺超。

2014年4～5月电话调查:(主管)乔晶;(访员)陈立远、张逸能、贾朝江、王颖、臧洁、姚立宏、李梦杰、王沛韬。

2015年11～12月调查:(主管)乔晶、吴杰楠、张子怡、李乐、江彩云、彭淳懿、刘天睿;(访员)曹韵如、曾琪、陈琦、樊斯汝、高秋爽、高一方、桂楚、黄洋、江彩云、姜乐雯、金荷森、李乐、李立、李梦杰、李香香、梁骁、廖旖旎、刘军峰、刘伟、陆美彤、聂施越、聂雨幻、彭淳懿、阙佳虹、茹丹玥、孙坚栋、覃云娇、唐思敏、涂利力、吴杰楠、肖雪悦、杨佳颖、姚心怡、禹萱、臧洁、张建鹏、张子怡、赵静美、周杨雯倩、朱翔宇。

2016年4～5月调查：（主管）乔晶、吴杰楠、张子怡、李梦杰、姚心怡、梁宛昕、陈婷婷、李乐、刘天睿；（访员）曹博雅、陈铖、陈婷婷、陈一畅、冯琪斐、高亚兴、郭杨谦、贺雅峰、黄宣、江若曦、乐晨璨、黎淳沄、李宝杰、李乐、李梦杰、李文君、李雪、李妍、李翼君、李治、梁宛昕、廖烨、刘娇杨、刘秋彤、刘奕朋、刘勇、陆依、吕效楠、茅佳伟、彭磊、乔经纬、沙梅杰、闪雨晴、沈文怡、苏悠然、苏章梅、孙欣、孙玥、唐霖君、万继宇、王汉俊、王昊达、王浩宇、王佳璇、王沛韬、王小倩、王迎婧、王煜妮、王媛媛、魏彦琪、翁雅隽、吴杰楠、吴乐凡、夏小云、谢颜蔚、徐琳、许文杰、闫梦婕、姚保全、姚心怡、叶正伟、袁艺航、袁媛、曾金闽嘉、张楚舒、张锦珊、张一轩、张亦弛、张莹、张子怡、赵曼、赵悦、周皓、朱轶凡。

此外，我们还要感谢孙坚栋、胡关亮、张晓和张莹等人在书稿形成后的编辑与文字校对工作。

冯帅章　陈媛媛　金嘉捷
2016 年 11 月